新版 衣生活の科学

テキスタイルから流通マーケットへ

編著者
間瀬 清美
薩本 弥生

著者
井上 真理
川端 博子
古濱 裕樹
小原 奈津子
雙田 珠己
藤田 雅夫

アイ・ケイ コーポレーション

はしがき

　「新版　衣生活の科学」は，人の健康を根幹にしたうえで身にまとう衣服について，テキスタイルから流通マーケットへの流れを網羅しつつ，温熱的快適性，縫製・適合性，着心地，衣服素材，加工・機能化，管理，ファッションビジネス，福祉，環境といった各分野の知識・技術を詳細に説明しているところに特徴がある。

　衣服は各自の家で自製する時代を経て，アパレル産業が台頭し，既製服を着用するのが当たり前の時代になって久しいが，その間に流通においても，さまざまな変遷があり，今日に至っている。衣服が川上，川中，川下という段階を通して製造されていた頃は，ファッション小売業の上位は百貨店，総合スーパーで，この状況は比較的長く続いた。1990年頃から昨今は，商品企画から販売までを一貫して行うSPA（製造小売業）の位置づけが国内外を問わず大きくなり，大量生産よりも多種少量生産が望まれているためとも考えられる。

　現代は個人の価値観が尊重され，個人のファッションも多様化している。それに伴うアパレル産業を取り巻く状況も刻々と変化しつつある。衣服のグローバル化は，アパレル産業の技術革新や海外への移転，世界各地からの輸入繊維製品が出回るなどいち早く進み，世界の衣服市場の動向においては，中国が「世界の工場」から「世界の市場」へと変貌を遂げていくと予想されている。他にも「環境」，「福祉」，「高付加価値」，「持続可能な衣生活」といった概念を取り入れながら，新しい衣生活を学ぶことが求められている。

　本書のねらいは，真に豊かな衣生活の創造をめざして，衣服と衣生活に関する自然科学的理解を基礎に衣生活の現代的課題を整理し，今後の方向性を探ることにあるといえる。

　本書の構成は，「衣服と健康」，「衣服素材の機能と保持」，「衣生活創造のための課題」の3つの内容を主軸に，9つの章に分けて構成した。

　1章の「衣服の温熱的快適性」では，まず体温，皮膚温，産熱，放熱など温熱的快適性に影響する人体の温熱因子，および人体の体温調節機構について概説する。さらに体温調節補助機構としての着衣の熱・水分移動性について述べ，温熱的快適性や健康への衣服の役割を理解する。

　2章の「衣服の適合性と運動機能性」では骨格，筋，皮膚などの人体の構造を把握し，人体形態の計測・体型を学ぶ。衣服のパターンや立体化を運動機能性向上に役立てる。

　3章の「衣服と感覚特性と着心地」では視覚・触覚等の感覚を通して心理的にも身体的にも快適で安全な衣服を選択していることを学ぶ。また風合い，着心地についても述べる。

　4章の「衣服素材とその基本的性能」では衣服素材としてのテキスタイル「布」について

述べる。衣服素材の種類や構造とその基本的性能について考える。

　5章の「衣服素材の染色加工と機能化」では日本がこれまでに培ってきた高い染色技術，高機能な繊維や加工について，原理と技術について理解する。

　6章の「衣服の管理と機能保持」では衣服の特性をふまえた，正しい手入れを行うことで，衣服の機能を長く保持することが可能になる。適切な衣服管理のあり方を考える。

　7章の「衣生活とファッションビジネス」では，衣服のマーケットを理解し，日本のファッションビジネスの概要，マーケティング戦略について解説する。

　8章の「衣生活と福祉」では高齢者や障がいのある人の衣服を考える。保有機能を生かして，更衣動作の自立を支援し，「着用者の自分らしさ」を尊重することの意義を理解する。

　9章の「衣生活と環境保全」では，世界全体での衣服の消費が増え続けるなか，エネルギー資源の節約や環境問題を取り上げ，より深刻な課題として考える。

　本書では，前書「衣生活の科学」─健康的な衣の環境をめざして─の基本的な考え方を継承し，新しい衣生活のあり方を創造できる方向に改訂し，とくに最新の具体的な事例を多く提示するよう努めた。

　主として家政系・生活系・教員養成系の学部・学科における被服科学の教科書，家庭科教育・消費者教育の指導者の参考書，アパレル関係業種に携わる方の参考書としての利用を考え，基本的な事項を的確に捉えられるようにした。また，各分野の知識・理論と応用が体系的・相互的に関連づけて学べるように配慮した。

　最後に執筆に際し，多くの方々の著書・論文などを参考にさせていただいたことに深く感謝申し上げる。

　また，本書の刊行にお力添えくださったアイ・ケイコーポレーション森田富子氏，ならびに編集にご協力いただいた方々に厚く御礼申し上げる。

平成27年3月　　　　　　　　　　　　　　　　　　　　　　　　　　　　編　著　者

目　次

序章　衣服と健康　　　　　　　　　　　　　　　　　　薩本　弥生

1．快適性と健康

- 1－1　消極的快と積極的快 …………………………………………………………1
- 1－2　保健衛生的快適性と社会的快適性 …………………………………………1
- 1－3　着衣の快適性を左右する要因と快適性評価法 ……………………………3

1章　衣服の温熱的快適性　　　　　　　　　　　　　　薩本　弥生

1．人体の体温調節機構と温熱的快適性 ………………………………………5

- 1－1　快適感に影響する温熱因子 …………………………………………………5
- 1－2　人体の体温調節機構 …………………………………………………………12

2．衣服の熱・水分移動性能と温熱的快適性および健康 ………………17

- 2－1　温熱的快適性の評価 …………………………………………………………17
- 2－2　着衣の熱・水分移動性能の評価 ……………………………………………19
- 2－3　着衣の熱水分移動性能に影響を与える諸要因 ……………………………21
- まとめ ……………………………………………………………………………………32

2章　衣服の適合性と運動機能性　　　　　　　　　　川端　博子

1．衣服の適合性 ……………………………………………………………………34

- 1－1　人体の形態 ……………………………………………………………………34
- 1－2　各集団の体型の特徴と衣料サイズ …………………………………………37
- 1－3　衣服のパターンと立体化 ……………………………………………………40
- 1－4　既製服の課題 …………………………………………………………………44

2．衣服の運動機能性 ………………………………………………………………45

- 2－1　衣服による身体への拘束と有効利用 ………………………………………45
- 2－2　動作しやすい衣服の設計 ……………………………………………………52
- 2－3　運動機能性が重視される衣服の例 …………………………………………54
- 2－4　運動機能性と健康 ……………………………………………………………55

3章　衣服の感覚特性と着心地　　　　　　　　　　　井上　真理

1．ヒトの感覚と衣服の感覚特性 ………………………………………………57

- 1－1　感覚の種類 ……………………………………………………………………57

  1－2　視　覚……………………………………………………………………58
  1－3　触　覚……………………………………………………………………61
  1－4　感覚と感情，感性…………………………………………………………62
 2. 布の風合い………………………………………………………………………62
  2－1　風合いの官能評価の標準化………………………………………………63
  2－2　布の基本的な力学特性と表面特性………………………………………64
  2－3　風合いの客観評価…………………………………………………………66
 3. 衣服と健康障がい………………………………………………………………66
  3－1　物理的刺激…………………………………………………………………66
  3－2　化学的刺激…………………………………………………………………67
 4. 着心地のよい衣服とその設計…………………………………………………68

4章　衣服素材とその基本的性能　　小原奈津子

 1. 繊　維……………………………………………………………………………72
  1－1　繊維の構造…………………………………………………………………73
  1－2　天然繊維……………………………………………………………………73
  1－3　化学繊維(chemical fiber)…………………………………………………78
 2. 糸(yarn)…………………………………………………………………………87
  2－1　糸……………………………………………………………………………87
 3. 布…………………………………………………………………………………89
  3－1　織物(woven fabric)………………………………………………………89
  3－2　編物(knitted fabric)………………………………………………………91
  3－3　その他の素材………………………………………………………………93
 4. 衣服素材の基本的性能…………………………………………………………94
  4－1　重　さ(質量)………………………………………………………………94
  4－2　強さ，伸び，弾性に関する性能…………………………………………94
  4－3　水蒸気，水に対する性質…………………………………………………96
  4－4　熱，炎に対する性質………………………………………………………97
  4－5　天候，光に対する性質……………………………………………………98
  4－6　その他の性能………………………………………………………………98

5章　衣服素材の染色加工と機能化　　古濱　裕樹

 1. 染　色……………………………………………………………………………101
  1－1　染色加工業…………………………………………………………………101

|　　1－2　色が発現する仕組み……………………………………………………………105
|　　1－3　色の表示と測定……………………………………………………………………108
| 2. 古今東西の染料……………………………………………………………………………109
|　　2－1　染色の起源…………………………………………………………………………109
|　　2－2　天然染料時代………………………………………………………………………110
|　　2－3　合成染料の発明と発展……………………………………………………………112
| 3. 仕上げや加工による素材の高機能化……………………………………………………115
|　　3－1　物理的な仕上げ……………………………………………………………………115
|　　3－2　さまざまな機能を付与する後加工………………………………………………116
|　　3－3　ファッション性に関する後加工…………………………………………………119
| 4. 繊維自体の高機能化………………………………………………………………………120
|　　4－1　合成繊維の高機能化の手法………………………………………………………120
|　　4－2　異形断面繊維………………………………………………………………………121
|　　4－3　極細繊維……………………………………………………………………………121
|　　4－4　特殊な性能をもった高分子による繊維…………………………………………123
|　　4－5　その他の高機能素材………………………………………………………………125
|　　4－6　今後の発展に寄せる期待…………………………………………………………126

6章　衣服の管理と機能保持　　　　　　　　　　　　　　　間瀬　清美

| 1. 着用に起因する衣服の機能変化…………………………………………………………127
|　　1－1　衣服の汚染…………………………………………………………………………127
|　　1－2　汚れの付着機構・付着量・付着状態……………………………………………129
|　　1－3　衣服素材の汚染による性能の変化………………………………………………131
|　　1－4　衣服の疲労…………………………………………………………………………132
| 2. 衣服の洗浄・洗濯…………………………………………………………………………132
|　　2－1　家庭洗濯と商業洗濯………………………………………………………………132
|　　2－2　洗濯用水……………………………………………………………………………134
|　　2－3　洗　剤………………………………………………………………………………135
|　　2－4　界面活性剤と洗浄補助剤…………………………………………………………136
|　　2－5　洗浄作用……………………………………………………………………………140
|　　2－6　洗濯機………………………………………………………………………………143
|　　2－7　洗浄力の評価………………………………………………………………………144
|　　2－8　取扱い絵表示（ケアラベル）……………………………………………………145
| 3. 衣服の仕上げ………………………………………………………………………………147
|　　3－1　漂　白………………………………………………………………………………147
|　　3－2　仕上げ………………………………………………………………………………147

- 4．衣服の長期的保管·················149
  - 4－1　保管に伴う衣服の損傷劣化·················149
  - 4－2　繊維の名称·················151

7章　衣生活とファッションビジネス　　　藤田　雅夫

- 1．衣服のマーケット·················152
  - 1－1　市場の捉え方·················152
  - 1－2　日本の衣服市場·················153
  - 1－3　世界の衣服市場·················154
  - 1－4　クールジャパン戦略·················155
- 2．ファッションビジネス·················156
  - 2－1　ファッションビジネスの定義と範囲·················156
  - 2－2　衣服に関わる産業の仕組みと変遷·················159
  - 2－3　新たなビジネスモデル·················161
- 3．衣服とマーケティング·················163
  - 3－1　ファッションビジネスとマーケティング·················163
  - 3－2　ブランド戦略·················165
  - 3－3　マーチャンダイジング·················167
- 4．衣服の消費者調査·················169
  - 4－1　消費者調査とは·················169

8章　衣生活と福祉　　　雙田　珠己

- 1．高齢者の衣生活·················175
  - 1－1　高齢者の身体特性と衣服·················176
  - 1－2　健常者の衣服·················179
  - 1－3　健常者の衣服設計·················180
  - 1－4　福祉機器使用の人の衣服·················182
  - 1－5　要介護高齢者の衣服·················182
- 2．障がいがある人の衣生活·················186
  - 2－1　肢体不自由がある人の衣生活·················186
  - 2－2　障がいがある人の衣服の改善·················190
  - 2－3　障がいがある子どもたちの衣生活·················192
- 3．衣服のユニバーサルデザイン·················193
  - 3－1　ユニバーサルデザインとバリアフリー·················193

3－2　ユニバーサルファッション………………………………………………194
　　3－3　福祉からみた衣服の課題…………………………………………………194

9章　衣生活と環境保全　　　　　　　　　　　　　　古濱　裕樹

1. 環境保全の視点がなぜ必要か……………………………………………………196
　　1－1　急激に増加している世界人口と繊維の消費……………………………196
2. 衣生活における環境対応…………………………………………………………198
　　2－1　衣生活の資源………………………………………………………………199
　　2－2　法律や自主規制による環境対応…………………………………………202
　　2－3　最終製品の環境問題………………………………………………………203
3. 3 R…………………………………………………………………………………206
　　3－1　着用しなくなった衣服の行く末…………………………………………206
　　3－2　リデュース…………………………………………………………………207
　　3－3　リユース……………………………………………………………………207
　　3－4　リサイクル…………………………………………………………………207
4. 真に環境によい行動を選択するために…………………………………………209
　　4－1　LCA…………………………………………………………………………209
　　4－2　製品のカーボンフットプリント…………………………………………209
　　4－3　エシカルファッション……………………………………………………209
　　4－4　持続可能な衣生活を求めて………………………………………………210

付表－1　衣料サイズ規格　─体型区分表示─……………………………………212
付表－2　衣料サイズ規格　─範囲表示の記号とカバー率─……………………213
付表－3　繊維の性能表………………………………………………………………214
索　　引…………………………………………………………………………………220

著者紹介

編著者

間瀬　清美　（ませ　きよみ）
　　名古屋女子大学家政学部教授　博士(医学)
　　奈良女子大学家政学部卒業，お茶の水女子大学大学院家政研究科修了
　　名古屋女子大学助手・講師・准教授を経て現職
　　主な著書：「衣生活の科学　健康的な衣の環境をめざして」（編著），「アパレルと健康―基礎から進化する衣服まで―」（分担執筆）

薩本　弥生　（さつもと　やよい）
　　横浜国立大学教育人間科学部教授　博士(被服環境学)
　　お茶の水女子大学家政学部被服学科卒業，同大学大学院家政学研究科修士課程修了
　　文化女子大学大学院家政学研究科被服環境学専攻博士課程修了
　　文化女子大学助手・講師，横浜国立大学准教授を経て現職
　　主な著書：「快適ライフを科学する」（編著），「繊維の百科事典」，「衣服と健康の科学」（分担執筆）

執筆者

井上　真理（いのうえ　まり）	神戸大学大学院人間発達環境学研究科教授　博士(学術)
川端　博子（かわばた　ひろこ）	埼玉大学教育学部教授　博士(被服環境学)
古濱　裕樹（こはま　ゆうき）	武庫川女子大学短期大学部講師　博士(生活環境学)
小原奈津子（こはら　なつこ）	昭和女子大学大学院生活機構研究科教授　工学博士
薩本　弥生（さつもと　やよい）	横浜国立大学教育人間科学部教授　博士(被服環境学)
雙田　珠己（そうだ　たまみ）	元熊本大学教育学部教授　博士(教育学)
藤田　雅夫（ふじた　まさお）	共立女子大学家政学部教授
間瀬　清美（ませ　きよみ）	名古屋女子大学家政学部教授　博士(医学)

（五十音順）

序章　衣服と健康

1. 快適性と健康

　人の脳は3つの部分からなる。一つめは原脳，2つめは原脳を包み込み犬や猫などがもつ動物脳である大脳辺縁系である。これらの部分が本能や情動といった脳の基本機能を担う。3つめは抽象思考や創造など知的な作業を担う人間に特に発達している大脳新皮質である。人は大脳新皮質のおかげで苦労をしても人のために役立つとか，自己実現をめざすことに喜びを感じる。しかし，大脳新皮質由来の快は脳全体で感じる快のほんの一部である。快感は思考をする大脳新皮質だけでなく，原脳や大脳辺縁系の働きにより感じられる，食事，排泄やスポーツで感じる快感も重要である。原脳から大脳の前頭葉に向け快感神経ともいわれるA10神経が伸びている（図序-1）。人が刺激を受けると快を感じることはこの神経に由来する。この神経が本能的な快を担う原脳から高度な思考を担う大脳新皮質に繋がっていることは興味深い。高度な精神活動も本能的に快を感じなければ持続しない。

　また，無意識で知覚されないが生理反応として現れる身体で五感を介して感じられる部分も考慮しなければ，本質を見誤ることになる。心と，からだのバランスを欠かないようにすることが重要である。

　現在のモノや情報が氾濫している社会では便利で快適なモノでも健康を維持するために，身体の許容量を越えないことが大切である。

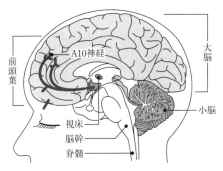

図序-1　脳の構造

1-1　消極的快と積極的快

　快適性には消極的快と積極的快の2つのレベルがある。前者は安全性や健康の維持を含む欠乏欲求であり，不快の除去を目的とする。個人の感じ方による個人差が生じにくく合意が得られやすい。一方，積極的な快は適度な刺激によって得られる成長欲求であり，中庸の状態ではなくプラスαの獲得を目的とする。プラスαの刺激は同一人物であっても志向は変化し，他人であれば，なおさら合意を得ることは困難である。また，若干の生体負荷を生じる。積極的快は短時間では魅力的であるが，長時間続くと不快になることもあり，衣服の快適性を検討する場合，快適でも健康を害することがないように目的によって，どちらの快を求めるべきか意識する必要がある。

1-2　保健衛生的快適性と社会的快適性

　快適さを求める人の欲求について心理学者のマズローは図序-2のように人間の欲求には5段階のレベルがあり，より低次元の欲求が満たされて初めて次の欲求が生じると説明

している。1段階が「生理・物理的欲求」で食事や睡眠など生存上，最低限必要な欲求である。これが満たされると2段階の「安全・安定を求める欲求」が生じる。外敵や災害，雨風からの防護というレベルの要求である。以上のような要求は保健衛生的欲求とみなされる。1, 2段階の欲求が満たされると社会を意識した欲求が生じる。3段階は「社会帰属の欲求」

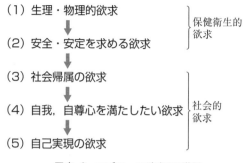

図序-2 マズローの欲求5段階説

である。所属する集団に受け入れられたいという帰属意識である。4段階は「自我，自尊心を満たしたい欲求」である。属する集団の中で構成員として埋没せず，他人と差別化されたいと意識する。5段階は最高レベルの「自己実現の欲求」である。自分の生きた証を何か形にしたいといった要求である。人生観そのものといっていい。マズローの人間の欲求を基に快適性を考えると1, 2段階の欲求は安全性や健康の維持を求める保健衛生的な欲求といえ，ここではこれらに基づく快適性を保健衛生的快適性とよぶことにする。これに対し，3, 4, 5段階の欲求は社会生活で文化的活動を営むうえで生じる欲求で，これらの欲求に基づく快適性を社会的快適性とよぶ。

① 衣服の保健衛生的快適性

保健衛生的快適性は不快感が除去され何も感じない中立な状況を最終目標とする。労働環境での温熱的快適性研究を例にすると，溶鉱炉や建築現場など温熱的に過酷な状況での労働環境で働く労働者のストレスを除去し労働環境を改善することが目標である。一般の家庭やオフィス環境では暑さ，寒さを感じない中立条件が最も望ましいと考えられ，快適な条件が検討されている。暑さ，寒さの過酷な条件に比べ快適環境は個人差が多く，ある程度の幅をもって考える必要がある。また，人工的に作られた快適な条件で過ごしていることを危惧する意見もある。すなわち，快適にしすぎると人間の本来もっていた体温調節機能などが鈍ってしまい，健康上好ましくないのではないかという考え方である。スポーツを定期的にして汗をかくなど，温熱的刺激のある環境へ定期的にからだを暴露することも健康のためには必要だろう。

② 衣服の社会的快適性

衣服は社会的立場や地位を表現する手段である。また，学校や警察官の制服など衣服に所属の標識・記号的な意味をもたせて所属員に所属集団への帰属意識を高めさせる役割を担う。冠婚葬祭での式服などは社会的慣習により着装する衣服が制限されている。さらに，衣服は個人の思想・個性の表現手段としての意味も大きい。

物資が乏しい時代には衣服は耐久消費財として捉えられ大切に着装されたが，物質的に豊かな現在では消費が美徳とされ，流行遅れの衣服はタンスに死蔵されるか，廃棄される。このような消費を前提とした資本主義社会のシステムのなかで衣服の社会的な快適性は追求されている。

しかし，前述のように現代社会においては，目先の利便性や"快"を求めてモノ・情報に溢れた生活を追求した結果，ほとんどの人が精神的ストレスを感じている。人間だけでな

く地球環境の問題もある。欲求に任せて無反省にモノや環境を消費し続けてはいけない。
③ 保健衛生的快適性と社会的快適性のバランス

　衣服を着る目的の一つはファッション表現である。特に若者は流行に左右されるため，時代の潮流に流されやすい。過去に冬季の寒冷下に衣服の温熱的には不合理な半袖のセーターが流行した。また，男性ビジネスウェアでは夏季でもスーツ・ネクタイという儀礼を重んじる服飾文化がある現状に対し2005年の夏は政府主導で音頭を取り「クールビズ」を推奨したため，比較的スムーズに男性の軽装化が普及したが，依然として礼儀を優先する人も多い。

　以上の例のように，衣服の社会的快適性のために温熱的快適性を犠牲にする例は枚挙にいとまがない。エコ・ライフスタイルへ意識改革し真に快適で健康な衣生活を経営・維持するには衣服・衣生活に関する保健衛生的な快適性に関する科学的知識と洞察も必要であり，両者のバランスを考える必要がある。

1-3　着衣の快適性を左右する要因と快適性評価法

　環境要因には図序-3に示すように温熱刺激，音，照明，光等があり，着衣が人体と環境の間に介在し，人体，着衣，環境が相互に影響し合うため，着衣の快適性を考える際，人間-着衣-環境をシステムと捉える必要がある。また，着衣を介して上記の環境の刺激が人に感知され，不快な生理的，心理的な反応がなければ，環境の刺激は無視できるため，快適性の評価をする場合，環境の刺激評価と衣服材料特性や着衣の構成要因の評価，人の生理や心理反応を客観評価し，刺激-反応の関連性を評価する必要がある。

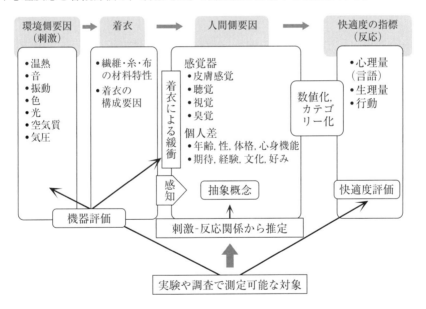

図序-3　快適性研究の評価法

　着衣の快適性は，図序-4のように①温熱的快適性（温冷感，湿潤感として感知），②運動機能的快適性（圧迫感として感知），③触覚的快適性（接触感，接触温冷感として感知）の3つからなる。詳細は以下の章にてふれる。

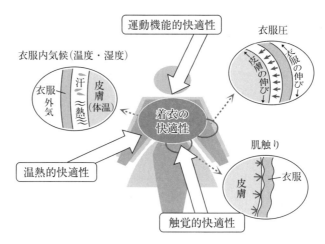

図序-4 着衣の快適性の3つの要素

出典:きごこち科学研究協会編,「フィッティングがあなたを美しく変える
—ファンデーションを中心にした下着ときごこちの科学—」,p.44,きごこち科学研究会(2005)より著者改変

参考文献　＊　＊　＊　＊　＊

1) 日本経済新聞:2002年10月20日26面
2) 春山茂雄:「脳内革命」,サンマーク出版(1995)
3) 宮崎良文編著:「快適さのおはなし」,日本規格協会(2002)

1章　衣服の温熱的快適性

　急速な少子高齢化社会の到来を迎えた現在，高齢者などの予防医学的な環境整備に加えて，働き盛りの生活習慣病予防や健康増進も，その重要性を増している。こうした社会状況にあっては，医学的な治療技術の向上に加えて日常生活における健康状態，快適性の向上を図ることは健康国家の実現と予防医学並びに介護環境の充実に大きく貢献することが可能であり，国民の生活の質(quality of life; QOL)向上において必要不可欠な開発技術である。そして，着衣は日常生活における健康状態，快適性の向上に大いに影響する。

　今日，人類は地球上の極地から赤道付近の地域まで，あらゆる気候帯に適応して生活している。これは人類の生物学的な環境適応の結果だけではなく衣服や住居などによる文化的適応によるところが大きい。

　寒さが厳しい2011年の3月11日に起きた東日本大震災により，ライフラインが途絶えたなか，電気に頼らず保温に寄与する衣服の役割が注目された。その後も季節外れの大雨，台風，竜巻など，異常気象が日本の各地で起きて災害をもたらしている。緊急時の冷暖房に頼れないときでも熱中症予防や健康，快適性維持にも衣服が貢献するだろう。現代の住宅は密閉化されていて冷暖房が普及し，その体温調節補助作用の寄与は大きい。しかし，住居や冷暖房は一か所に固定されエネルギーを大量に消費する。一方，衣服は人と一緒に移動でき，使用時のエネルギー消費はない。また，体温調節機能には性差，年齢差があるが，同一空調内で多様な人が共存できるのは衣服を1枚多く重ね着するなどの微調節のおかげである。地球温暖化防止が問題とされる現在だからこそ，衣服の体温調節補助作用は快適性，健康に関わり重要である。

　本章では，まず人間の温熱的快適性に関連する体温調節機構について概説した後，衣服の温熱的快適性について述べる。

1. 人体の体温調節機構と温熱的快適性

1-1　快適感に影響する温熱因子
(1) 体　温

　恒体温の保持は健康維持のための必須条件であるが，体温とは，からだのどの部位を指すのだろうか。図1-1Aのように体内の温度分布は，全身一様ではなく部位差がみられ，中核部(コア)を末梢部(シェル)が取り囲んだ二重構造をもっている。コアとシェルの割合は固定したものではなく，環境温が変化するとその割合も変動する。しかし，コアである頭部と体幹部の温度は約37℃で環境温が変化しても変わりにくい。すなわち，恒体温はコアでのみ維持されており，通常体温とはコア温を指す。体温の計測には通常腋窩，口腔または直腸が用いられ，口腔温は直腸温よりも0.5℃，腋窩温は直腸温よりも0.8℃低い。体温には，1日を周期とした概日リズムがあるほか，成長に伴う変動(年齢差)，女性の性周期に伴う変動などがみられる。

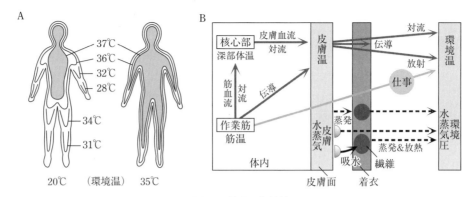

図1-1 体温の部位差

(2) 皮膚温

皮膚温は図1-1Bに示すように人体と環境との間の熱水分移動量を規定する因子で，人の体温調節反応の程度を表す指標でもある。さらに人体の温冷感を左右する因子でもある。したがって，皮膚温を把握することは，被服の温熱生理機能の研究上欠かすことのできない項目である。皮膚温は環境温により変化し，部位差が著しいため皮膚温の代表値として平均皮膚温(mean skin temperature)が用いられる。平均皮膚温は身体の各部囲の皮膚温を部位ごとの体表面積比率で重み付け平均してある。図1-2に人体分割位置とその主な測定点を示す。

平均皮膚温の算出法は，人体各部囲の測定点や重み付け係数により多数の研究者によりさまざまな提案がされている(表1-1参照)。分割数が少ないほど実験は容易で

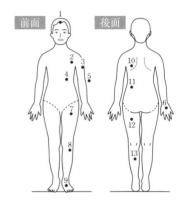

図1-2 皮膚温の測定点

出典：日本家政学会被服衛生学部会編：「アパレルと健康－基礎から進化する衣服まで」, p.23 (2012)を一部改変

あるため野外実験向きであるが誤差を生じやすいという欠点がある。皮膚温の代表値として正確な値を算出するには測定点が多いほどよい。

代表的な測定法として測定点の少ないRamanathanの4点法を式①に，比較的よく用いられるHardy-DuBoisの7点法を式②に示す。

$$\overline{T}_{sk} = 0.3(T_{breast} + T_{upperarm}) + 0.2(T_{thigh} + T_{calf}) \quad \cdots\cdots ①$$

$$\overline{T}_{sk} = 0.07\,T_{forehead} + 0.14\,T_{forearm} + 0.05\,T_{hand} + 0.35\,T_{abdomen}$$
$$\qquad + 0.19\,T_{thigh} + 0.13\,T_{calf} + 0.07\,T_{foot} \quad \cdots\cdots ②$$

$\overline{T}_{sk}$：平均皮膚温(℃)　　　　T_{breast}：胸部皮膚温(℃)　　　$T_{forehead}$：前額皮膚温(℃)
$T_{forearm}$：前腕皮膚温(℃)　　　$T_{upperarm}$：上腕皮膚温(℃)　　T_{hand}：手背皮膚温(℃)
$T_{abdomen}$：腹部皮膚温(℃)　　　T_{thigh}：大腿皮膚温(℃)　　　T_{calf}：下腿皮膚温(℃)
T_{foot}：足背皮膚温(℃)

なお，全体表面積の実測法として体表のレプリカ(石膏法などによる)を作成し，平面展開して求める方法がある。通常は簡易法として身長と体重の関数とした式から算出する。主な算出式としてDuBois(1916)の式③，高比良(1925)の式④を示す。

$$A = W^{0.425} \times H^{0.725} \times 71.84 \times 10^{-4} \quad \cdots\cdots ③$$
$$A = W^{0.425} \times H^{0.725} \times 72.46 \times 10^{-4} \quad \cdots\cdots ④$$

A：全体表面積(m^2)　　W：体重(kg)　　H：身長(cm)

表1-1　体表面積による平均皮膚温算出の係数

発表者		Hardy - DuBois		Ramanathan	Hori ら	入来	Rubner
測定点数		7点	12点	4点	10点	8点	3点
1	額	0.07	0.07		0.098	0.07	
2	胸		0.088	0.3	0.083	0.09	0.43
3	上腕			0.3	0.082	0.13	0.25
4	腹	0.35	0.088		0.162	0.18	
5	前腕	0.14	0.14		0.061	0.12	
6	手背	0.05	0.05		0.053		
7	大腿前	0.19	0.095	0.2	0.172	0.16	0.32
8	下腿前	0.13	0.065	0.2	0.134	0.16	
9	足背	0.07			0.072		
10	背				0.083	0.09	
11	腰						
12	大腿後						
13	下腿後						
全身		1	1	1	1	1	1

（3）体内における産熱（代謝）

　人体の代謝（metabolic rate）は飲食物の摂取とその体内での酸化と分解により熱を産生する。主なエネルギー源は三大栄養素である糖質，脂肪，たんぱく質である。

代謝への性差，年齢差，運動量の影響

　人はエネルギー代謝の約20％を利用し，筋肉運動や日常生活を行うが，残りの約80％は熱として体外に放散される。産熱のうち覚醒時に内臓，脳活動など生命維持のための必要最小限の代謝を基礎代謝（basal metabolism）という。なお，睡眠時の代謝は基礎代謝の0.7～0.8倍である。通常，快適条件下，早朝空腹時，覚醒安静仰臥状態で測定される。基礎代謝は同じ人では一定値を示し，性差，年齢差がある。表1-2のように体表面積当たりで比較すると性差が明確となる。幼児期は性差が小さいが思春期以降（15～50歳）では女性の代謝は男性の約9割となる。男性のほうが高いのは，男性ホルモンによる作用や代謝活性の低い組織（脂肪）が女性に比べ少ないからと考えられる。年齢差をみると，幼児期から高齢者まで年齢を経るほど減少する。成長期の子どもでは新しい組織を作る必要があるため基礎代謝が高い。健康の維持増進，生活習慣病予防の観点から，エネルギー摂取量がエネルギー消費量をバランスして望ましい体格（BMI）を維持することが重要である。

　エネルギー必要量は表1-2に示す基礎代謝と身体活動レベル（physical activity level；PAL）の積で推定される。各種活動時の活動強度はMETsで表され，安静時の代謝に対する比で示されている（表1-3）。3METs以上の活動を毎日60分行い，週に1度4METsの運動を行うことが健康づくりのために推奨されている。

表1-2　日本人の基礎代謝量と身体活動レベル

年齢(歳)	基礎代謝 男 (W/m²)	基礎代謝 女 (W/m²)	基礎代謝の男女比(％)	身体活動レベル(PAL)(男女共通) レベルⅠ	レベルⅡ	レベルⅢ
1〜2	65.7	63.7	97.1	—	1.35	—
3〜5	63.2	59.7	94.6	—	1.45	—
6〜7	54.7	52.0	95.1	1.35	1.55	1.75
8〜9	54.1	50.3	93.0	1.40	1.60	1.80
10〜11	53.6	49.8	93.0	1.45	1.65	1.85
12〜14	48.9	47.1	96.4	1.50	1.70	1.90
15〜17	45.7	41.7	91.2	1.55	1.75	1.95
18〜29	42.0	35.8	85.2	1.50	1.75	2.00
30〜49	40.8	36.2	88.6	1.50	1.75	2.00
50〜69	38.8	35.4	91.3	1.50	1.75	2.00
70以上	38.0	34.7	91.1	1.45	1.70	1.95

注〕1　厚生労働省「日本人の食事摂取基準」(2015年版)に示された基礎代謝を年齢別体位基準値を用い体表面積当たりに換算
注〕2　身体活動レベル(PAL)は低, 中, 高の3段階として, 各々Ⅰ, Ⅱ, Ⅲで示す。
注〕3　推定エネルギー必要量は基礎代謝と身体活動レベルの積で算出される。

表1-3　各種活動時の身体活動強度(METs*)表

生活活動の例	活動強度(METs)	スポーツ活動の例	活動強度(METs)
休息	1.0	ストレッチング, 全身を使うTVゲーム(バランス運動, ヨガ)	2.3
立位(会話, 電話, 読書), 皿洗い	1.8	ヨガ, ビリヤード, ゴルフ, 座位でのラジオ体操	2.5〜2.7
ガーデニング, 動物の世話, ピアノの演奏	2.3	ボウリング, バレーボール, 社交ダンス, 太極拳	3.0
炊事, 階段下り, 大工仕事, 梱包, ギターの演奏	3.1	卓球, パワーヨガ, ラジオ体操, ダブルステニス, 背泳ぎ	4.0〜4.8
普通歩行(80m/分), フロア掃き, 掃除機, スクーター運転	3.3	野球, ソフトボール, サーフィン, バレエ(モダン, ジャズ)	5.0
高齢者や障外者の介護, 自転車に乗る(≒16km/時)	4.0	水泳(平泳ぎ), バドミントン	5.3〜5.5
やや速歩(93m/分), 苗木植栽, 農作業, 家畜餌やり	4.3〜4.5	登山(荷物0〜4.1kg), 自転車エルゴメータ(100W)	6.5〜6.8
速歩(100m/分), 活発に動物と遊ぶ, シャベルで泥すくい	5.0〜5.5	ジョギング, サッカー, スキー, スケート, ハンドボール	7.0
活発に子どもと遊ぶ, 家具の移動・運搬, 雪かき	5.8〜6.0	エアロビクス, シングルステニス, 登山(荷物4.5〜9.0kg)	7.3
農作業(干し草をまとめる, 納屋の掃除), 運搬(重い荷物)	7.8〜8.0	水泳(クロール), 柔道, 空手, キックボクシング	10.0〜10.3
荷物を上の階へ運ぶ, 階段を上る(速く)	8.3〜8.8	ランニング(188m/分), 自転車エルゴメータ(200W)	11.0

＊METs＝$\dfrac{活動時代謝}{安静時代謝}$　厚生労働省ホームページ「健康づくりのための身体活動基準2013」を元に著者作成

(4) 人体からの放熱の物理的しくみ

人体からの放熱のしくみには，以下の伝導，対流，放射，蒸発の4つの機序がある（図1-3参照）。通常，私たちは体温より低い環境に住んでいるので，産生された熱は外部へ物理的に放散されている。

① 伝導（conduction）

物体の内部に温度むらがあるとき，熱移動が物体内部を高温側から低温側へ物質の移動を介さずに起こる現象を伝導という。伝導による放熱量 q_k は温度勾配に比例する。これをフーリエの法則とよび伝導は式⑤で表される。比例係数 λ を熱伝導率とよび，物質に固有の値をもつ。人体が他の物体に接触する瞬間の熱移動は接触面を境界条件とする非定常の熱伝導である。例えば，寒い冬に公園のベンチに座ると，同一環境温でもベンチの材質により体表から奪われる熱量が異

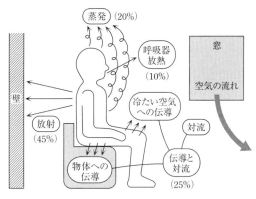

図1-3 放熱のしくみと割合
出典：佐藤昭夫，佐藤優子，五嶋摩理，「自律機能生理学」，p.204を一部改変

なるため感じ方が異なり，金属ならば冷たく感じるが，木だとさほど冷たく感じない。空気の熱伝導率は小さく，皮膚の表面に数ミリ厚さの境界層を作るので空気中では放熱は小さい。気温100℃のサウナでやけどをしないのも熱の移動方向は逆であるが，境界層のおかげである。

$$q_k = \lambda \frac{dT}{dx} \quad \cdots\cdots\cdots ⑤$$

q_k：熱伝導による放熱量（W/m²）　λ：熱伝導率（W/m/℃）　T：温度（℃）　x：熱移動方向

② 対流（convection）

人体周りで熱が空気や水の移動に伴い移動する現象を対流という。温かい体表面に接した冷たい外気は，熱伝導で温められ比重が軽くなり浮力を生じ上昇する。これに変わって新たな空気が再び体表に触れ対流が起こりその結果，体熱が奪われる。このような熱移動は自然対流（free convection）とよばれる。人体周りで風があるときや人が動くときには，さらに対流による熱移動は強められる。この熱移動は強制対流（forced convection）とよばれる。

人体からの対流による放熱量 q_c は式⑥で表される。人体周りの対流熱伝達率は主として風速と姿勢に影響される。被験者実験やモデル化により理論式が提案されている。強制対流下では対流熱伝達率は風速の0.5乗に比例する。伝導と対流を合わせて放熱量の約30％である。

$$q_c = h_c \cdot (\overline{T}_s - T_e) \quad \cdots\cdots\cdots ⑥$$

q_c：対流による放熱量（W/m²）　h_c：対流熱伝達率　$\overline{T}_s$：平均皮膚温（℃）　T_e：気温（℃）

③ 放射（radiation）

熱エネルギーが光と同様な電磁波の形で伝達される伝熱形式を放射とよぶ。伝達媒体が必要ないため真空でも放射が生じ，例えば，私たちの住む地球は宇宙空間を介して太陽か

らの放射で暖められている。夏の日射の暑さ，冬の日向の陽気はすべて太陽の放射熱の恩恵である。人間自体は放射体なので，より低温の物体が近くにあると放射熱が奪われる。例えば，冬の寒い室内で他の壁よりも温度の低いガラス窓の近くに座っていると体熱を奪われやすい。人体から環境への放射エネルギーはステファン・ボルツマンの法則により絶対温度の4乗差に比例し式⑦で表せる。

$$q_r = \sigma \cdot \varepsilon \cdot f_r (T_s^4 - T_r^4) \quad \cdots\cdots\cdots⑦$$

q_r：放射による放熱量（W/m²）
σ：ステファン・ボルツマン係数 5.67×10⁻⁸（W/m²/K⁴）
ε：皮膚の放射率（－）　　　f_r：有効放射面積比（－）
T_s：皮膚の絶対温度（K）　　T_r：環境の壁面の絶対温度（K）

環境の壁面温度には式⑧で表す平均放射温を用いる。皮膚や衣服の表面は可視光線での色にかかわらず黒体に近い放射率をもちεは0.95程度である。放射による放熱は有効放射面積に比例するため，丸く縮んだ姿勢では放熱が少なくなる。四肢内側面は外部に対する放射面とならないため有効放射面積は全体表面積より小さくなる。姿勢などにより異なるが，概略$f_r = 0.7 \sim 0.85$である。放射は全放熱量の約50％を占める。

$$T_r = T_g + 2.35\sqrt{V}(T_g - T_a) \quad \cdots\cdots\cdots⑧$$

T_g：黒球温度（K）　　T_a：環境温度（K）　　V：環境の風速（m/s）

④　蒸発（evaporation）

生体には体内に取り込んだ量と同量の水分を体外に排出して体液量の平衡を保つしくみが備わっているので人体の体液量，すなわち，体内の水分量は常に身体の約6割で一定である。水分は消化や排泄機能，内部環境の維持のほか，体温調節にも貢献している。

水は蒸発する際に2,438J/g（皮膚温30℃付近時）の気化熱を体熱から奪う。水分の相変化は温度変化を伴わないため潜熱という。蒸発放熱は皮膚と環境との水蒸気濃度差を機動力とするため蒸発放熱量q_wは式⑨で表される。

$$q_w = L \times m = h_w(C_s - C_e) = h_w \cdot w \cdot (C_{ss} - C_e) \quad \cdots\cdots\cdots⑨$$

q_w：蒸発放熱量（W/m²）　　L：潜熱係数（2438J/g）　　m：蒸発速度（g/m²/s）
h_w：蒸発熱伝達率（W・m/g）　　C_s：皮膚の水蒸気質濃度（g/m³）
C_{ss}：皮膚の飽和水蒸気濃度（g/m³）　　C_e：環境の水蒸気濃度（g/m³）　　w：濡れ率（－）

全身の皮膚のどのくらいが湿潤しているかを示すのに濡れ率（skin wettedness）が用いられる。$w = 1$が完全湿潤，$w = 0$が完全乾燥を示す。しかし，現実には$w = 0$はあり得ず，最低値は不感蒸散時で$w = 0.06$と概算され，濡れ率0.3程度までは快適性が維持される。

(5)　熱放散を調節する生理的しくみ
①　皮膚血流量の調節

全身の皮膚血流はからだの深部の熱を環境に放熱し，体温調節するのに役立っている。特に図1-4に示す動静脈吻合（arterio-venous anastomoses；AVAと略す）は手足，唇，鼻，耳など外気に曝される部分の皮膚のみにあり，必要に応じて皮下の細動脈と細静脈を短絡する（毛細血管を介さずに直接つなぐ）。暑熱環境ではAVAが拡張し静脈叢の血流を著しく増大させ皮膚温を上げ放熱を促進させ，寒冷環境では放熱を抑制し凍傷防止に貢献する。

毛細血管の径が10nmに対しAVAの径は拡張時に150nmになり，血流量は血管径の4乗に比例し瞬時に約1万倍も流れる。

また，生体内での熱移動に関して体熱の効果的利用に重要な意味をもつのが対向流熱交換である。図1-5に模式図を示す。心臓から出た温かい動脈血が高温のまま末梢の放熱器官に到達せず，中途で末梢から帰還し動脈に伴行する静脈を介して静脈血に保有する熱の一部を与え，その結果，末梢部の動脈血自体が低温になる。このことは寒冷時に放熱の抑制に効果的である。

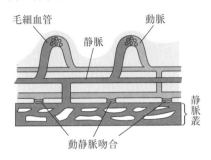

図1-4　動静脈吻合のしくみ

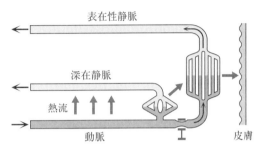

図1-5　四肢における対向流熱交換系

寒冷時には皮膚表面へいく血管が収縮して皮膚血流を減らすとともに，動脈と深在静脈との間で対向流熱交換系がはたらき，熱放散量を減少させる。

（堀，1984より）

② 不感蒸散と発汗

人体から蒸発する水分は図1-6のように不感蒸散と発汗によるものに大別される。不感蒸散では，真皮や皮下の細胞外液が表皮の角質層を通して水分が徐々に蒸散する。不感蒸散量は1日約850mLで3割が呼気からであり，7割が皮膚からである。体重50kg，体表面積1.5m^{2}の成人女子の場合，23g/m^2/hに相当する。不感蒸散1日分で約2,000kJの気化熱になり，人体の比熱が3.5kJ/kg/℃なので約12℃の体温上昇を防止する。

発汗は積極的に蒸発による放熱量を増大させ，体温を下げるしくみであり，皮下組織にある汗腺でつくられた汗が導管を通って皮膚表面に分泌され，その分泌量は神経により調節されている。汗腺には全身に分布し，希薄な汗を分泌するエクリン腺と腋窩，会陰部，

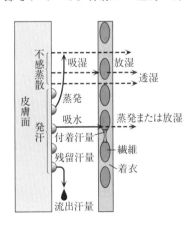

図1-6　着衣の熱水分移動模式図

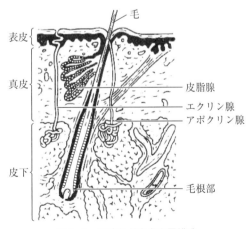

図1-7　汗腺など皮膚内層構造

出典：貴邑冨美子，根来英雄，「シンプル生理学改訂第6版」，p.325，南江堂（2008）を一部改変

顔面の一部などに局在するアポクリン腺とがある（図1-7）。体温調節にはエクリン腺のみが関与する。エクリン腺は交感神経支配を受けている。高温環境で起こる発汗を温熱性発汗という。発汗は一定の潜伏期を経て全身一斉に生じる。手のひら，足底は，「手に汗握る」緊張したときに精神性の発汗を生じる部位でエクリン腺ではあるが，体温調節上の意味はない。

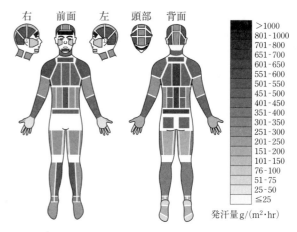

図1-8 全身の発汗量の分布

出典：Smith J. Caroline *et al.*, Eur J. Physiol, 2011, 111, pp.1301-1404

発汗時の蒸発放熱は暑熱環境時にさらに重要な放熱手段である。気温が29℃を超えると発汗が起こる。蒸発放熱量は発汗量に比例するが，皮膚全面が完全に濡れた後の多量発汗は，からだの冷却には有効に作用しないため無効発汗といわれる。図1-6に示す布に付着するもの，肌に残留するもの，流れ落ちるものがある。通常の発汗では8割から9割が有効汗量だが多量発汗時には，4割ぐらいが無効発汗になる。例えば，多量発汗では1時間に1Lもの汗をかく。6割が有効発汗として約270 W/m^{2}の蒸発放熱が起こる。前述の成人女性の体格の場合，全身で約1,500 kJの熱，これは1時間で8℃体温を下げる効果がある。発汗量の実測記録で，多いときには，1時間に2Lの汗をかき，最大1日10Lという例がある。1日の水分出納量は平均して3Lである。汗で失う水分は食物や飲料水の摂取，および代謝で生じた水分から賄う。ダイエットのために水分や食物を控えることは水分出納バランスを失いかねず危険である。発汗は全身ほぼ同時に生じるが，発汗量は部位差がある。図1-8に暑熱下の運動時の全身の発汗分布を示す。躯体部，特に背中や胸の発汗量が多い。

1-2 人体の体温調節機構
（1） 人体の体熱平衡のしくみ

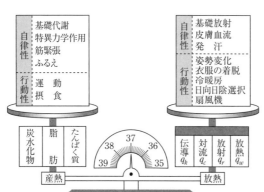

出典：田村照子，酒井豊子編，「着心地の追究」，p.77，放送大学教育振興会(1999)を一部改変

図1-9 産熱と放熱のバランス

人の身体は外部環境の変化により刺激や負荷を受けても生理的反応で生体内部の環境を一定に維持しようとする。この現象をホメオスタシス(homeostasis：恒常性の維持)という。その典型例が体温調節機構である。人は図1-9に示すように代謝によって熱産生を行う一方，熱伝導，対流，放射，蒸発の4つの機序により外部に熱を放散していて，産熱と放熱の平衡を取ることができるため，外界の寒暑にかかわらず，体温を約37℃で一定に保っている。その恒体温のおかげで冬眠もせず一年中，活動ができる。

放熱のうち熱伝導，対流，放射により放散される熱を乾性放熱(dry heat loss)という。気化熱として放熱される熱を湿性放熱(wet heat loss)あるいは蒸発放熱(evaporative heat loss)という。産熱と放熱の関係は，次の熱交換の式⑩で表すことができる。

$$M - q_d - q_w - q_{res} - W = \pm S \quad \cdots\cdots\cdots ⑩$$
$$q_d = q_r + q_c + q_k$$

M：代謝量　　q_d：乾性放熱　　q_w：湿性放熱　　q_{res}：呼吸放熱
q_r：放射放熱　　q_c：対流放熱　　q_k：伝導放熱　　W：仕事量
S：体内貯熱量

(2) 外部環境と体温調節機構

体温調節の機序は環境温により異なる。

図1-10の温熱中性帯では産熱は最小で皮膚血管の拡張と収縮によって放熱が調節されて産熱と放熱がバランスし貯熱量ゼロ($S = 0$)となり温熱的に快適な状態にある。このとき体温も代謝量も一定に保たれる。このときの放熱割合は，熱伝導と対流が25％，放射が45％，蒸発が20％で後の10％が口や鼻の呼吸器放熱で乾性放熱の割合が70％と多い(図1-3参照)。

高温環境では毛細血管の拡張と発汗が起こり体温上昇を防ぐ機構が働く。図1-10に示すように環境温が皮膚温より高くなると放熱手段は発汗による蒸発放熱しかない。この際，抗利尿ホルモン分泌が増加して腎臓からの水分排泄が減少し体内からの水分損失量を減らす。また，汗の塩分濃度が減少し，乾きの感覚が起こり水分摂取が増える。産熱を減少させるため食欲不振になったり運動量が減少したりする傾向がある。高温適応限界を超えると貯熱が起き($S > 0$)，体温が上昇し，極端な場合には体温調節反応が破綻し熱中死に至る。水分と塩分補給が熱中症予防に重要である。

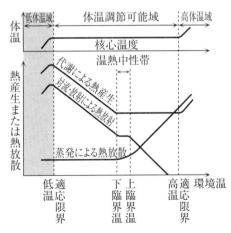

図1-10　環境温と体温調節反応

低温環境では体温を維持するため筋緊張やふるえが生じ代謝量が増加する。熱伝導と対流が15％，放射が35％と温熱中性帯より10％ずつ減り，蒸発は不感蒸散による分で20％と変わらず呼吸器放熱が30％と増加する。そのため口や鼻の粘膜が乾燥した外気に触れ乾きやすい。下臨界温を下回る寒冷環境では酸素消費量が増加し，甲状腺ホルモンや副腎

髄質ホルモンの分泌亢進によって産熱が増大する。同時に交感神経の活動が亢進して皮膚血管が収縮して皮膚血流量を減少させ皮膚温をなるべく低く保ち皮膚表面からの放熱を最小限に抑制するような生理機構が働く。皮膚末梢部は体幹部の恒体温維持のため血流量が抑制される。さらに外気温が低下し生理的調節の限界(低温適応限界)を超えると $S<0$ となり人体は低体温になり，体温が33～34℃になると意識が失われ極端な場合は凍死に至る。寒冷暴露された部位では周期的に皮膚血管が収縮と拡張を繰り返し温度が動揺する。これは寒冷血管拡張反応またはハンティング反応という。この反応は手足の凍傷を防ぐ。

(3) 体温調節機構

体温調節反応の制御は，図1-11に示すようなしくみで行われる。体熱の産生と放散の平衡を保つ中枢は間脳の視床下部にある。外気温の変化は，末梢部の皮膚に存在する温度受容器(thermo receptor)で感知される。また視床下部には内部温度を感知する温度感受性ニューロンがある。体温調節中枢部位とされる視床下部はこれらの体内外の温度情報を統合し，体温調節反応を必要に応じて発現させるよう自律神経系，内分泌系，体性神経系を介して各効果器にその指令を出す。

冬の寒さの厳しい季節に厚着したり，暖房を入れたりする体温調節は行動性体温調節といい体性神経系が支配している。皮膚血流量を変化させる，発汗やふるえを起こすといった自律性体温調節反応は自律神経系が支配している。自律神経は交感神経と副交感神経とが互いに拮抗し合うような形で働いており無意識に体温調節している。内分泌系も関与し，最終的に体温を至適温度になるよう調節している。

(4) 体温調節機構の加齢変化

「年をとると寒がりになる」と一般にいわれるが，ほんとうだろうか。着衣量や環境温を一定条件に制御した実験や調査では，高齢者の体温調節機能は若者と比べ，どんな特徴があるだろうか。

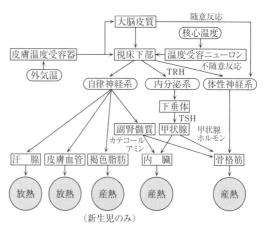

TRH＝甲状腺刺激ホルモン放出ホルモン
TSH＝甲状腺刺激ホルモン

図1-11 体温調節機構

出典：図1-3と同じ，p.208

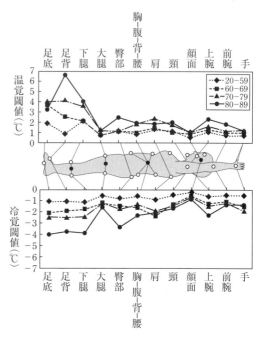

図1-12 温冷覚感受性の閾値(内田と田村)

① 温冷覚感受性

　図1-12は身体12部位(26測定点から一部平均)について温覚と冷覚の感受性の弁別閾値を4年齢区分ごとに示したものである。高齢者は，弁別閾値が大きく感度が鈍い。冷覚では，高齢者の足指や足裏の感度が鈍いので冬季に冷やさない配慮が必要である。また，温覚では下肢や足の指先の感度が低い部分で低温やけどに注意が必要である。

② 温度制御

　加齢によって温度感覚はその感度も識別能力も低下する傾向がみられる。特に寒さに対する感受性に遅れがある。実験的研究の事例を紹介する。図1-13に示すように指先の温度識別能は50歳位までは約0.5℃であるのに65歳以上になると1.0～5.0℃となり，温感・冷感の温度識別能は加齢により著しく低下し，個人差が増大する。レバーで温度調節できる実験室に滞在させ温度を知らせないで最も快適と感じる室温を制御させる実験によると，図1-14に示すように高齢者では若者よりも温度制御の頻度が少なく，かつ設定温度の変動が大きく一定の温度に収束しない。高齢者では温度感覚の感度が鈍り，かなり温度が上下して初めて温度の変化に気がつく。また同じ着衣量で寒冷暴露した実験では，寒冷暴露直後での寒さの訴えは若年者よりも高齢者で有意に少ない。以上，高齢者では寒さに対する感受性の遅れがある。その原因の一つは，温度受容神経終末が減り，冷点密度が減少するためである。

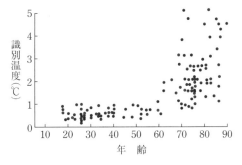
図1-13　加齢による温度識別能の変化

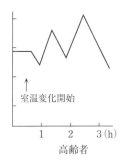
図1-14　若年者と高齢者の調節室温の変動

③ 高齢者の体温調節機構の特性

　暑熱環境で高齢者の老化として若年者より皮膚血流量減少(図1-15A)と総発汗量減少(図1-15B)および発汗反応の遅れ(図1-15C)，発汗出現の温度閾値の上昇が生じる。これらの老化に伴う発汗量の変化は，まず単一汗腺あたりの発汗量が減少し，次に活動汗腺数が減少することに起因する。発汗機能と皮膚血流量の低下には身体部位差が存在し，下肢から始まり躯幹後面，躯幹前面，上肢，頭部と進行する(図1-15参照)。高齢者では体内水分量が少なくなっているため発汗により脱水症状を起こしやすい。脱水による意識障害が早期に起こるので，手遅れになる前に早めに水分補給をするように心がけなくてはならない。寒冷環境下での皮膚血管収縮反応は加齢により減弱し，深部体温保持能も低下する。一口に高齢者といっても個人の生活スタイル，運動の習慣などによって影響され，個人差が大きく，いわゆる"元気なお年寄り"もたくさん存在する。その多くは普段から身体活動量が多く，健康に留意している人たちである。体温調節機能の加齢を止めることはできないが，そのカーブを緩めることは生活スタイルの改善により可能である。若さを保つ

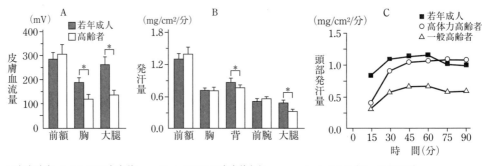

図1-15 暑熱環境下の高齢者の発汗量と放熱量の特性
出典：井上芳光，近藤徳彦編著，「体温Ⅱ」，p.226, 228，ナップ出版(2010)を一部改変

ためには付け焼き刃の準備ではなく，日頃からからだによい衣食住の習慣と運動を持続的に行うなどの対策が必要である。

(5) 子どもの体温調節機構の特性と生活環境の影響

子どもの体温調節機構は，成長段階により特性が異なる。幼児期は成長発育が盛んで体温は成人より高く日内変動も大きい。体温調節中枢の働きが未発達なので，円滑な調節が行われないためである。したがって，周りの大人が温熱環境を上手に調節しなくてはならない。また，衣服による調節が重要な役割を果たすが，気温に応じて自分で着脱の判断ができないため周りの援助が必要である。学童期は身体の成長発達が旺盛である。また，行動もますます活発となるため代謝が増加して発汗しやすい。思春期は身長や体重の加速度的な増加がみられ，この時期には第2次成長が発現し，青年期に移行する。発汗量は，末梢において活動汗腺数と単一汗腺当たりの汗出力の増減で調節される。汗腺密度は体表面積の増加に伴い低下する。思春期前までの子どもの発汗特性は高強度の運動時の発汗量がそれ以降よりも少ない(図1-16A)。しかし，直腸温は平均値は若干高めだが大人と有意差が認められない(図1-16B)。思春期前までの子どもは未発達な発汗機能に関わらず，直腸温を大人と同様に制御できる。これは高い皮膚血流量に起因する(図1-16Bb)。大人よりも体表面積/質量比という体格特性のために熱しやすく冷めやすいからだろう。よって，環境温よりも皮膚温が高いときは，皮膚血流量の増大と体格特性により乾性熱放散が起こりやすく，深部体温を大人と同等に調節できる(図1-16Bc)。しかし，環境温が皮膚温よりも高い条件(環境温35℃以上)では上述の体格特性のため環境から熱が侵入し，放熱手段が発汗のみとなるが，思春期前までは，未発達な汗腺機能が影響し大人よりも深部体温が上昇する。

快適性を追求した現代生活には従来，人に備わっている外環境の変化に対する身体抵抗能力を衰退させる要素が多々存在し，子どもたちの身体が本来あるべき状態から変化している可能性がある。その結果として1980年代から子どもの低体温化が問題になってい

る。低体温化の原因として"発育期の身体への温度刺激量の減少"が挙げられている。具体的には子どもの受験戦争やパソコン・ファミコンの普及による遊びスタイルの変化による日常の活動量の減少と住宅の快適性の追求の結果冷・暖房設備の普及によると考えられる。特に冷房の普及率はここ20年で著しく高まり1994年で26％だったのが2001年に50％まで普及し冷房に依存した夏を過ごす子どもが増加している。幼児期から学童期にかけて抵抗力が徐々に高まるので体温調節中枢の働きを活性化させるために冷暖房に依存しすぎず，また，薄着の習慣をつけることが健康上望ましい。

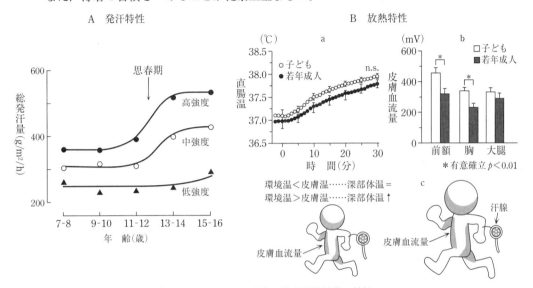

図1-16 子どもの体温調節機構の特性
出典：井上芳光，近藤徳彦編著，「体温Ⅱ」，p.221，224，ナップ出版(2010)を一部改編

2. 衣服の熱・水分移動性能と温熱的快適性および健康

　布はそのままで用いられるのではなく縫製され，衣服として着装される。着装された状態の衣服を「着衣」とよぶ。着衣の快適性は心理的，生理的，物理的あるいは社会的な多くの要因に影響される。いろいろな快適性のなかで温熱的快適性には着衣の熱と水分移動特性が最も寄与する要因であると一般にいわれている。したがって，着衣を通しての熱・水分移動機構を正しく理解することは温熱的により快適な衣生活を送るうえで重要である。2-1では温熱的快適性の評価方法について述べる。2-2では着衣の熱・水分移動性能の評価に関して述べる。2-3では着衣の熱水分移動性能に影響する諸要因を寒冷，暑熱環境ごとに素材および構成要因の観点から紹介する。

2-1　温熱的快適性の評価

　序章の図序-3で示したように温熱的快適性は温熱的な環境要因（気温，気湿，放射，気流）に着衣が介在して人が感じとるが，その際，着衣は人間に最も近い微小空間に温熱環境を形成し，人体周りの熱収支の調節をし，温熱的快適性に影響を与える。さらに，快適性は人体要因（性，年齢，健康状態，過去の活動履歴，個人の好み，着衣量，活動量）にも

影響される。同じ衣服でも，着装する環境や人体の状態が異なれば，快にもなるし不快にもなる。そこで，人間-着衣-環境をシステムと捉え，人体への刺激要素としての着衣や環境の影響やそこで起きている伝熱現象を把握する。人体の反応には期待，経験，文化，好みなどの抽象的概念が入るため，客観的に測定可能な快適度の指標（心理量，生理量，行動）に変換して，着衣を通した環境からの刺激と人の反応との関係から快適度の評価を行う。このためには着衣を通した伝熱現象を客観評価するための人体を模擬する模擬皮膚やサーマルマネキンによる評価が不可欠となる。一方，快適度の客観評価のため，人体側の刺激に対する反応を生理面，心理面から捉える。生理・心理反応の被験者実験から個人差を除去した共通の快適性の傾向を明らかにする。

(1) 計測装置を用いた人-着衣-環境系の伝熱現象評価

着衣は人間に最も近い微小空間に温熱環境を形成し，人体周りの熱収支の調節をし，温熱的快適性に影響を与えるが，温熱的快適性を評価するにあたり，まず，着衣を介して人に刺激となる現象自体を再現性良く評価する模擬装置が開発されている。平板状のものからサーマルマネキンのような等身大のモデルまでさまざまである。人の感覚は過渡的な状態で敏感に感じ，同じ刺激が続くと鈍感になるが，大掛かりの装置ほど制御が難しいため定常状態での模擬が基本である。目的に応じて過渡状態の伝熱現象が再現性よく評価できる装置の開発が待たれる。

(2) 人体の生理・心理的反応による快適度の測定法

① 心理的評価法

人の温熱的快適性は心理量の一つである。温冷感，湿潤感，接触温冷感，快適感等の着用感は等間隔尺度のSD法（semantic differential method）を用いて主観的に申告させる官能評価を行う。主観評価には個人差，性差，年齢差があり，同一人でも日間差等があるので被験者数を増やし統計処理をして有意差があるか検討する。そのため多大な労力と時間を要する。バラツキを減らすためには検討したい項目以外の影響を受ける可能性のある因子，例えば食事，運動，概日リズム，性周期（女性）等の影響を排除するように条件を統一するなどの実験計画が重要である。

② 衣服内気候による評価法

人の温熱感覚の受容器が皮膚にあるので皮膚表面に形成される衣服気候が着衣の快適性と深く係わると推測されて以来，多くの研究者により環境の気候変化と衣服気候との関係が調べられ，人の快適と感じる衣服内気候の範囲が検討された。温熱的に快適なとき，体幹部衣服最内層の気候は外気温が変化しても一定であり，衣服内温度 32 ± 1°C，衣服内湿度 50 ± 10%，衣服内気流 25 ± 15 cm/s の温かく乾燥し不感気流の範囲であることが明らかにされている

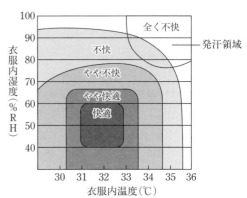

図1-17 衣服内気候と快適域の関連

出典：原田隆司，土田和義，丸山淳子，「衣服内気候と衣服材料」，繊維工学35，No8，p.350(1982)を一部改変

(図1-17)。ただし，運動時など非定常状態の着衣の快適感は衣服内気候と相関関係が成り立たないことが，多くの被験者着装実験の結果，指摘されている。暑い環境での不快感は衣内相対湿度よりも衣内水蒸気圧との相関が高いという。また，運動中の快適性が，衣内湿度の変化速度や皮膚への残留汗量，皮膚の濡れ率，布地表面の濡れ，繊維の吸湿発熱量の変化速度に依存するという報告も多い。

③ 生理心理的評価法

睡眠時の寝心地のように自覚がない場合や乳幼児のように主観評価能力が未熟な場合などの快適性を評価するためには，主観申告にかわる快適性評価指標が必須である。そこで近年，人体の生理心理的反応を評価する測定手法が種々開発されている。生体電気現象の測定装置は表1-4のように中枢神経系，末梢神経系，内分泌系に分けられる。脳波，心電，筋電等を計測する。皮膚表面に電極により生体内の信号電圧を増幅器で増幅記録する非侵襲的(生体を傷つけない)方法をとる。このうち，自律神経系の生理反応を評価する方法として心電図のR-R間隔により交感神経や副交感神経の優位性を評価する方法がある。外部刺激が個体にとって有利な刺激なら快感につながり，反対に不利な刺激であれば不快な感情を生じるとともに瞳孔散大，立毛，発汗，心拍数増加，血圧上昇などの自律性反応が生じる。これらが快適性評価指標となり得るか検討されている。

表1-4 快適性指標に関わる身体の生体情報

中枢神経系
- 脳波，脳電位図：自発脳波　事象関連電位(刺激に対する反応)
- 機能的核磁気共鳴画像(MRI)

末梢神経系
- 自律神経系：心臓循環器系(心電図，心拍，血圧脈拍など)，呼吸器系，消化器系，温熱系(皮膚温，直腸温など)，汗腺活動(発汗量)，皮膚電気活動(皮膚電位)
- 視覚・運動系：眼球運動，瞳孔運動など
- 体性神経系：骨格筋(筋電図)

内分泌系
- 内分泌液：唾液，胃液など
- 血中ホルモン：コルチゾール，カテコールアミン，ドーパミンなど

出典：参考文献9)を元に著者作成

2-2　着衣の熱・水分移動性能の評価

(1)　着衣の保温性

着装状態の衣服の断熱性能を着衣の保温性とよぶ。着衣の保温性は衣服を構成する布の性質に影響されるが，よりマクロな着衣の構成要因，環境要因にも影響される。そして，熱を伝えにくい静止空気層をどれだけ含むかで保温性が決まる。

① 保温性の評価

着衣は衣服間隙と衣服地，外界の空気を部分系から構成される複合系である。衣服の総熱抵抗(I_{total})は皮膚から衣服表面までの熱抵抗(I_{cl})と衣服表面空気層の熱抵抗(I_a)との和として式⑪で表される。衣服表面空気層の熱抵抗(I_a)は，周囲環境の気温，気流，等の影響を受けるため裸体時のマネキンによる測定値を用いることが多い。皮膚から衣服表面までの基

礎着衣熱抵抗(I_{cl})は環境の影響を排除しているので着衣の熱抵抗としてデータベース化されるときに用いられる。衣服を着ることにより体表面積が増加するため面積ファクター(f_{cl})による補正が必要である。したがって，基礎着衣熱抵抗値(I_{cl})は，式⑫により表される。

$$I_{total} = I_{cl} + I_a = \frac{\overline{T_s} - T_e}{q_d} \quad \cdots\cdots\cdots ⑪$$

$$I_{cl} = I_{total} - I_a/f_{cl} \quad \cdots\cdots\cdots ⑫$$

I_{total}：着衣の総熱抵抗値$((m^2\cdot℃)/W)$　I_{cl}：基礎着衣熱抵抗値$((m^2\cdot℃)/W)$
q_d：着衣時の全身熱損失(W/m^2)　$\overline{T_s}$：平均皮膚温$(℃)$
T_e：環境温$(℃)$　I_a：裸体時の総熱抵抗値$((m^2\cdot℃)/W)$

この評価法は風速や温度レベルの影響を受ける着衣外の熱抵抗値(I_a/f_{cl})を減じることにより着衣の固有熱抵抗値が得られるとの意図がある。しかし，基礎着衣熱抵抗は差し引き誤差を含め環境条件，着衣条件により変化するという実験報告が多数あり，着衣の固有値というより状態量といった性質が強い。

近年，サーマルマネキンの普及により人体を数部位に分割し制御することが可能になったため，部位ごとの着衣の伝熱性能の評価が行えるようになった。

着衣全体を単位としての保温性評価はクロ単位(clo)を用いて評価されることが多い。クロ値は物理単位ではあるが，1cloを決めるにあたり，頭部や手部などの露出部を含む人間一人あたりを単位に定めたから実用単位でもある。1cloはSI単位の熱抵抗値に換算すると$0.155(m^2\cdot℃)/W$である。1cloの保温力とは，気温21.2℃，気湿50%RH以下，気流0.1m/sの室内で椅座位安静の成人男子(代謝量58W/m^2)が快適で平均皮膚温を33℃に維持できる着衣の保温力をいう。代謝量の76%(44W/m^2)が顕熱放熱量と仮定している。1cloは気温9℃の変化にほぼ対応するとされ，12℃で2clo，3℃で3cloの着衣が温熱的に快適といわれている。

(2) 着衣の熱水分移動性能

皮膚表面で蒸発した汗は蒸発潜熱を人体から奪い湿流となって着衣間を通過し体外に排出される。暑熱環境では湿性放熱の割合が増え，特に皮膚温や体温より環境温が高いときは，放熱手段は発汗による蒸発放熱のみとなる。

① 着衣の熱水分移動性能の評価単位

乾性放熱が皮膚温と環境温の温度差を原動力とするのに対し，蒸発放熱は皮膚と環境との水蒸気濃度差を原動力とする。蒸発熱抵抗値I_wは式⑬により算出される。

$$I_w = \frac{C_s - C_e}{q_w} = \frac{w\cdot(C_{ss} - C_e)}{q_w} \quad \cdots\cdots ⑬$$

$$q_w = q_t - q_d$$

I_w：蒸発熱抵抗値$(g/W/m)$，q_w：蒸発放熱量(W/m^2)，C_s：皮膚の水蒸気質量濃度(kg/m^3)
C_{ss}：皮膚の飽和水蒸気質量濃度(g/m^3)　C_e：環境の水蒸気質量濃度(g/m^3)
w：濡れ率(-)　q_t：総放熱量(W/m^2)　q_d：乾性放熱量(W/m^2)

② 着衣の水分透過指数

空気中の熱伝達と水蒸気物質伝達には相似則が成り立ち，自然および強制対流熱伝達で

も熱伝達と同形の理論を物質伝達に適用できる。したがって，裸体時の人体からの放熱に対する顕熱抵抗$I_{(n)}$と蒸発熱抵抗$I_{w(n)}$の比は一定値を取る。これをルイス係数という。「ルイス係数LRは式⑭のように表せ，厳密には温度により変化するが，ほぼ一定値の16.65℃/kPa（＝2.2℃/mmHg）となる。

$$LR = I_{(n)}/I_{w(n)} \qquad \cdots\cdots\cdots\cdots ⑭$$

　　　$I_{(n)}$：裸体時の顕熱抵抗　$I_{w(n)}$：裸体時の蒸発熱抵抗

　Woodcockは着衣の熱と水分同時移動系でもこの時間的，空間的に相似関係が成り立つという前提のもと，着衣系における顕熱抵抗$I_{(c)}$と蒸発熱抵抗$I_{w(c)}$の比をルイス係数に対する比として考え，式⑮に示す水分透過指数i_m（－）という指数を提案した。

$$i_m = \frac{I_{(c)}/I_{w(c)}}{I_{(n)}/I_{w(n)}} = \frac{I_{(c)}/I_{w(c)}}{LR} = \frac{h_w/h}{LR} = \frac{L \cdot h_D/h}{LR} \qquad \cdots\cdots\cdots ⑮$$

　　　h_D：着衣時の皮膚からの水蒸気伝達率（m/s）
　　　h：着衣時の皮膚面からの熱通過率（W/m²/℃）
　　　L：潜熱係数（J/g）　h_w：着衣時の蒸発熱伝達率（＝$L \cdot h_D$）

　この指数は着衣の熱水分透過の程度を示すだけでなく着衣が熱と水分のどちらにより遮断効果が大きいかを示す。衣服上での凝縮は布という障害物による水蒸気伝達の不足が生じ，かつ，熱伝達を大きくする現象である。不透湿性の着衣時の顕熱放熱は大きくなるが蒸発放熱は小さくなる。その結果は着衣系における熱伝達と水蒸気伝達には相似則，つまり線形比例が成り立たないときもあることを示唆する。また，熱移動よりも水蒸気移動のほうが布の存在によって，その移動を妨げられやすい傾向がある。熱と水分移動の相似性を元にルイス係数を用い（式⑭）熱通過率から蒸発熱伝達率を算出したり，水分透過指数を用いたりするときには一定の限界があることを承知しておく必要がある。

2-3　着衣の熱水分移動性能に影響を与える諸要因

　着衣の温熱的快適性には，衣服の熱水分移動特性が重要な役割を果たす。繊維から糸，布のレベルまでの材料の特性と着衣の構成要因が影響する。材料特性として熱伝導率，通気性，吸水・速乾性，吸湿性，透湿防水性等が，着衣の構成要因として衣服と人体とのフィット性，開口部の開口条件等が影響を与える（図1-18）。

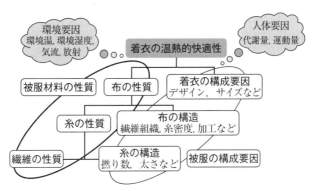

図1-18　着衣の温熱的快適性に影響する要因

つぎに素材および構成要因が着衣時の人体からの熱水分移動特性的要因に及ぼす影響について概説する。

(1) 寒い環境に適した着衣

① 着衣の保温性への静止空気の効果

着装状態の衣服の断熱性能を着衣の保温性という。保温性の高い衣服を着装したときは温かく感じる。着衣の保温性は寒冷環境下で快適な状態になるよう人体の体温調節を補助する重要な性質である。図1-19のように身の回りにある物質のなかで空気は最も保温性の高い物質である。したがって，着衣の保温性は概略どれだけ静止空気を含むかで決まる。

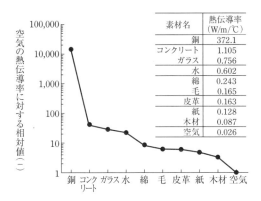

図1-19 各種物質の熱伝導率

布中の空気の体積分率を含気率という。布地は内部に大量の空気を含む。布地の含気率は50〜90％で特に70〜80％の布が多い。静止空気の熱伝導率は各種物質中，最も小さく，比較的熱伝導率の小さい繊維でも空気の約10倍の熱伝導率がある。よって図1-20のように布地の一定面積に含まれる空気の量(含気率×厚さ)に比例して保温性が高くなる。ただし，同じ含気量でも布内に静止空気を多く含むように糸や布を，かさ高になるように工夫した布は温かい。

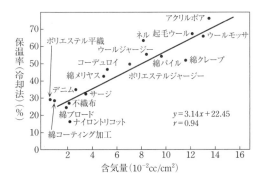

図1-20 布の面積当たり含気量と保温率の関係

例えば，同じ綿織物でも表面を起毛したネル，別珍，コーデュロイやパイルタオルなどはブロード，デニム，綿クレープより温かい。合成繊維では，かさ高加工糸を用いた布は，タフタのようなフィラメント糸やクレープ，ジョーゼットなどの強撚糸を使った布地よりも含気率が大きいので温かい。

② 着衣の保温性への吸湿・吸水性の影響

大気中の湿度が変化すると布中の含有水分量が変化する。保温性への寄与に関しては最も吸湿性の大きいウールでわずかな保温性低下がみられるだけで綿，レーヨンでは吸湿性は保温性に寄与しない。しかし運動して発汗するか雨に濡れると布素材は冷たく感じる。これは水の熱伝導率が空気の約23倍あって(図1-19参照)，さらに汗が蒸発するときの気化熱を人体から奪うためである。布は濡れると著しく熱伝導率が増加し保温性が低下する。布の濡れやすさは布の平衡吸水量による。木綿は吸水した汗が繊維の内部まで入り込むため濡れると熱伝導率が急増する。肌着が湿ったり濡れたりした場合はできる限り早く着替えたい。

③ 素材の通気性の保温性への影響

安静時の着衣の伝熱に素材の通気性は，あまり影響しなかった(薩本ら，1991)。

しかし，有風下あるいは運動中に極端に通気性の異なる実験着で行った実験では図1-35に示すように通気性が高いほど換気量が大きかった。しかし，歩行の効果や開口部の開口条件がより寄与して，無風時のほうが有風時よりも相対的に歩行の効果が大きかった(Ueda, Havenith, 2004)。さらに，一般の着衣の通気度の範囲で通気性を比較し，開口部，ゆとりの効果を含め運動時の衣服換気に及ぼす影響を検討した研究によると(Ueda *et al*., 2006)，通気性による直腸温，皮膚温，衣服内温湿度，局所発汗量等の生理量に有意差はみられず，着衣状態では衣服内空隙，開口部の開口条件等の構成要因の影響のほうが大きく部位差もあるため，単純に素材の影響だけでは換気量が決まらなかった。発汗開始後の衣服内絶対湿度と換気量には負の相関があり，換気は運動時の湿度低下さらには着用者の快適性に寄与した。換気量の部位差では胸＞背中＞上腕の順に換気量が大きく換気量の部位差を考慮したウェアの設計の必要性が示唆される。

④ 人体からの放射抑制による保温

東日本大震災のように冬季に自然災害が起き，電力などのライフラインが途絶えた中で，突然の震災のため，衣服の保温性が不十分なまま避難したとき，どのようにしたら寒さを緩和できるだろうか。このような場合は着衣の内側にアルミシートを挿入するだけでアルミ部分が人体からの放射熱を反射することにより，放熱を30％抑制できる(図1-21)。体育館の冷たい床に座る場合も，段ボールの上にアルミシートを重ねて座ると段ボールの発泡部分の熱伝導抑制効果に加え，アルミ部分が人体からの放射熱を反射することにより，床の冷たさを軽減できる。ちなみに太陽光の日射の遮蔽は図1-22のように明度の低い色の服ほど放射率（＝吸収率）が高いが，人体からの放射（遠赤外）の遮蔽には，アルミ以外は放射抑制効果がない。

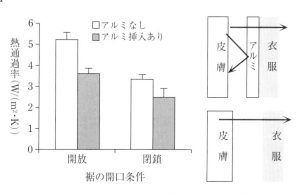

図1-21 アルミの衣服内側への挿入による放熱抑制効果

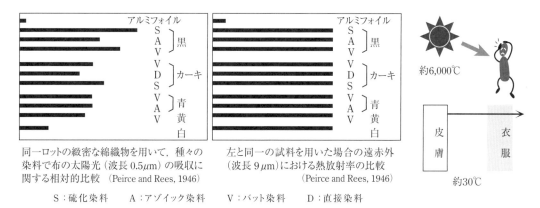

図1-22 太陽光と人体からの放射の放射率

(2) デザイン・着方等，着衣の構成要因が保温性に及ぼす効果

　同じ布素材から構成された衣服でもデザインや着方などにより保温性が異なることがある。では着衣の構成要因としてどんな要因が具体的には挙げられるだろうか。衣服のデザインや形，着方から現れる要因は衣服素材の性質と比べ影響が大きいにも関わらず客観的に規定しにくいのが現実である。着衣モデルなどを用いて，これまで客観的に検討されている着衣の構成要因は被覆面積，衣服のゆとり，すなわち衣服間隙の寸法，開口部の開口条件などがある。以下に着衣の構成要因が寄与して布素材だけで予想される結果と違った効果が生じる場合に関して紹介する。

① 衣服のゆとりの着衣の放熱性能への影響

　人体は通常立位していて体温を一定に保つため，いつも身体から放熱している。この熱で温められ人体の周りの空気は周りの空気よりも軽いので人体周りに自然対流が生じる。このような人体周りの対流が着衣時の保温性に衣服のゆとりが大きいときに影響する。空気には粘性があるので，ゆとりが小さいと空気が流動せず静止している。静止している限りはゆとりが増えるほど静止空気の量が増すことになるから，当然，保温性は大きくなる。しかし，図1-23のようにゆとりが，衣服間隙の寸法で3～6mm以上になると下端開口部に近い低い高さほど空気の粘性に打ち勝って着衣内空間で対流が起こり，保温性は低下する。着衣のゆとりが多く，

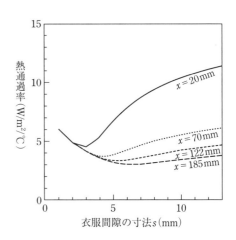

図1-23　着衣の熱伝達に間隙寸法(s)と着衣下端からの高さ(x)が及ぼす効果

出典：薩本弥生ら：繊維学会誌47(6), p.263-270 (1991)

衿元や裾の開口部が開口してウエストもベルトなどで閉めていない場合に人体周りの自然対流が生じやすい。着方を工夫するとよい。

② 重ね着の効果

　衣服を重ね着すると衣服と衣服の間に静止空気層が形成される。前述のように空気は静止していれば保温が高い物質なので重ね着することによる保温効果は顕著である。保温性は重ね順序により影響を受ける。重ね着をする際に外層を内層よりサイズの大きいものにすると，間の空気層を圧縮せず効果的に静止空気層が形成され保温性が高くなる。また，屋外など風が強いところでは衣服内部に風が浸透すると保温効果が激減するので内層に嵩高性の衣服を，外層に防風性の衣服を着装すると保温効果がよい。重ね着や上下組み合わせて着装したときの着衣の保温性は単品衣服のクロ値を単純加算した値と相関があり，組み合わせ着装時のクロ値は単品衣服クロ値の

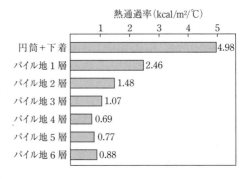

図1-24　重ね枚数と熱通過率

出典：C.E.A. Winslow, L.P. Herrington, "Temperature and Human Life", Princeton Univ. Press, p.116 (1949)

単純加算値に対し約80％程度の値となる。図1-24のように重ね着の枚数と保温力の関係は枚数を重ねるほど上がるが，実質的な保温力はある枚数以上になると停滞，または減少することがある。空気層の圧縮と放熱面積の増加が原因と思われる。

（3） 暑い環境に適した着衣
A　着衣の熱水分移動性への布物性の効果
① 吸水速乾性

　吸水速乾性Tシャツはスポーツウェアとして欠かせない素材となりつつある。少量の汗でTシャツがむら濡れの場合，吸水速乾素材（ポリエステル（以下PETと略記）が主流）は綿よりも濡れ広がりやすく蒸発面積を稼ぐので，この点で乾きの早さに貢献する（竹内ら，2002，薩本，2005）（図1-25）。汗を大量にかくとTシャツの汗の保持性は十分ではないので，かいた汗は流れ落ちる。汗の保持性がよいとウェアは汗で重くなり，摩擦係数も増加するので動きにくくなる。こうなるとむしろ素材が汗を保持することが不利になる。この場合，汗の保持性よりも水切れのよさが重要となる（竹内ら，2001）。吸水速乾Tシャツは水切れがよく，綿の6割の含水量となる（図1-26）。水をたっぷり含んだ後の蒸発速度は素材によりさほど変わらない。含水量が少ないため同じ発汗量なら早く乾く。

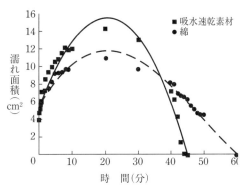

図1-25　濡れ広がり面積変化

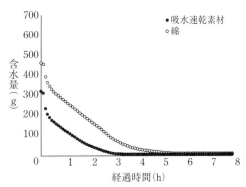

図1-26　Tシャツの水切れと乾燥

② 吸湿性

　衣服内気候に着衣素材の吸湿性がどう影響するか図1-27に示す発汗サーマルマネキンを用い，不感蒸散条件で吸水速乾PETと吸湿合繊（MAS）の混紡割合を変え試作した肌着3種で比較・検討した筆者らの研究によると（薩本ら，2007），MASの混紡割合が高いほど衣服内湿度の低下が大きく，暑熱環境で発汗開始時（蒸れる程度の微量の発汗時）には，吸湿性の高い素材ほど衣服内湿度を低下できることがわかった（図1-28参照）。しかし，発汗が続くと，いずれの素材でも吸湿できる容量をすぐに超えてしまうため，もはや吸湿による湿度上昇抑制による不快感抑制効果は望めない。

　水分率が同等の素材である吸水速乾PETとMAS混紡の肌着と綿100％の肌着を比較すると，混紡肌着のほうがより緩慢な発熱現象が長時間続いた。また，濡れた肌着が皮膚面上で乾燥する過程で吸湿性素材では放湿吸熱が起きた。このために運動後，皮膚温・衣服内温度が下がる"後冷え"を起こす不安要素を抱えている。

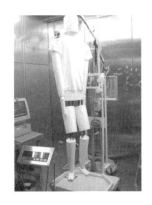
図1-27　発汗サーマルマネキン

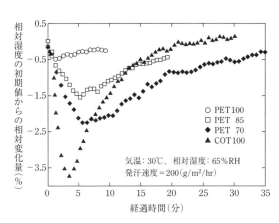
図1-28　素材の吸湿性と衣服内湿度の相対変化

③　透湿防水性

　冬山登山など低温環境下で運動により汗をかいた状態では，保温性を保ちながら水分移動性を確保する必要がある．水分移動が阻害されると着衣内で結露が生じる場合があり，結露した着衣は水分移動性をさらに悪くするという悪循環におちいる危険性がある．透湿防水布は小さい孔がたくさんあいたフィルムを撥水性の布で挟んでラミネートしている．孔の大きさは雨粒の2万分の1で水蒸気の700倍だから人体から出た水蒸気は通すが，環境からの雨粒などの水滴は通さない（図5-16参照）．しかも通気性は，ある程度大きな孔がないと起こりにくいため風も通さない．最近は無孔性の透湿膜もある．透湿性が大きいほど，布を拡散する水分移動量が大きい．間隙が狭いと間隙内で対流が生じにくいため水分移動性が低いと着衣内で凝縮が生じるが，透湿性が大きいほど凝縮量が少ない（深沢ら，1997）．よって着衣の透湿性は凝縮防止にも重要である．

④　高放射環境下での布素材の色の放熱への効果

　イスラエルのネビブ砂漠の乾燥地帯で遊牧生活をするベドウィンはイスラム教の宗教的な理由から黒色の貫頭衣を着装している．通常，日射が強い高放射環境では放射率の小さい白のほうが黒よりも熱を吸収しにくいので有利という常識がある．しかし，砂漠で被験

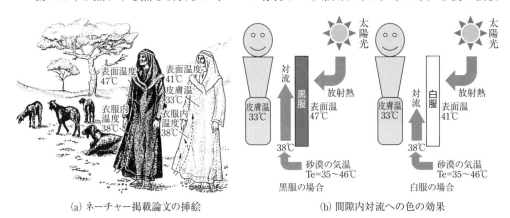

(a) ネーチャー掲載論文の挿絵　　　　(b) 間隙内対流への色の効果

図1-29　なぜ砂漠で着用されるローブは白でなく黒なのか

出典：A. Shkolnik, C. R. Taylor, V. Finch, A. Borut, "Why do Bedouins wear black robes in hot deserts?", Nature, 283, 373-375 (1980) を一部改変

者実験をした論文で自然科学的な理由からも黒でも涼しく過ごせることが示されている。図1-29(a)のように色だけが異なる同じ構成の貫頭衣を被験者が着装し，気温が35〜46℃で日射が強い砂漠で実験し図1-29(b)の結果となった。放射率の大きい黒の服のほうが，衣服表面温が白よりも6℃高くなる。ゆとりの大きい貫頭衣の衣服間隙内では衣服に沿って上昇気流が生じるが，衣服の温度が高い黒い貫頭衣の方が，上昇気流が生じやすく，煙突効果で放熱を促し，結果として涼しく感じられることもありえる。

上記の例のように衣服の着方，デザインなどの着装要因によっては衣服内での煙突効果が寄与し，素材の物性だけで捉えた常識とは異なる場合があることは興味深い。

B　デザイン・着方等，着衣の構成要因が熱水分移動性能に及ぼす効果
① 人体からの熱水分移動への換気の影響

衣服間隙内の空気は皮膚呼吸による熱，炭酸ガスや不感蒸散による水蒸気が出ているので十分に換気する必要がある。図1-30に着衣からの空気(熱)，水分，炭酸ガスの換気の模式図を示す。

換気には布を通しての換気と開口部からの換気がある。布を通しての空気の移動は布の両側の圧力差によって起こる。人体は発熱しているから通常環境よりも着衣内の空気は，暖められて密度が周りより低く着衣内の間隙内の圧力は環境よりも低気圧となる。したがって，空気は素材の通気性に応じて環境から衣服内に吸い込まれる。圧力差によって空気が吸い込まれる現象を浸透という。また，衣服の裾が開放していれば，そこからも空気の浸透がある。一方，例えば，炭酸ガスの拡散は布の両側の炭酸ガス濃

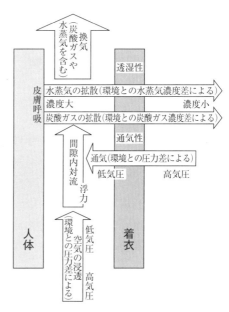

図1-30　着衣の換気の模式図

度差によって濃度の高いほうから低いほうへ向かって拡散する。人体側が高濃度だから，人体側から布素材を介して環境へ向かって拡散する。水蒸気でも同じことが起こる。外気の浸透と炭酸ガスや水蒸気の拡散は逆方向になる。炭酸ガスや水蒸気は拡散だけでなく空気の移動に伴って前述の自然対流でも運ばれる。着衣のゆとりが十分ある着衣では外気の浸透で衣服素材や着衣の裾の開口部を介して入った外気が人体に沿って上昇気流となり，炭酸ガスや水蒸気も一緒に衿などの開口部から外に出る。

② 衿や裾の開口による放熱効果とクールビズ

衿元や裾の開口部を開口し，適度なゆとりを設け，空気の流れが起きやすいように工夫すると，煙突効果で上昇気流が生じ，涼しく感じる。図1-31に示すようにモデル実験の結果によると上下の開口部で上昇気流の出口である衿元を開けると放熱しやすい。さらに，上下とも開けるとより放熱効果は高い。スーパークールビズはこの形になる。昭和の初期にすでに高温多湿の日本の夏季に欧米流儀の服装を真似する不合理を指摘してノーネクタ

イ運動を提唱した学者がいた。京都帝国大学の戸田正三博士である。この提案に共感した新聞社が懸賞募集し，シャツ業界が共作して作成されたのが開襟シャツである。これが，後にハワイに渡りアロハシャツの元になった。色合いのシックな日本の気候・風土に合った色柄でフォーマルに耐える開襟シャツなど，ビジネスウェアはもっと日本の風土にあった機能的で快適な気候適合型のものになることが期待される。この場合，暑さをしのぐには服を脱ぐ以上に有効な方法がない。

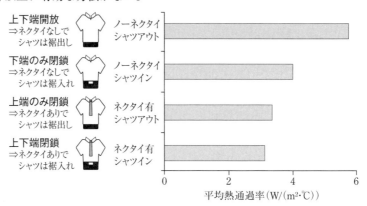

図1-31　着衣の熱伝達に衿・裾の開口が及ぼす影響

③　身体を圧迫するスポーツウェア（compression garments; CGs）

最近は，野球やフットボールなどのユニフォームの下に身体を圧迫するアンダーウェアを肌に密着して着用することが積極的に導入されている。

その役割として以下の2つの効用がメーカーよりうたわれている。一つめは，静脈の血流の流れを促進し，筋への血流の伝達を増加させ，結果として血液中の乳酸の蓄積を減らし，運動のパフォーマンスを向上させる効果である。もう一つは，皮膚血流を増加させることで皮膚からの汗の蒸発を促進し，放熱を促進する冷却効果である。CGsが運動時の放熱促進に効果があれば，運動時の体温上昇による疲労を軽減し運動中のパフォーマンスを下げずにすむため重要である。CGsは密着衣であるため衣服と皮膚の間の換気を減少させ，対流放熱や蒸発放熱を減少させるため熱負荷が増大する可能性がある（Parsons *et al.*, 1999）。さらに皮膚を圧迫することは発汗速度を減らし，運動中のコア温を上昇させる可能性がある（Tanaka, *et al.*, 2006）。

野球用のCGsの有効性について検討した研究では（田中・薩本，2004）発熱平板上での材料実験で比較した濡れ広がり性では，CGsに用いられている吸水速乾素材のほうが綿よりも濡れ広がり早く乾いた。CGsと綿のアンダーウェアのみの着衣実験によると，CGsは発汗効率が高く，体温上昇度も綿素材よりも低く抑えられ，裸体同様の快適性を示した（図1-32）。

しかし，実際の野球練習または試合時の

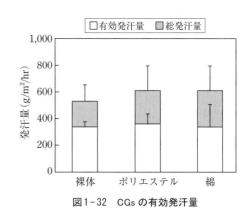

図1-32　CGsの有効発汗量

上にユニフォームを重ね着する条件では，素材の効果が消失し，従来の綿アンダーシャツと同様の不快感を示した。

実際のチームスポーツを模擬した17℃の中庸環境でホッケー選手が間欠的に往復持久走を行ったときのCGsの影響に関しては(Houghton et al., 2007)(図1-33)心拍数，主観的消耗感(RPE)，血中乳酸濃度，発汗速度およびコア温は，CGsの着衣の有無で差がなかったが，皮膚温はCGs着衣時に有意に高くなった。皮膚温の上昇はパフォーマンスに影響する可能性は拭えない。以上，CGsの冷却効果に関しては学術的な研究報告はメーカーの主張と一致しておらず，まだ，議論の余地がある。今後は，素材にあった着替え時間などを含めた熱中症予防指針を示す必要がある。

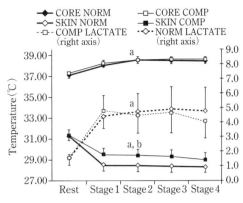

図1-33 チームスポーツ模擬間欠的往復持久走実験

一般ウェア(NORM)着用時とCGs着用時(COMP)間のコア温(N=8)，皮膚温(N=9)，血液中の乳酸濃度(N=10)の比較誤差線：以下の95％有意範囲 (a)時間の主効果，(b)着衣間の差(SKIN: mean skin temperature, CORE: core body temperature, COMP: Compression trial, NORM: Normal trial.) N：被験者数

（4）環境要因が保温性に及ぼす影響

風がない状態では衣服の通気性は着衣の保温性にあまり影響しないが，風が吹く環境では着衣の保温性は風速が増すほど低下して，通気性のよい布は特にその低下が著しく起こる。含気率の大きな目の粗いセーターは，風のない日だまりでは静止空気層をたくさん取り込んでいるので保温効果が高く暖かいが，風の強い山や海岸では，風の浸透が起こり保温効果は小さくなる。よって防風層となる風を通しにくいウインドブレーカーなどを上に羽織ることが重要になる。

① 環境の気流と歩行動作の交互効果による換気放熱の促進

人体の歩行動作や環境の気流は着衣の熱抵抗に影響を与える。補正された着衣の総熱抵抗 $I_{total, corr}$ を式⑯に示す(安静時熱抵抗が $0.6 \leq I_{cl} < = 1.4$ あるいは $1.2 \leq I_{total} \leq 2.0$ の衣服で気流 0-3.5 m/s，歩行速度は 0-1.2 m/s に適応される)。この補正指数は ISO 9920 に採用されている。

$$I_{total, corr} = e^{(-0.281 \times (V_{air} - 0.15) + 0.044 \times (V_{air} - 0.15)^2 - 0.492 \times V_{walk} + 0.176 \times V_{walk}^2)} \times I_{total} \quad \cdots\cdots\cdots ⑯$$

V_{walk}：歩行速度(m/s)　V_{air}：風速(m/s)，I_{total}：安静時総熱抵抗(clo)

$I_{total, corr}$：補正着衣総熱抵抗(clo)

図1-34に示すように気流と歩行の交互作用により熱抵抗が減衰し，歩行による気流の方が環境の気流より小さな風速で着衣の保温性を低下させる効果がある。

極端に通気性の異なる衣服で比較しても図1-35に示すように通気性よりも気流や歩行速度，着衣の開口部条件の方が換気量に及ぼす影響が大きい。一般の衣服では通気性の換気放熱への効果は小さい。動的な状態では体動や気流による熱抵抗の低下は顕著である。

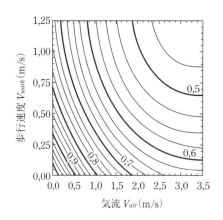
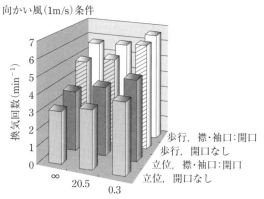

図1-34 気流と歩行速度による熱抵抗値の低減効果

出典：Havenith. G., and Nilsson. H., Correction of clothing insulation for movement and wind effects. a meta-analysis. Eur. J. Appl. Physiol. 2004. 92:636-640.

図1-35 通気性，歩行，開口部条件の換気量への影響

出典：Ueda. H., Havenith, G., The effect of fabric air permeability on clothing ventilation. Environmental ergonomics. 2005. 343-346.

② 有風時の着衣の熱抵抗への着方の効果（毛皮の内向きと外向きの比較）

氷雪地帯に生活する民族であるイヌイット族は，極北地帯に住む定住狩猟採集民で日本人と同じモンゴロイドの一族である。狩猟したアザラシ，アメリカ産トナカイのカリブーなどの毛皮を衣服として用いる。氷雪地帯でも夏と冬では寒さが違い，比較的温暖な夏は毛皮を外側に向け，特に寒い冬の時期は毛皮を内側に向けて着装する。図1-36のように無風状態では外向きの方が，毛の保持する空気量が多いため保温性が高いが，風速の増加に伴い外気に直接触れた毛の間の空気に気流が生じるため逆転し，風速毎分400feet（毎秒2m）以上では内向きの方が，保温性が高くなる。毛皮の毛の部分は静止

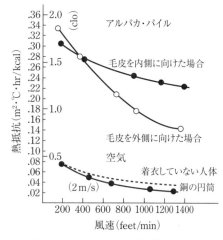

図1-36 毛皮の向きの保温性への効果

空気を保持しやすく，皮の部分は目が詰まっていて防風性が高いので，毛皮を内向きにするとセーターを着て防風性のあるパーカを外側に羽織るのと同じ効果が得られる。ちなみに毛皮は毛を外側に着たほうが外観は美しいので，イヌイット族も結婚式などの晴れの場では毛を外側で着装する。

③ ふいご動作の着衣の保温性への影響

環境に風がなくても放熱を促進させるために人為的に風を起こす行動が日常みられる。例えば，暑い夏の日に運動した直後などに，扇子やうちわ，あるいは直接に手を使って，衣服の衿元などの開口部付近をパタパタ動かして涼を得ることは日常よくみかける光景である。歩行時にも手足の動作とともに衣服のリズミカルな動きが生じる。この際，人体と

衣服との間に強制的な気流が生じて着衣の放熱性能を高める。これらの現象はふいご作用または，ベンチレーション作用とよばれる。ふいご作用の着衣の放熱性能に関して素材の通気性の効果は小さい。また，間隙寸法は狭いほどふいご換気量が大きく，10mm以上の間隙では自然対流が生じるため相対的にふいご作用の効果が小さい。開口部の数を比較すると対面に2か所の開口部があると中央では流れが淀んで，開口部一か所で奥行きがある方が開口部での放熱性能がよい(図1-37)。著者らは，ふいご作用を応用したウェア(レインウェア，おむつ，Tシャツ，靴)の換気性能をトレーサガス法で検証している。一例として，ふいごTシャツの例を図1-38に示す。ふいご作用の増幅のために背中のウエスト部にコインを入れたTシャツの換気速度がコイン無よりも5％水準で有意に大きな値を示し，コインを入れることにより換気速度が増加することを明らかにした。

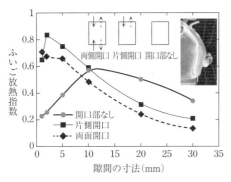

図1-37　ふいご放熱指数への隙間と開口の効果

ふいご放熱指数 BHTI $= (h_m - h_s)/h_s$
h_m：ふいご動作時の熱通過率：安静時の熱通過率

出典：Satsumoto. Y., and Takeuchi. M. The effect of bellows action on heat transfer in clothing system Proceedings of the third international conference on human‐environment system. ICHES' 05. Japan. 2005. 12.

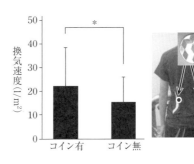

図1-38　コインによる換気速度増加

＊p(有意確率)＜0.05(N = 9)

出典：中田いずみ：衣服の着心地に関わる教育プログラムの開発をめざした研究(横浜国立大学教育学研究科2013年度修士論文)

靴の蒸れは臭いや菌の繁殖など不衛生の原因となるが，靴でもふいご作用が重要な役割を果たし靴内の蒸れ防止に役立つ。着靴時の靴内絶対湿度への靴のフィット性の効果を検討したところ(足囲で最適サイズが2Eの被験者で足囲1E，2E，3Eを着靴)最もタイトな1Eで土踏まずの湿度が低くなり換気効果がみられた(図1-39)。しかし，1Eではきつ過ぎて歩行性能は悪い。また，趾先は一般の靴ではふいご作用も期待されず空気がよ

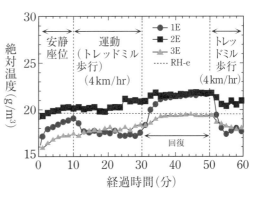

図1-39　靴のサイズと土踏まずの内湿度

どむ。そこで著者らは逆止弁を用い，換気量を増幅した換気靴を開発し特許出願した(図1-40)。特許に基づく試作靴は趾先でも換気効果がみられた(図1-41)。いつか市販の靴に応用されることを期待する。

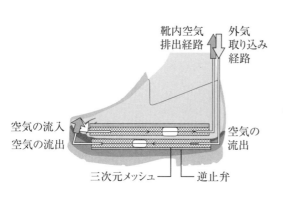

図1-40 特許出願した換気靴の換気機構
出典:特願2006-354871(2006)

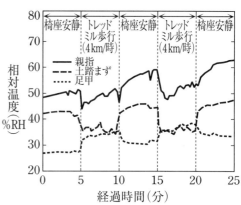

図1-41 換気靴での実験結果
出典:特願2006-354871(2006)

(5) 地球温暖化防止と行動性体温調節

図1-42に着衣の熱抵抗と活動量に対する快適室温領域を示す。冬の典型的な部屋着(1clo)で安静時に(1 MET = 58 W/m²)快適な室温は23℃である。上着を1枚羽織れば1.5cloになり室温約20℃で快適となる。掃除など作業をすると代謝量が2METsになり快適室温は13℃に下がる。生活状態に合わせて着衣量やエアコンの設定温を外気温や活動量に応じてこまめに調節するとよい。

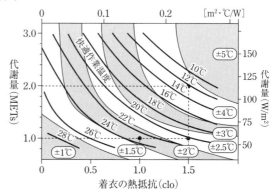

図1-42 着衣量,代謝量と快適温度範囲
(オレセン,1987)

出典:オレセン B.W.:温熱環境と衣服の快適性,繊維と工業43(6)(17),(1987)

まとめ

衣服を取りまく自然環境・社会環境・個人の温熱的快適性の関係を図1-43に示す。個人の温熱的快適性は温湿度,日射,風などの自然環境に影響される。一方で,服装には社会規範が存在し,フォーマルな場では,特にこれに縛られ服装が制限されている。その点で個人の快適性と服装規範は時に対立する。また,社会環境における経済活動によるエネルギー消費は地球温暖化などの自然環境の温熱負荷を高めている。社会

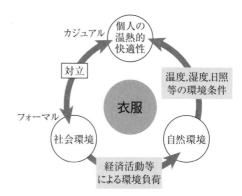

図1-43 社会-自然環境と温熱的快適性
慶應義塾大学の学生のレポートより抜粋

や自然環境の負荷により個人が我慢を強いられるのを和らげるためクールビズなどの運動が盛んになるのは当然の気運である。冷暖房に依存しがちであるが衣服も体温調節に重要な貢献をする。冷暖房と違い省エネで部屋に固定されずにポータブルにヒトと一緒に移動できる。地球温暖化対策は個人の快適性が保証されなくてはいけない。

　ぜひ，本章で紹介した知見を元に日本の風土にかなった温熱的に快適で健康的な着衣をするよう心がけてほしい。

参考文献　　＊　　＊　　＊　　＊　　＊

1) 佐藤昭夫，佐藤優子，五嶋摩理：「自律機能生理学」，金芳堂(1995)
2) 日本建築学会編：「高齢者のための建築環境」p.51-52, 彰国社(1994)
3) 貴邑冨美子，根来英雄：「シンプル生理学」，改訂第6版，南江堂(2008)
4) 井上芳光，近藤徳彦編著：「体温Ⅱ」，ナップ出版(2010)
5) 薩本弥生編著：「快適ライフを科学する」丸善(2003)
6) 新生理学大系22「エネルギー代謝・体温調節の生理学」，第2章，医学書院(1987)
7) 田村照子編著：「衣環境の科学」，建帛社(2005)
8) 谷田貝麻美子，間瀬清美編著：「衣生活の科学－健康的な衣の環境をめざして」，アイ・ケイコーポレーション(2006)
9) (社)人間生活工学研究センター編：「ワークショップ人間生活工学第2巻人間特性の理解と製品展開」3.3見えない心身の反応をはかる, p.79-98, 丸善(2005)
10) 酒井豊子，牛腸ヒロミ編著：「衣生活の科学」，p.31, 放送大学教育振興会(2002)
11) G. Havenith, I. Holmér, K. Parsons, Energy and Buildings 34, p.581-591(2002)
13) 岡田信子編著：「ビジュアル衣生活論」，建帛社(2010)
13) 山口庸子，生野晴美編著：「新版衣生活論－持続可能な消費に向けて」，アイ・ケイコーポレーション(2012)
14) 日本家政学会被服衛生学部会編著：「アパレルと健康－基礎から進化する衣服まで」，井上書院(2012)
15) 田村照子編著：「衣服と気候」，成山堂(2013)
16) 菅井清美，諸岡晴美編著：「消費者の視点からの衣生活概論」，井上書院(2013)
17) 薩本弥生，竹内正顯，特願2006-354871, (2006)
18) オレセンB.W：温熱環境と衣服の快適性，繊維と工業43(6)(17), (1987)
19) 日本家政学会編：「環境としての衣服」，朝倉書店(1988)

2章　衣服の適合性と運動機能性

　衣服には身体に適合し美しくかつ機能的であることが求められる。静的な適合性を実現するためには，着衣着体としての人体の形状を把握することを基本とし，人体にフィットする衣服パターンと布地の特性をふまえた衣服の組み立てが必要である。引き続き衣服の拘束性に焦点をあて，圧迫度合の計測方法，静止時・動作時における衣服圧と圧迫感および生体への影響に関する知見をもとに衣服の運動機能性について考える。

1．衣服の適合性

　静止時の衣服の適合性（fitness）とは，適当なゆとりをもちながら不必要なしわ，ひきつれやたるみがない状態であるといえよう。前半では人体形態の把握の仕方，各集団の体型の特徴とともにパターン設計において注意すべき点について解説する。後半では衣服の立体化の基礎的技法について説明し，衣服の成り立ちについて理解を深める。

1－1　人体の形態

　われわれは，からだつきを気にかけ，さまざまなおもいを抱くが，体型について知らないことが多い。人体は複雑な形状をしているが，基準とする位置を定めて身体各部位のサイズが計測されており，衣服をはじめさまざまな製品の設計に利用されている。ここでは人体の構造と計測の仕方に関する基礎的内容について説明する。

（1）人体の構造

　人体は骨格，筋，皮下脂肪，皮膚からなる。図2-1に前面からみた主な骨格を示したが，われわれのからだは約230の骨で構成される。骨には，腕・脚などにみられる長い管状の骨，手足や脊柱にみられる短い骨，肩甲骨・骨盤には平らな形状をしたものがある。骨格は身体の支柱となり，関節を作って動きを可能にし，内臓を保護する器となるが，骨の形や骨の大小は体型や姿勢を決定する重要な要素である。骨格は骨と骨が連結して成り立っている。連結の部分には頭蓋骨のように可動性のないものもあるが，膝や肘では関節によって曲げることができ，各関節によって運動の方向と範囲が異なることは周知のとおりである。

　図2-2には関節の種類を示した。股関節にみられる球関節では，大腿骨の上斜めの端が半球状になっておりそれを受ける骨盤は半球状にくぼんでいるため，回転運動が可能となる。肘や膝などの関節は蝶番関節とよばれ，ドアの開閉にみられるように屈伸のみが可能な1軸運動である。腕を左右にひねることができるのは，尺骨と橈骨の車軸関節の回転運動によるものである。運動によって骨の位置関係が変わるとき人体

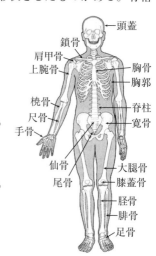

図2-1　人体の骨格

は大きく変形するため，衣服設計において，その分の伸縮を考慮しなければならない。

筋には内臓の壁につく内臓筋と骨格に付随してこれを動かす骨格筋がある。身体の運動は筋の収縮の結果生じるものであり，骨格は受動的運動器とよばれるのに対し，筋は能動的運動器といわれる。筋の代表的な形状に紡錘形があるが，中央の太い部分は収縮が可能で両端は細くなり腱となって骨についている。肘を曲げると力こぶが現れるのは，骨が引き寄せられるときの上腕二頭筋の膨らみによるものである。筋の形状やその発達の程度はからだつきに影響を与えており，男性と女性のからだつきの違いは筋の発達の差によるところが大きい。男性は骨格が頑丈で筋肉が発達しているため，ごつごつとした感じである。

球関節　　　蝶番関節　　　車軸関節
肩関節　　　肘関節のうち　　肘関節のうち
（肩甲骨と上腕骨）（上腕骨と尺骨）（尺骨と橈骨）

図2-2　主関節の種類とその働き

皮膚は，表皮，真皮，皮下組織の3層の構造からなる。皮膚は身体の表面を覆う被膜で，体表の保護，汗や水蒸気の排泄，体温調節などを営み，また感覚器として触覚，痛覚，温覚・冷覚をつかさどる。皮膚は，身体の運動による形状の変化に対応してずれと伸縮を伴いながら巧みに変形する。皮膚の最深層にある皮下組織は，伸縮する線維でゆるく皮膚と筋肉を結び付けており，外部からの力に対してクッションの役割も果たしている。皮下組織には皮下脂肪が存在するが，皮下脂肪層の発達の程度は人体形態に影響を与える。腹部，臀部，大腿上部，上腕背部，乳房付近は皮下脂肪が沈着しやすい部位であるが，子どもや女性でよく発達し，からだつきをふくよかで丸みのあるものにしている。

(2)　人体形態の計測

従来，衣服は一人ひとりの身体の寸法や形態をとらえ，各人のサイズに合わせて製作されてきた。産業革命の時代に既製服が出現して以来，大多数が既製服を利用する時代になって，サイズの設定や人台の設計に多数の人のデータが必要になってきた。大規模な人体計測 (body measurement) は，1937〜1941年にアメリカ農務省家政局が実施したのが世界最初である。この調査に先立って統一した方法が必要となり，基本姿勢，基準点や基準線，計測方法が定められた。日本においても国の予算のもとに現在のJIS法とよばれる計測法が1965年に制定され，これまでに日本人の全国的な体格調査は，1968年〜，1978年〜，1992年〜と3回行われてきた。第3回目は(社)人間生活工学研究センター (HQL) によって実施され，全国10地区の6〜90歳代までの男女約34,000人を対象にした大掛かりなものである。衣服および生活製品全般の設計に役立てることを目的として計測項目は178に及んでいる。これらの計測値はJISによる衣料サイズ設定の基準となり，体型の類型化とサイズ区分が定められている。以降，このように大規模な人体計測は行われていないが，実態に合わなくなったというアパレルメーカーの声を受けて，2004〜2006年に首都圏や近畿圏在住の19〜80歳の男女約6,700人を対象とする217項目の寸法計測 (size - JPN)「日本人の人体寸法データベース2004-2006」が最新のものである。3回目からはレーザー光による3次元計測も加わり，短時間かつ非接触の計測によって被験者への負担を軽

くしている。3次元の座標値を再構築してシルエットや断面形状の分析が可能となり，自動車，家電，OA機器，医療機器などさまざまな産業分野の製品設計にも利用されている。

(3) 計測方法

人体計測の基本姿勢は，被験者の頭部が耳眼水平になるように前方を向き，両腕を自然に下垂し，膝をのばし左右のかかとをつけ足先を開いた姿勢である。着衣はできるだけ少ないほうがよい。図2-3に示す人体の突出点，あるいはくぼみや線を基準点や基準線に定め，それらを手がかりに計測する。計測の方法は，人類学や医学で用いられるマルチン式

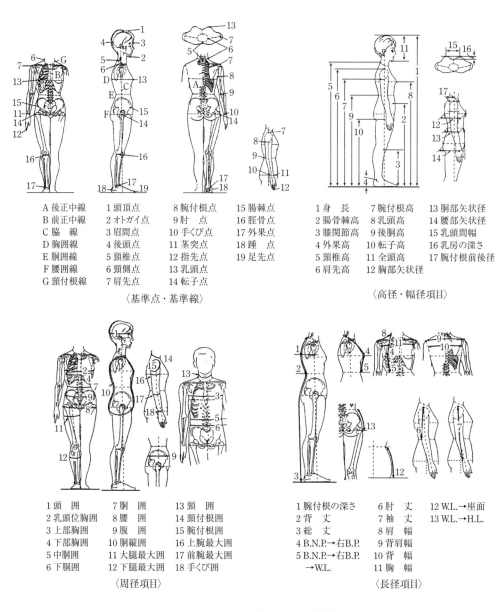

図2-3　人体計測の基準点・基準線
出典：柳沢澄子，近藤四郎編：「着装の科学」，p.13〜16，光生館(1996)より作成

人体計測法に準拠しており，衣服の設計に必要な人体の高さや長さの寸法，幅と厚みの寸法，周径寸法などの項目が設定された。計測機器は高さ項目を計る身長計，幅や厚みを計る杆状計および周径や距離を計る巻尺からなり，計測部位に応じて使い分けが定められている。

衣服設計のための基本人体計測項目がISO 8559に規定されている。世界で統一したやり方に従った計測によって国際間比較が可能になり，市場の国際化の中で有益なデータベースとなるであろう。

1-2 各集団の体型の特徴と衣料サイズ

これまで国や研究者によって人体計測が実施されており資料分析によって各集団の体型の特徴が示されているので紹介する。既製衣料のサイズ設定のしくみについて概説する。

(1) 体型の時代変化

人間の身体の大きさは，遺伝的素質のうえに自然環境と人為的環境の影響を受けて決まる。戦後の体格の向上は，食糧事情の量的質的変化によって著しいものがある。日本において1900年から1990年の間で，17歳の平均身長は，男性12.5 cm（157.9→170.4 cm），女性10.9 cm（147.0→157.9 cm）増加したという文部科学省の「学校保健統計調査報告書」がある。

第3回と第4回のHQLによる人体計測のうち，40歳代を例に結果を比較したものである。男性では身長も体重も増えて大柄になっている。肥満度を示すBMIは24.1となり，やや太り気味である。女性では身長は男性と同程度伸びているが体重は減ってほっそりしているのは，ダイエットブームによると考察される（図2-4）。

このように体型はその時代背景を反映して推移することが予想されるため，今後とも定期的に計測を行っていくことが必要である。

(2) 体型の性差

表2-1に20歳代の成人男性・女性の人体計測値11項目の平均値，男女差，男女比を示した。これらの数値から男性と女性それぞれの特徴を

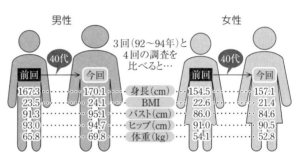

図2-4　12年間の体型変化（40歳代）

出典：朝日新聞　2007年10月2日朝刊

表2-1　20歳代男女の身体計測寸法

単位（cm）

項　目	男性	女性	男女差	男女比(%)
身　長	170.6	158.2	12.4	92.7
上前腸骨棘高	90.2	84.1	6.1	93.2
袖　丈	56.8	51.8	4.9	91.3
背肩幅	43.8	38.9	4.9	88.8
乳頭位胸囲	89.1	82.1	7.1	92.1
胴　囲	75.7	63.8	11.9	84.2
腰　囲	94.7	90.3	4.4	95.4
頸付根囲	44.3	38.8	5.5	87.6
上腕囲	28.0	25.2	2.8	89.9
大腿囲	53.6	52.1	1.5	97.2
体重（kg）	65.3	51.1	14.2	78.3

出典：（一社）日本生活工学研究センター，日本人の人体計測データ（1997）をもとに20～24歳，25～29歳の単純平均として算出

読みとることができる。例えば，身長と胴囲では10 cmを超える大きな差がみられるが，大腿囲では1.5 cmというわずかな差しかみられない。比率でみると背肩幅，頚付根囲，胴囲は小さい。このことから，女性は男性に比べて骨格が小さく小柄であり，背肩幅が狭く，頚が細くウエストのくびれが大きいといえる。また，女性はヒップや大腿部が太いからだつきである。衣服はユニセックス化する傾向であるが，例えば，女性が男性用のジーンズを買う場合に腰囲と胴囲のバランスに不都合が生じる可能性があることを示している。

(3) 成長と体型

図2-5は年齢と人体比例の変化を示したものである。成長とともにプロポーションが変化することが一目瞭然である。乳幼児期は頭が大きく，下肢がきわめて短いが，その後，四肢が著しく発達していく。

図2-6には，1～20歳までの身長・胸囲・頭囲の3項目の成長過程と身長の年間増加量を示した。人は2度の身長急増期があり，乳幼児期には1歳までに約20 cm，2歳までに10 cm，3歳までに8 cmと，一生において最も増加する。その後の伸びは緩やかになるが思春期に再び身長の伸びが著しくなり，男性で12～14歳，女性では10～11歳を中心に最大値を示す。そのため小学校の高学年では女性の平均値は男性を上回る。胸囲も身長と同様の傾向で増加するが，年間増加量が最大になるのは身長より1年遅れることがわかっている。身長と胸囲の比率は，男性では13歳，女性では9歳で最低値をとり，この頃は最もやせぎみである。頭囲は異なった発達の経緯を示し，5歳ですでに成人の90％でありその後の発達は緩やかである。身体は末端から成長

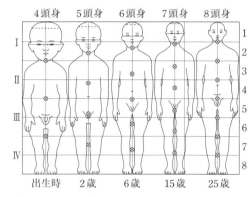

図2-5　各年代における身体の比率

出典：伏木亨監修：「応用栄養学」，アイ・ケイコーポレーション（2013）より作成

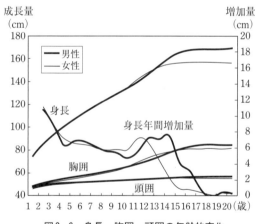

図2-6　身長・胸囲・頭囲の年齢的変化

出典：工業技術院資料，1978～1981年に基づき作成

するといわれ，子どもの帽子や靴は身長に比べてとても大きいと感じる。第2次成長期は，早熟と晩熟が入り混じり体型のばらつきが大きい時期である。そのため中学校の制服などには，直しができるように，すそや縫い代部分に余分を見込むなどの対応がのぞまれる。また部位によって成長速度が異なるために，それぞれの年齢の体型的特徴を考慮して衣服の設計を行う必要がある[注]。

乳幼児は，はう，尻ですべる，地面に座る，ぶら下がるなど大人とは異なる動作で活発

に遊ぶので，この頃の衣服には身体の動きを妨げずサイズに合ったものを選ぶことが必要である。成長が速いため，大き目の服を着せがちであるが，ぶかぶかの衣服は転倒や巻き込みの原因になることもあるので注意しなければならない。

注] 満年齢0～12歳までの乳幼児・児童（男女約1987人）の人体寸法40項目と体重（2005～2008年度手計測のみ）はHQLのHPで公開されている。

（4） 人種と体型

人種は，地理的隔離により異なった自然環境に存在することによって形成され，気候に馴化するために体型の違いがみられると考えられている。図2-7はモンゴロイド系の人々の年平均気温と体表面積/体重比の関係を示したものである。寒冷な環境では体熱を維持するうえで有利になるようからだが大きくなる傾向がある。したがって，日本人の平均身長はインドネシアやフィリピンの人々より大きく，ノルウェー人などの北方人種はイタリアなどの地中海人種よりも大きい。また高温気候に生活する人々は，発汗による体温調節がしやすいように四肢が長い傾向がみられる。北極に住むエスキモーは脚が短く背も低く，からだの割に体表面積が小さい特徴があることが知られている。

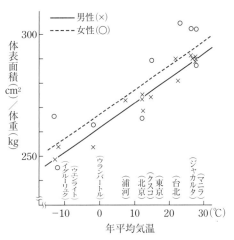

イグルーリュクとウェンライトはエスキモー，浦河はアイヌ，クスコはケチュア族

図2-7 モンゴロイド系の人々の体表面積／体重と居住地平均気温の関係

出典：佐藤方彦：「人をはかる」，p.6，日本規格協会（1990）を一部改変

（5） サイズシステム

HQLの人体計測値に基づいて既製衣料のサイズ規格（sizing systems for clothes）がJIS（日本工業規格）に設定されている。既製衣料品のサイズは，着用者の性や年齢別に服の形態や種類に応じて1～3項目の基本身体寸法と衣料寸法で表示される[注]。既製衣料品のサイズの表し方には，フィット性が要求されるもので全身を覆う衣服は主として「体型区分表示」，上半身または下半身用衣服には「単数表示」，フィット性をあまり要求されないものには「範囲表示」の3種の表示がある（巻末付表p.212, 213参照）。

注] 既製衣料のサイズ規格には，JIS L 4001「乳幼児用衣料サイズ」以下，4002「少年用」，4003「少女用」，4004「成人男子用」，4005「成人女子用」，4006「ファウンデーション用」，4007「靴下用」が規定されている。

成人男子では，基本身体寸法として男性胸囲（チェスト），胴囲（ウエスト），身長が用いられ，体型はチェストとウエストの寸法差（ドロップ）によって10区分された記号で表される。成人女子では，女性胸囲（バスト），ウエスト，腰囲（ヒップ），身長が用いられる。体型の記号は，身長とバストの組み合わせにおいて出現率の高いヒップサイズによって体型を4区分している。

日本人の体格調査の結果をふまえ，1996年(男子)・1997年(女子)以降JISではサイズの元となる寸法を変更している。例えば，コートなどフィット性の高い成人女子の衣料において，最も平均的なサイズである9ARは，9の意味する胸囲が82から83cmへ，腰囲のAは90から91cmへ，身長のRは156から158cmに引き上げられた。また，女子において加齢に伴う体形変化を考慮して，体型区分によるウエストサイズが追記され，年代別の特徴を加味するようになっている(表2-2)。

表2-2　成人女子A体型：身長158cmの参考ウエスト(cm)

よび方			3AR	5AR	7AR	9AR	11AR	13AR	15AR	17AR	19AR
基本身体寸法		胸囲	74	77	80	83	86	89	92	96	100
基本身体寸法		腰囲	85	87	89	91	93	95	97	99	101
基本身体寸法		身長	158								
参考	ウエスト年代	10	58	61	61	64	67	70	73	76	80
参考	ウエスト年代	20	58	61	61	64	67	70	73	76	80
参考	ウエスト年代	30	61	64	64	67	70	73	76	80	84
参考	ウエスト年代	40	61	64	64	67	70	73	76	80	84
参考	ウエスト年代	50	64	64	67	67	70	73	76	80	84
参考	ウエスト年代	60	-	-	67	70	73	76	80	84	88
参考	ウエスト年代	70	-	-	-	76	76	76	76	76	-

JISL4005より引用

しかし，サイズの設定は，成人の場合チェスト・バストは3～4cm，身長は男子5cm，女子8cmのピッチで設定され，衣服のサイズはこの間隔で丸められている。しかも実際に流通しているのは平均に近いサイズに集中していることを考えると，多くの人はどこかを我慢するか寸法を直して合わせているのが現状である。

インターネットや通信販売の普及により，試着をしない購入が増えている現状において，サイズ表示は有効な情報の一つである。表示理解・確認に関する消費者教育とともに国際間で統一したわかりやすい表示が求められている。

1-3　衣服のパターンと立体化

衣服は平面状の布地を裁断しそれらを縫い合わせて立体的に組み立てられる。人体サイズに合わせてどのように衣服パターンが作られるか，ここでは基本的な立体化の手法について説明する。

(1)　衣服の裁断方法と衣服原型

衣服パターン作成の方法には，立体裁断法(draping)と平面製図法(drafting system)がある。立体裁断法とは，人体や人台に直接布を当てながら体型に沿わせてゆとりを加え，美的効果を判断しながらひだを寄せたり畳んだりして裁断する方法である。布の表現性を確認しながらパターン作りができるため，創作性が求められるデザインや高級な注文服で用いられてきた手法で，熟練と感覚を必要とする。

平面製図法は人体の寸法をもとに製図によって作図する方法で，人体の各部位を詳細に計測して作図する方法と，主な人体部位(胸囲，胴囲，腰囲，背丈など)を計測し，その他

は経験的に割り出しで作図する方法がある。前者は紳士服において，後者は子ども服や婦人服によく用いられる。平面製図の原型には各種のものが考案されているが，図2-8の婦人用胴部原型では上半身の最大周径である胸囲(B)と最大の長さである背丈の2寸法のみで作図する。簡便なことが利点である一方で他の人体寸法をすべて胸囲から割り出して推定するため十分適合できないこともあるため，補正が行われる。

原型(basic pattern)とは，平面製図において各種デザインへの展開を行う際の元型となるものである。衣服の原型は，胴，袖，スカート，ズボンなど部位ごとに区分されて用いられる。原型は人体表面を覆い，動作に対応できるゆとりを含んだもので，さまざまな服種へのデザイン展開が容易にできる構造をしている。

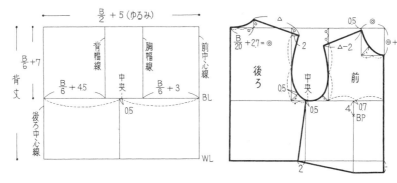

図2-8 胴部原型の例

出典：文化出版局：文化服装講座1(婦人服編)，p.56, 57(1976)を一部改変

図2-9は人体と，胴部原型とズボン原型のパターンとの関係を示したもので，原型の縫い目線は，身体の立体形状を覆う衣服の構造線としてとらえることができる。

(2) 衣服パターンの作成とアパレルCAD

図2-10は，原型をもとにデザイン展開して作成されたフレアースカートのパターン例である。タイトスカートのように身体に沿ったデザインでは，胴からヒップにかけてはダーツをとって身体形状に沿わせるのに対し，フレアースカートでは切開部分にゆとりが含まれる。股関節の運動に適応するための裾幅は，フレアー，ギャザー，プリーツで補われ，こうした装飾性は運動機能性に関わるものとなる。

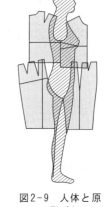

図2-9 人体と原型パターン

パターンの作成は衣服を具体化するうえで重要な役割を果たしており，アパレル企業においては専門の人が担当することが多い。既製服のパターン作成には，アパレルCAD(Computer Aided Designing)が用いられる(図2-11)。アパレルCADとは，コンピューターによりパ

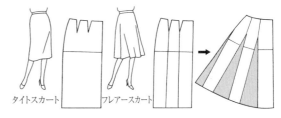

図2-10 スカートパターン展開の例

出典：富田明美，土田正子：「被服構成学」，p.92，朝倉書店(1995)を一部改変

1．衣服の適合性

ターンメイキング(pattern making)，グレーディング(grading)，縫い代付け，マーキング(marking)などを行うデザインシステムである。グレーディングは，デザインやシルエットの特徴を変えないでサイズ展開を行うこと，マーキングとは裁断で，むだが出ないように布地にパターンを並べることである。一連のパターン情報は送信され，衣服の多くは海外の工場で縫製されている。

さらにグラフィック機能を利用した布地の貼り付けや色合いのコントロール，3次元着装シミュレーションによって，既製服のサンプル作成工程の簡易化，設計時間とコストの削減が図られている。画面上でのショウ形式による商品紹介は，販売促進ツールとしても利用されている。

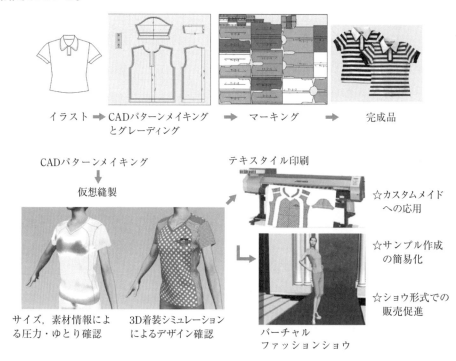

図2-11 アパレルCADと着装シミュレーション

提供：YUKA&ALPHA

(3) 布地の立体化
① 縫い目の利用

図2-9，図2-10で示すように，平面状の布を立体化させる手法としてダーツ(矢じり形状のつまんで縫い込む部分)がある。上半身ではバストや後ろ身頃の肩甲骨の膨らみにフィットさせるもの，下半身ではヒップの膨らみをもたせるものなどである。切り替え線とは，パターンの輪郭線のうち2枚の布を縫い合わせる部分を指すが，肩や袖の切り替え線以外にも，胴のくびれ・腰の膨らみに対応させるためにカーブの異なる切り替え線を縫い合わせて立体化する。ダーツや切り替え線は，デザインとセットになって立体を形づくるものである。

② くせとり

くせとりとは，布を複雑な形状の身体になじませるために，アイロンやプレス機の熱と

圧と水分によって，布目を部分的に剪断変形させて立体化する技法である。裁断線の凹状曲線部には伸ばしを，凸状曲線部分には追い込みをする。図2-12は，ジャケットの身頃の例である。背中心線上部では縫い目線が直線になるように追い込み，後ろ肩ではいせ込みと追い込みによって肩甲骨の膨らみをつくることができる。脇線ではウエスト位置を引き出すよう伸ばしをするとウエスト位置の縫い代のツレを防ぎ，自然なシルエットに仕上げることができる。

提供：Tailor Kasukabe HPより

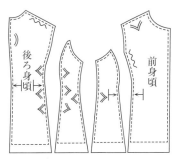
≪：伸ばし，　》：追い込み，　～：いせ込み

図2-12　パンツのくせとりの様子とジャケット身頃のくせとり

③　いせ込み

　いせ込みは，織り糸の間隔を縮めて立体化をはかる技法である。しつけ糸でぐし縫いした後，アイロンを用いて成型すると，しわが消えて滑らかな曲面になる。後肩，スカートのウエストから腹部や袖山で用いられ，肩甲骨や腹の膨らみに合わせて布を立体化させる，袖においては肩や腕の動きを容易にする効果もある（図2-13）。いせ込みには，縫合線のカーブを整えて外観の美しさを保つとともに，動きやすさを助長する働きがある。いせ込みの分量は，服種，布の特性，布目の方向などによって異なり，外側に着るものほど，厚地のものほど多く必要である。一般的に，たて・よこ糸の交差角度が変化しやすい構造の布，バイヤス方向でいせ込みがしやすいとされている。

図2-13　袖のいせ込み
提供：山崎恵美子氏

（4）布の造形性と服づくりの技法

　同一パターンであっても布の造形性によって衣服の立体感，美的効果や分量感は異なってくるため，これらを勘案しながら設計することが求められる。また，切り替え部分にひだを入れ込むことでデザイン効果と動作性を高めることができる。

① ドレープ

　ドレープ（drape）とは，布が自重で垂れ下がるとき，ひだを形成する状態をいう。インドのサリーはドレープの美しさを生かした衣服の例であり，静止状態だけでなく，人の動作とともに揺れ動く優美な美しさを表現できる。ドレープ性には，布の力学的特性のうち曲げ特性と剪断特性の影響が大きいことが知られている。

② フレアー

　フレアー（flare）とは，波型のひだとなり朝顔型に開いている衣服の一部を指す。代表的

な衣服にフレアースカートがあり，すそに向けて布分量をふやし，布の垂れ下がる性質を利用して凹凸形状を表すものである。図2-14は，同一パターンで力学的特性の異なる布のフレアースカートを正面と下方より撮影した写真である。曲げ剛性，剪断剛性の小さい布のスカートは，すその広がりが小さく，ヘムラインには小さなノードが数多くできる。

③ ひ だ

図2-15に示すように，切り替え部分のギャザー・タック・プリーツなどのひだによって，立体化への対応とともにゆとりを加え，シルエットの変化とデザイン効果を引き出す。

ギャザーとは，布を縫い縮めて膨らみをつくる技法である。シャツのヨーク切り換え線やスカートのウエスト部分で用いられるギャザーは，動作性の向上を果たしつつ優美な装飾効果をもたらす。タックとは「つまみひだや縫いひだ」のことで，タックのつまみ量を変える他，ひだ奥の一部を縫いつけるものなどバリエーションがある。例

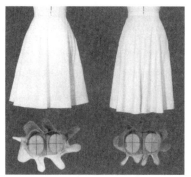

(a) 綿ブロード　　(b) ポリエステル新合繊

試　料			a	b
曲げ剛性	B	(gf·cm²/cm)	0.082	0.017
曲げヒステリシス	2HB	(gf·cm/cm)	0.094	0.004
剪断剛性	G	(gf·cm/deg)	2.15	0.21
剪断とヒステリシス	2HG	(gf/cm)	5.19	0.05
重量	W	(gf/cm²)	0.0121	0.0095

図2-14　布地の物性とスカート形状

出典：永井房子編：「最新衣の科学」，p.120，相川書房（2003）を一部改変

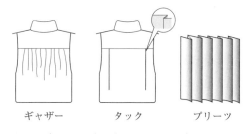

図2-15　ギャザー・タック・プリーツ

えば，ワイシャツのヨーク切り替え線から下にかけて背幅の広がり分として用いたり，袖のカフスの上に利用したりする。プリーツとは，ひだを折りたたむ技法で，女子学生のスカートにみられるように，ウエストから腰への立体化を図りつつ，ゆとりを取り込んで下肢動作を容易にする働きがある。熱可塑性を利用して薄手の合成繊維の布にプリーツ加工したものでは，流動的な装飾効果が得られる。

1-4　既製服の課題

　既製服によって，衣服は安価になりわれわれは豊富にもつことができるようになった。また，実物を手に取り着装状態を確認して購入することが可能となった。しかし，われわれは本当に満足できる衣生活を送っているだろうか。サイズ面についてみると，JIS規格では多数をカバーするようサイズの設定がされているが，市場の衣服は需要の大きい平均値サイズを中心に供給されている。そのため，需要の少ないサイズや購買層には商品があまり作られず，デザインのバリエーションも少ないのが現状である。

　衣服には嗜好性が求められ流行もあるため，アパレル企業は流行を先読みしながら新し

いものを次々と生産している。生産には手作業を必要とするため，ほとんどが人件費の安い外国で縫製されている。流行の先読みは経済状況や気候変動などによってはずれることもあり，季節を先取りして衣服を販売しシーズンの終わりになる前に売れ残りを消化するためのバーゲンセールが行われている。このように既製服の生産は，メーカーにとってロスの多い体制である。

　これからの衣服のあり方の一つに個人対応型の衣服が提案されている。注文服の利点を見直し，コンピュータの助けを借りて制作するものである。Yシャツや背広のイージーオーダーのイメージに近いが，デザインバリエーションに富む各種の衣服に拡張させていく。各個人の寸法に合わせて好みのデザインのパターンをつくる。次に，布の物性値と生地柄データを選択し，自身がモデルとなる仮想衣服でバランスを確かめた後，縫製を依頼して衣服が手に入るという仕組みである（図2-11参照）。今後，好みのデザインの衣服がサイズの制約を受けず手頃な価格で入手できるようになることが課題である。

　既製服が一般化した現代では，布を縫い合わせて形づくられる過程について知らない人が多い。衣服には，体型への適合，運動機能性，素材の生かし方などに工夫が施されている。例えば，衣服を縫ってみる・解いてみる体験は，長い経験の中で培われてきた服作りに込められた技を学ぶとともに，自らの消費行動を再考する機会を与えてくれるのではないかと考える。

2. 衣服の運動機能性

　人は衣服の着脱，歩行，椅子に腰掛けるなどさまざまな動作を繰り返しながら生活している。そのため，衣服は動作時においても美しく快適であることが望まれる。ここでは，衣服による身体拘束の例をあげてその程度を定量化する方法と実際の圧迫の程度および圧迫が健康に及ぼす影響と効果について記述する。終わりに，運動機能性（functional mobility）向上の工夫例として競泳用水着を取り上げて紹介する。

2-1　衣服による身体への拘束と有効利用

　過去にみられた身体拘束の例から，衣服着用時に受ける拘束の程度の計測方法，市販の製品に応用される衣服圧の有効利用までについて説明する。

（1）　過去にみる衣服の拘束

　美の基準は時代や民族により異なるが，美を追求するあまりに活動を妨げ身体の形状まで変化させた例として，ヨーロッパの女子服に流行したコルセットがある（図2-16）。16世紀から19世紀にかけて女性のウエストを締めて，バストやヒップを強調し，腰を細く見せることが理想となり，スカート部分をペチコートで膨らませたスタイルが形を変えながら繰り返し流行した。コルセットはそうした西欧世界の美学を背景に登場し，19世紀には女性抑圧のシンボルとなった。生理不順，便秘，流産，肺病，内臓萎縮などの健康への害が叫ばれ，20世紀初めになってブラジャーとガードルに取って代わられた。

　中国では南宋時代から清朝にわたる約千年もの間，小さな足が美人であるという風習により，幼児の頃から第1指以外の足指を足裏に曲げて硬く縛って変形させるてん足が知ら

図2-16　コルセット

図2-17　てん足

れている(図2-17)。理想形の足長は約10cmしかなく，歩行に支障をきたしたことはいうまでもない。

　過度の締めつけによって身体の変形や健康に支障を招いた着装は，わが国ではみられないが，着物の帯は重量があり胴部にきつく巻かれるため，胸や腹の圧迫が問題視され，被服衛生学のスタート当初から研究がなされてきた。洋装化によって和服の問題を唱える人は少ないが，今日でも補整用下着の締めつけによる健康障害の苦情が消費者センターに寄せられている。痩せる・贅肉がおちるといったセールストークにのせられて，高額な下着を購入して着用した結果，かぶれ・あざ・皮膚障害が生じたというものである。

　以上のことは，衣服による拘束が健康を損ねる例であり，現代においても美を追求するコルセットの類は存在しているといえるかもしれない。美しくなりたいという願望は，時として健康を損ねることもあるため，科学的な知見による正しい知識に基づいて適切な着装を心がけることが大切である。

(2)　動作時の人体形状と衣服

　動作時の人体形状は，衣服にどのような素材を用いどの程度のゆとりを加えていくかを示唆するものとなる。3次元計測装置の利用以前より，動作時の人体形状は，体表に基準線を描き写真撮影する方法(図2-18)，体表面のレプリカを作る方法などで計測されてきた。皮膚表面に印をつけて，立位正常姿勢を基準とした動作時の寸法の変化で求めるが，動作時の身体形状の計測方法に取り決めがないため基準とする範囲で変形率が異なってくる。静止時に骨端

図2-18　上肢の運動による体表面の変形

上の皮膚につけた印は動作時にずれることもある。衣服部位との対応を考えた，動作時の体型計測に関する統一した基準の設定と3次元での情報整理が今後の課題である。

　人体の動きに対して，衣服はどのように変形するのであろうか。衣服は第2の皮膚となって皮膚と一体化して動くことが理想であるが，ジャケットを着て片腕を上挙する場合に肩幅には余りが出て背幅や腋下ではひきつれが生じる。パンツをはいてしゃがみ込むとき，後ろがずれ下がり背中がのぞき出すような経験をする。このとき，背・脇腹や臀部に圧迫が加わり，動作がままならないことがある。また，伸縮性のある布で実寸より小さく設計された衣服では，肌に密着して常に圧迫がかかっている。こうした衣服の拘束性は，着心地の悪さ，動作への制約と健康への影響の観点から調べられている。

(3) 衣服の拘束性と衣服圧の測定
① 衣服圧の測定法

衣服の拘束のうちで問題となるものに圧迫があり，圧迫の程度は，衣服圧（clothing pressure）で表される。衣服圧とは人体に垂直に働く圧力で，衣服が伸ばされるときに働く力によるものと重量によって生じるものがある。衣服圧の単位には，gf/cm^2 や mmHg が多く用いられてきたが，SI 単位で Pa に統一されている。

単位は $1\,kPa = 7.5\,mmHg = 10.2\,gf/cm^2$ に換算される。

衣服圧の測定には間接法と直接法の2つの方法がある。間接法は衣服の伸びと曲率半径から算出する方法である。膜平衡理論に基づくラプラスの式を衣服圧の算出に適用した Kirk らの式が

$$P = T_1/r_1 + T_2/r_2$$

衣服圧の近似値であることが確認されている。すなわち，図2-19のように着衣の状態で，たて(1)・よこ(2)方向の布の変形量と曲率半径 r を求める。図2-20の2軸引っ張り試験により布の変形量と張力の関係を求めて張力 T を得る。ベルトなどの締めつけによる衣服圧は，上式において1方向のみに加わる垂直圧として近似できる。ベルトの張力が一様であるなら，ウエストにかかる衣服圧は曲率半径の小さいサイドで大きくなる。しかし，間接法では，伸びへの抵抗が大きい布の変形量を計測することや，動作とともに変化する衣服圧を追跡するのは困難である。

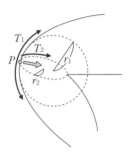

図2-19 間接法による衣服圧の計測

直接法では，ひずみゲージや半導体ゲージを内蔵した圧力センサーが用いられる。受圧面を身体と衣服の間にはさんで動作時の変化を計ることができる。ただし，腹部のように柔らかい部位で測定すると受圧面が埋没するために圧を受けにくくなる場合と，骨に当たるようなかたい部位や肘頭のように尖った部位では，局所的に圧が集中して，安定的な計測値が得られない問題が残されている。図2-21のように空気や水をいれた小型の袋を受

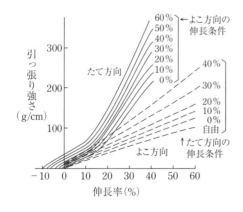

図2-20 2軸引っ張り試験
出典：吉村博子ら：「衣服の拘束性に関する研究」家政誌37，p.107-112(1986)

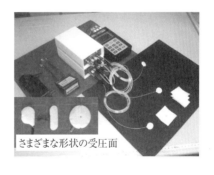

図2-21 エアパック型の衣服圧計
写真提供：(株)エイエムアイ・テクノ

圧面とし，外部の圧力センサーで内圧を計る方法が用いられている。空気や水の袋は人体や衣服とのなじみがよいため，応力の集中の影響は幾分回避されている。

② 衣服の重量

もう一つの衣服圧の発生要因として，衣服の重量（clothing weight）によるものがある。衣服の軽量化が進んでいるが，夏の総着衣量は500gに対し冬は1,200gという調査報告もあり，冬の着衣量は夏の3倍近くになるといわれている。気温の低下に対して，下衣の重量変化は少なく上衣で増加し，下着よりも外衣（アウター）で調節しているため，冬に着用するスーツやコートなどの重量が肩部の衣服圧に影響すると考えられる。着衣の重量は，厚着になりがちな高齢者や寒い地域の人たち，消防士など重装備の作業活動に支障をもたらす原因になる。

和服着用時は，圧迫感があり重くて動きづらいとされている。ある大学で卒業式当日に和服の着心地を調査したところ，最も圧迫を感じた部位は腰ひもを締める位置と肩であり，疲労を感じたのは肩と背中であった。また，着物一式の総重量（下着を含み履き物を除く）は，振り袖3,430g，長着と袴3,105g，ゆかた1,365gであった。図2-22は，被験者9名が3種の和服を着用したときの平均衣服圧である。どの身体部位でも振り袖が最も高い値を示しており，拘束性が高いことがわかった。振り袖においては，

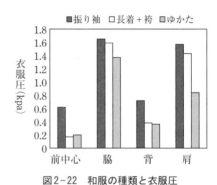

図2-22　和服の種類と衣服圧

出典：岡部和代ら：日本衣服学会誌50，p.53-60（2006）

左脇の帯上端の衣服圧が1.7kPaで最高，次いで肩の1.5kPaとなり，調査の回答と一致した。ゆかたでは肩の衣服圧が0.6kPaと小さかったことから，肩への圧迫は和服の重量によるものとみなされる。

(4) さまざまな衣服の衣服圧と着用感

衣服の圧迫は衣服圧で客観的に評価されるが，圧迫の感じ方や受けとめ方は個人によって異なる。官能評価（sensory evaluation）は一定の条件で着用感を評価してもらい，その結果を統計的に解析する方法である。測定器が人であるため個人差があり，同一人でも判断を異にして評価する場合もある。このような曖昧さは機械として人をとらえようとすると不都合にうつるが，その場に応じて判断し感じ方を変えられることは人の優れた能力である。また，最終的な判断は人が行うものであることからも官能評価による方法は有効である。ここでは，衣服圧と圧迫感のデータをふまえて改善を提案した研究例を紹介する。

子ども用のズボンにはウエスト部分にゴムが用いられることが多い。図2-23は保育園年長児，小学5年生，大学生を対象に計測したズボンのゴム圧の平均値である。大学生のジャージでは腹部前面が0.7kPaに対し，小学生の通学服が1.7kPa，保育園児の通園服が1.4kPaであった。このように子ども用ズボンのゴム圧はかなり高く，締めつけの強い傾向がとらえられた。脇位置ではさらに高い圧がかかっていた。同時に行った官能評価によって，小学5年生になっても，きつさ・ゆるさを評価できないことが明らかとなった。

腹部の締めつけは自律神経系の活動に影響を及ぼすことが指摘されている。今後メーカーに改良を求めていく一方で，保護者においては，ウエストサイズが調節できるものを購入し子どものサイズに合わせて着用させていくことが必要である。

次に補整下着と靴下類を取り挙げて，その研究例について記述する。同一メーカーで適正サイズ4タイプのブラジャー着用時の衣服圧と着用感を調べた実験では，肩ひもの頂上で15～26mmHg（2.0～3.5kPa）程度，アンダーバストでは7～16mmHg（0.9～2.1kPa）となり，いずれも不快感は認められなかった。しかし，カップサイズ大きめの被験者（C70）では，アンダーバスト圧の高いフルカップタイプを好む傾向であったことから，安定性をどこに求めるかで適すと思う衣服圧の範囲が異なることを示している。

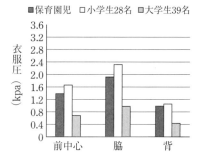

図2-23　ズボンのウエストゴム圧
出典：伊藤紀子：子ども用ズボンのウエストゴム圧と圧感覚　日本衣服学会誌 50，p.27-32（2006）

ミディアムとハードタイプの4種のガードルでは，静止状態でもウエスト開口部の脇線と脚付け根位置で30gf/cm²（2.9kPa）を超えるものがあり，このとき脚の付け根付近に不快感があった。動作時には圧はいっそう大きくかかり，40～55gf/cm²（3.9～5.4kPa）で強い不快を感じていた。とくに胴囲付近前面と脚付け根にずれや食い込みによって大きな圧がかかるので，試着時にはこの点を考慮して選択するとよい。

9種類の紳士用靴下では，口ゴム部で1.3kPa，足首では0.67～1.3kPaの衣服圧がよいとされた。この結果は，きつすぎることはないが，動作によってたるみやしわができずゴムのずれの少ない靴下の設計に利用できる。女性用パンティストッキングには，伸びのよいもの，圧迫をほとんど感じさせないものからサポート性の高いものまでさまざまな製品があり，参考値としての衣服圧が表示されているものもある。

（5）衣服圧が生体に及ぼす影響

衣服の拘束による生体への影響を表2-3に示した。衣服圧は力学的なものばかりでなく，自律神経・中枢神経に影響を及ぼすと考えられ，健康との関わりで調べられている。与圧服で体幹部全体を加圧した状態をX線写真で観察すると，10mmHg（1.3kPa）で胃の変形，20mmHg（2.7kPa）で横隔膜の位置上昇と心臓の変形がみられた。また，20mmHgを超えると1回の換気量が減少して呼吸回数が増加していた。全身を加圧する例えば，補整用下着の締めつけが強いとき，同様のことが生じる可能性があるといえよう。

ウエストをベルトできつく締めると，ベルト真下の皮下脂肪はある程度は圧縮されるが，それ以外は上下に移動する。このとき，唾液分泌量の減少と手背の皮膚温の低下が現れることから，ウエスト部分の締めつけは形状変化をもたらすにとどまらず自律神経系機能を低下させることが指摘されている。別の実験でも，ボディスーツやブラジャーの締めつけによって唾液の分泌速度の低下と消化酵素アミラーゼ濃度の減少がみられたことから，衣服による圧迫は，消化器官系・自律神経系への影響をもたらすと考えられる。この他直腸温の上昇と睡眠中の唾液のメラトニンホルモンの抑制から圧迫によって熟睡を妨げ免疫機

表2-3 衣服圧の生体への影響

1 圧迫そのものの力学	
▶圧縮変形	▶筋負担増加
▶内臓変形	▶血流低下―皮膚温低下
▶心肺機能低下	

2 皮膚圧反射	
▶皮膚温変化	▶唾液の分泌抑制
▶発汗抑制	▶尿中ノルエピネフリンの増加
▶血流変化	▶心拍変動性(心臓自立神経系評価指標)の変化

3 中枢神経系
▶安静時脳波の変化
▶事象関連電位(随伴性陰性変動 CNV)の変化

出典:田村照子,酒井豊子:「着ごこちの追究」, p.93, 放送大学教育振興会(1999)

能を抑制する可能性が報告されている。

中高年を対象に,脳波,心拍数などを計ってガードル着用時の生体への影響を調べた研究がある。脳では電気的な活動が起こっており,脳の活動に応じて脳波の大きさ(振幅)と速さ(周波数)が変化する。α波は8〜13Hzの大振幅波でリラックス度を表すのに用いられる。ガードルの着用によってみられたα波の抑制は中枢神経活動への負荷につながり,心拍数の増加は交感神経に作用したと考えられている。しかし,別の研究では心拍数が減少するという実験データもあり結果が一致しておらず,今後生理学との連携をとって明らかにしていくことが課題である。

(6) 衣服圧の有効利用

衣服による圧迫は不都合なことばかりではない。以下,衣服圧の有効性について明らかにした研究例を紹介する。

図2-24は40歳女性のガードル未着用・着用による3次元形状であるが,側面のシルエットを比較してみると臀部の最突出点が上がり,腹部はおさえられている。断面形状が円形に近づき,ウエスト,腹囲,ヒップの寸法が減少することも確認されている。

ブラジャーの役割には,バストを寄せて支えることと防振がある。図2-25は母乳授乳期の女性がワイヤー入りと,ワイヤーなしの2タイプの授乳用ブラジャーをつけたときの

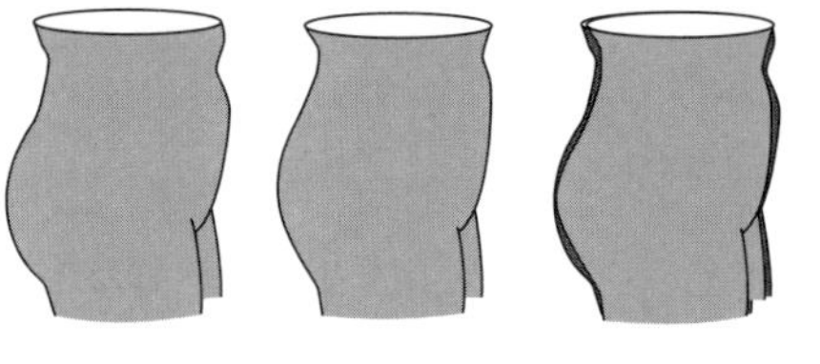

　未着用　　ガードル着用時　シルエットの比較　　ワイヤー入り　　ワイヤーなし　　未着用

図2-24 ガードルの体型補整効果
出典:杉田明子ら:中高年女性におけるガードル着用効果と快適性,繊維製品消費科学会誌43, p.356-370(2002)

図2-25 授乳ブラジャーの種類とシルエット
出典:薩本弥生ら:着心地のよい授乳期のブラジャー設計に関する基礎研究,繊維製品消費科学会誌47, p.756-763(2006)

胸部側面のシルエットを比較したものである。ワイヤー入りの方は衣服圧が高い傾向で補整効果が優れていることが明らかになった。ワイヤーなしタイプでは補整効果に劣るものの締めつけ感が少なく身体に優しく，授乳がしやすいという利点がある。これらの結果はそれぞれのタイプの特徴をふまえた活用・着用の参考になる。

また，ブラジャーやダンス練習用レオタード着用時に皮膚や皮下組織の振動を調べた実験により，衣服圧による振動抑制効果が認められている。

適度なサポート力のパンティストッキングを着用するとむくみが少なくなるといわれており，また静脈瘤の予防や治療用として加圧型の靴下が利用されている。このように末梢の循環系の調節に効果がある理由として，衣服圧が筋ポンプ作用を補助しているのではないかと考えられている。筋ポンプ作用とは筋肉の間にある血管が歩行などによる筋肉の膨隆によって圧迫され，中に貯留した血液が心臓にもどる作用である。靴下の着用によってふくらはぎ部分の加圧を強くすると外側への膨隆が抑制されて血管にかかる圧力が大きくなるため，心臓へ戻る血流の流れを促進する効果がある。静脈瘤の予防や治療，がん切除手術の後遺症であるリンパ浮腫を抑える目的として，積極的に圧迫をかけるものも利用されている。

図2-27と28には，衣服圧を利用した衣服の例を紹介する。今後，効果的な圧迫の程度を明らかにし衣服設計に役立てることは，快適性と健康維持のために役立つであろう。

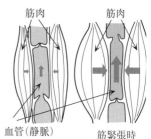

図2-26　筋ポンプの仕組み
出典：小山真：快適で生理効果のあるパンストの研究開発，繊維製品消費科学会誌42, p.288-294 (2001)

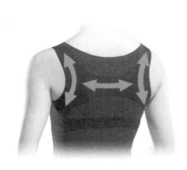

背中を丸めると，強圧がかかるように編まれたH型部分が収縮して両肩を引き戻す。その結果，胸幅が広がり，背幅が縮み，正しい姿勢を維持できる。側面シルエットを重ねて比べると，着用時には肩先が後方に移動しており，姿勢改善の効果が確認される。

図2-27　姿勢改善効果のある下着

写真提供：デサント

淡色部分には高剛性生地が用いられているため高い衣服圧が加わる。腹部・背部では骨盤の安定，脚部では振動・衝撃を抑えて筋負担を軽減できる。

図2-28　骨盤や脚の負担軽減を実現したランニングタイツ

写真提供：アシックス

2－2　動作しやすい衣服の設計

拘束性を少なくしスムーズな動作に対応させるため，衣服設計において一般的に行われる衣服の工夫について説明する。

(1) ゆとり

衣服設計においては，衣服の着用目的とデザイン性を考慮しながらゆとりを加減させるが，動作に対応するためのゆとりの加え方は，以下の3点にまとめられる。

① 皮膚伸びの大きい箇所にゆとりを加える。臀部ではたて・よこに50～100％，胴囲付近の背中で50％のたて伸びがみられるというデータもある。図2-29は，特に大きな皮膚伸びのみられる部位・方向を勘案してゆとりを加えた後ズボンのパターン2例であるが，改良によってずり下がらず圧迫の少ないズボンができあがった。車椅子生活者やしゃがんで作業する人は，着心地がよく動作が楽に行なえる。

② 長径(たて)方向の動作に対応するために周径方向にゆとりを加える。幅の広いズボンや袖ではずれが生じて膝や肘が曲げやすい。腰から腿にかけてゆとりをたっぷりとったとび職人のニッカボッカや労働着であったモンペはその例である。両者はともに裾部分がふさがっており，足元の引っ掛かりをなくすよう安全性が考慮されている。

③ 周径方向に必要な伸びには，ギャザー・タック・プリーツなどを施し，必要に応じてゆとりを取り込む工夫をする(図2-15参照)。例えば，Yシャツの背にあるタックは，背幅の広がりに対応するゆとりであり，スカートのギャザーやプリーツは，必要に応じて裾幅が広がる。図2-30はプリーツを巧みに組み入れた衣服の例である。

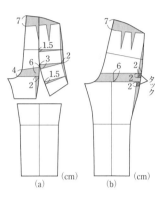

図2-29　ゆとりを加えた動作性のよい後ろズボン2例

出典：田村照子，酒井豊子編：着ごこちの追究，p.63　放送大学教育振興会(1999)

図2-30　プリーツを取り入れた衣服
PLEATS PLEASE ISSEY MIYAKE 2014秋冬カタログより

この服は，縫製後ポリエステルの熱可塑性を利用したプリーツ加工を施して作られている。服は平面であるが人が着るとひだの開閉によって3次元状の立体になって身体を包む。カラフルな色使いとユニークなデザイン，軽くてしわにならず水洗いができてすぐ乾くなど，おしゃれと実用性を兼ね備えた服として国内外で人気を集めている。

(2) ストレッチ性

身の回りの衣服には，ゆとりが加わったものばかりではなく，人体寸法と同じくらいのサイズのもの，それより小さく作られたものもある。伸びのよい布地を用いることで，フィット性を保ちながら運動機能性を高めることができる。

ゆとり率(x)，布のストレッチ率(y)，皮膚の伸び率(k)とし，ずれが生じないと仮定したとき

$$(x+1)(y+1) = k+1$$

と表され，これらの関係を図2-31に示した。
①は身体寸法より小さく作られた衣服で，水着やレオタードなどが該当する。
②はゆとり率0の衣服で，この場合には皮膚の伸び率と同量のストレッチ率が必要となる。
④はゆとり率が皮膚の伸び率と同じものである。
②と④の中間に位置する③は，ゆとりとストレッチが相互に関係し合う場合である。
⑤の衣服はゆとりが十分なため布のストレッチを必要としない。

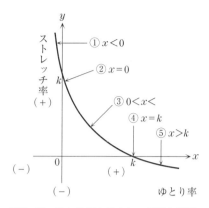

図2-31 ゆとり率とストレッチ率の関係
出典：荒谷善夫：ストレッチ衣料について繊維製品消費科学会誌28, p.129-134(1982)

　編物はループで構成されるため糸同士の緊張度が緩く伸びやすい。人体寸法より小さく作られる水着などには，身体の変形と動きに対応してスムーズな伸びと戻りのよさを必要とするため，糸自体に伸縮性のあるポリウレタン弾性糸が混用されている。編みの構造と糸の伸縮効果を組み合わせて，コンフォートストレッチ(10～20％)，パフォーマンスストレッチ(20～40％)，パワーストレッチ(40％～)および2軸方向に伸びるツーウェイストレッチなどがあり，用途に応じて選ばれる(カッコ内は500gf/cm荷重時の伸長率)。

(3) ずれと滑りのよさ

　動作時には，衣服のずれと皮膚上の滑りで布の変形量が少なくなり，人体への圧迫度や拘束感が低下する。ここには衣服と人体の摩擦抵抗が関わる。例えば，裏地のつかないジャケットでは着脱や腕を動かす際に，スムーズでないと感じることがある。一般の裏地には長繊維の糸を使い毛羽が少なくすべりがよく，肌になじみやすい薄手の布が用いられる。裏地は，表地のごわごわやちくちくなどの不快な皮膚への刺激を減らし，縫い代の凹凸が肌に当たるのを防ぎ，動作時には滑りを効果的に引き起こす。

　図2-32は，滑りのよいジャケットに裏つきのコートを着用したときと，滑りの悪いジャケットに裏無しのコートを重ねて着たとき，上肢を180度挙げた場合の三角筋前部の筋電図の例である。筋電図とは，筋肉が神経からの指令で活動するとき弱い電気を発生す

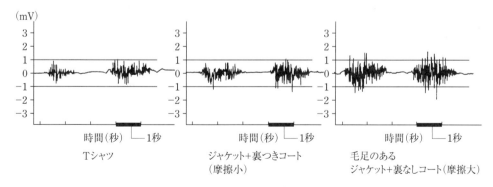

図2-32　裏地の有無と上肢三角筋の筋電図
出典：中島利誠編：「衣生活論」，光生館，p.27 (1999)を一部改変

るがその電気信号を測定したものをいう。筋電図の振幅が大きいとき筋線維が多く働くことになる。このように滑りの悪い衣服の着用は運動機能を低下させるだけでなく，身体への負担がかかり疲労感をもたらす原因になる。

　また，汗で衣服が濡れると肌にはり付いて動作性が悪くなることを経験する。ボディスーツと皮膚の摩擦係数は乾燥時0.55に対して湿潤時で1.20に増えた。ボディスーツを着用して立位からしゃがみこむときに要する仕事量を求めたところ，湿潤時に要するエネルギーは乾燥時の約3倍であった。スポーツウエアなどでは発汗を想定した運動機能性が重視されるため，濡れても肌に貼りつかない表面構造の素材，吸水速乾作用に優れた製品が開発されている。

2-3　運動機能性が重視される衣服の例

　運動機能性が求められる衣服の代表はスポーツウエア(sportswear)であろう。スポーツ種目は多岐にわたるが，同一種目であってもレジャーや健康維持を目的とするものから国際的選手レベルの服まで差別化されて開発されている。スポーツウエアには，汗の吸収・乾燥，保温性などの生理的快適性，ファッション性，身体の保護と安全性など多くの要件が必要になる。競技向けには激しい動きや身体形状の変化に対応してよりよい記録を産む補助的機能を果たすために最新の技術が用いられている。競泳用水着(racing swim wear)を例に紹介する。

(1)　競技用水着

　水着には素材の伸縮性の向上，表面形状の工夫，選手の体型と動きに合わせたカッティングと縫製の工夫がなされており，以下オリンピックで着用された水着の変遷とともに記述する。

　1936年ベルリン・オリンピックで活躍した前畑選手は絹のワンピース水着を着用していた。当時の水着には主に綿や毛が使われたが表面すべりの効果をねらって絹を用いた。図2-33は，歴代の日本女子代表選手が着用した水着である。1964年の東京オリンピックのものはナイロン100％の編地であり，伸縮性能は十分ではなかった。またスカートや胸の日の丸は水の抵抗を大きくするため抵抗削減の点からも十分ではなかった。1976年モントリオール・オリンピックでは，ナイロン80％，ポリウレタン20％の素材が用いられて大幅な伸縮性の向上と，プリント柄が話題となった。その後は立体的な裁断法や水の抵抗軽減のための研究に力が注がれるようになった。1988年のソウル・オリンピックでは超極細繊維を使用したなめらかな表面生地の使用，身体にフィットしたカッティングやフラットな縫い目によって摩擦抵抗を減少させていった。

　しかし，1990年代後半に入ると，生地表面に凹凸をつけることで水の抵抗が少なくなると考えられるようになってきた。それまでの滑らかなものに代わって，各メーカーはこぞって生地表面に加工を行い水への抵抗を軽減させた。2000年ごろからは，サメの皮膚のようにV字型の微細な溝をつけ，鱗のようなはっ水処理をした布地を用いて，袖口から足首まで全身を覆うスタイルが採用された。2004年のアテネオリンピックでは，体幹部にはサメの皮膚を参考にした素材を用い，脇から内腕部には平滑でストレッチ性に優れた素材を使用した。胸と肩甲骨にはシリコンの突起をつけて水の流れを人工的に作り，失

速の原因となる乱流を制御させるものであった。この他，水に濡れないカワセミの羽からヒントを得て，水着の表面にミクロの突起をつけた水着も登場した。

その後も各社が機能向上を目指して競争が激化するなかで，2008年の北京オリンピックの直前に，新しいタイプの水着を着た選手たちが次々と世界記録を塗り替えた。このタイプは衣服圧をかけて体表の凹凸を減らし流線型に近づけることで水の抵抗を減らすことができる。締めつけによって筋肉の振動が減り酸素消費が抑えられるため，持久力も上がる。吸水性が低く軽い素材も特徴の一つである。着脱には苦労するが身に着けてしまえば動きやすさは損なわれないという。しかし水着によって記録が左右されるのでは競技の公平性が欠けるという理由から，国際水泳連盟は2010年より競泳水着の加工・素材・形状に規制を敷いた[注]。

A：東京（1964年）

B：バルセロナ
（1992年）

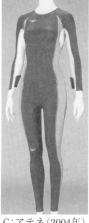
C：アテネ（2004年）

D：北京（2008年）

E：FINA 承認の例
（2008年）

図2-33 競泳用水着の変遷

出典：松崎健：競泳用水着の変遷，繊維と工業58，p.236-239（2002）
写真提供：D：スピード社　E：ミズノ

以降，規制の中でメーカー各社は，キャップやゴーグルも含めた装備全体の表面摩擦抵抗の軽減，体型の補正による抵抗の少ない形状，適度な圧迫による運動能力の向上などを目指し，記録更新を後押しする裏方として努力を続けている。

注〕男子の水着はへそを超えず，膝までとする。女子では肩から膝までとし，首，肩を覆うことはできない。素材は繊維のみとし，重ね着は禁止とする。

2-4　運動機能性と健康

これまで衣服の拘束性と運動機能性についてとりあげ解説してきた。私たちは衣服を一日中着用しているので，その役割と機能を改めて考え改善を心がけたい。おしゃれを優先させることは，時として保健衛生面や運動機能面を軽視しがちとなる。適切な衣服は，快適・安全・健康な生活に結びつくことを念頭において選択していくことが大切である。

締めつけの強すぎる衣服は，不快であり，健康に支障を及ぼすので避けなければならないが，適度の圧迫は効果をもたらすことも明らかにされている。今後，多方面からの研究によって健康維持に寄与できる衣服について解明されることを期待する。また，からだに

フィットした衣服は動きやすいことをふまえ，需要の多い対象者の要求を満たすだけでなく各ライフステージの身体機能の特性を考慮した着やすい衣服を提供していくことが課題である。

参考文献　　＊　　＊　　＊　　＊　　＊

1) 一社) 人間生活工学研究センター (HQL) HP, 「日本人の人体計測データベース」
2) Kirk Wm. Jr. and Ibrahim, S. M., Text. Res. J., 36 p.37-47 (1966)
3) H. Kawabata ら, Measurement of garment pressure 繊維学会誌 44, p.142-148 (1988)
4) 間壁治子ら：ブラジャーの衣服圧に関する研究，繊維製品消費科学会誌 32, p.416-423 (1991)
5) 間壁治子ら：ガードルの衣服圧に関する研究，繊維製品消費科学会誌 32, p.424-438 (1991)
6) 百田裕子ら：紳士用靴下の衣服圧について，繊維製品消費科学会誌 34, p.175-186 (1993)
7) 田村照子編著：「衣環境の科学」, p.67, 建帛社 (2004)
8) 三野たまき：被服圧からみた快適性，繊維と工業 64, p.419-423 (2008)
9) 登倉尋實：ファンデーションによる皮膚圧迫のポジティブな面・ネガティブな面，繊維製品消費科学会誌 42, p.284-286 (2001)
10) 吉村博子ら：衣服の拘束性に関する研究，日本家政学会誌 37(2), p.107-112 (1984)
11) 松崎健：競泳水着の抵抗削減，日本機械学会誌 108, p.436-437 (2005)

3章　衣服の感覚特性と着心地

　私たちはモノを見たり触ったりすることで，形や色，動き，硬さ，温度，表面形状などを判断する。モノがそこにあるだけであれば，モノはモノでしかないが，その物質，物質の周りの空気，電磁波などの物理情報が，ヒトがもつ感覚受容器に刺激としてとらえられると，そこにさまざまな感覚が生まれる。布を見てその構造や組織，色，柄を認識し，布を触って硬い，柔らかいを把握し，衣服を着用して暑さ，寒さを感じる。五感を活用して，心理的にも身体的にも快適で安全な衣服を選択しているのである。生活水準が向上しモノの豊かな時代になって，衣服は丈夫で長持ちする生活必需品的な対象というよりは，あこがれや好みといった欲求を満たしたり個性を表現したりするための手段となった。衣服に対する欲求として，より美しくより快適な機能が重要視されるようになったのである。着心地の主要因は，衣服内気候，衣服圧，肌触りであるといわれている。すでに1章で，衣服内気候にかかわる身体の温度調節機能との適合性について，2章で衣服圧にかかわる身体の動きとの適合性について解説がなされている。本章では，まず衣服の性能を知覚する感覚についてふれ，特に触感にかかわる肌触り・風合いとその評価を紹介して，ヒトの感覚でとらえられる安全で着心地のよい衣服の性能について概説する。

1. ヒトの感覚と衣服の感覚特性

　一般的に五感として視覚，聴覚，嗅覚，味覚，触覚があり，味覚を除く感覚が図3-1のように，心地よさと関わっている。感覚について概説するとともに，衣服の感覚特性との関係にふれる。

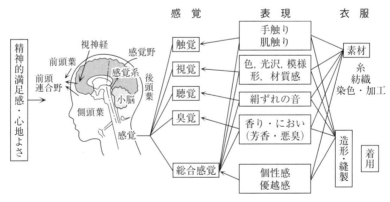

図3-1　着心地のよさを感じるメカニズム

出典：「生活情報シリーズ④　繊維の知識」（国際出版研究所）を一部改変

1-1　感覚の種類

　感覚は，特殊感覚と体性感覚および内臓感覚に分類される。特殊感覚とは，視覚における眼，聴覚における耳，嗅覚における鼻，味覚における舌のように，それぞれの刺激特有

の別々の感覚器官で知覚する感覚のことである。体性感覚とは身体の表面や深部にある受容器の興奮によって生じる感覚で、身体の表層組織である皮膚や粘膜がとらえる圧覚、振動感覚、温熱感覚、痛覚といった表在性感覚と、深部組織である筋、腱、骨膜、関節嚢、靭帯にある受容器が刺激されて生じる深部感覚とがある。内臓感覚は内臓痛覚と空腹感、満腹感、尿意などの臓器感覚があり、快・不快感を伴う場合が多いが、体性感覚ほど明らかには感じられない。

　感覚受容器が反応する刺激には物理的刺激と化学的刺激がある。物理的刺激には、皮膚の触覚・圧覚を引き起こす圧力、筋・内臓の伸張感覚を起こす張力、平衡感覚に影響する加速度、聴覚を引き起こす音波などの力学的刺激のほかに、視覚の原因となる電磁波刺激、温度刺激を起こす熱的刺激、痛覚を与える侵害刺激などがある。化学的刺激とは化学物質によるもので、味覚は水溶性物質の刺激、嗅覚は揮発性物質の刺激により引き起こされる。

　特殊感覚である視覚、聴覚、嗅覚、味覚と、体性感覚である触覚の五つの感覚のなかでは視覚と触覚が特に衣服と関係している。視覚から得られる衣服の感覚特性としては、衣服の着装美・シルエット・ドレープ・デザイン・色彩・柄、布の光沢・しわなどがあり、触覚から得られる感覚特性は接触温冷感、布の風合い・手触り感、衣服の着心地などがある。着心地には、蒸れ感、べたつき感、暑さ・寒さに関わる主として熱・水分の刺激による衛生的、温熱的なものと、フィット感、拘束感など、運動機能にかかわるものがある。このように、視覚と触覚が衣服の感覚特性に大きな役割を果たしているのは事実であるが、聴覚や嗅覚も例外ではない。聴覚によって得られる布の擦れ合う音、すなわち絹鳴り、衣ずれなども衣服の質感を左右する要因となる。絹鳴りは図3-2のように天然繊維である絹繊維に特有なものであるが、図3-3のように三角花弁にスリットを入れることで、絹鳴りを実現した新合繊素材も開発されている。このような機能性をもつ繊維は、一般のアパレル用素材としてのみならず、能装束やドレス素材として高く評価されている。

図3-2　絹繊維の断面

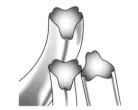

図3-3　マイクロスリットの入ったポリエステル繊維

1-2　視　覚

　視覚は明るさや色の感覚、モノの空間知覚に関係する機能であり、視覚器に対する適刺激は可視光線である。色彩は視覚、形態は視覚・触覚、材質感は触覚によって知覚するが、触覚体験を視覚に置き換えて判断する場合もある。ヒトは外界から取り入れる情報の80％以上を眼から受容しているといわれ、人間にとって優位な感覚である。

　視覚現象として、次の3領域が設定される。第一は形態や色彩など、それ自体が存在する外部領域、第二は形態などを刺激として網膜で受け取り、大脳皮質に送る中間領域、第三は大脳皮質に到達した刺激を解釈する内部領域である。視覚現象は「モノ」と「眼」、そ

して両者の媒体である「光」によって成立する。

　見られるモノが位置を変えたり，変形したり，あるいは別のモノと代わることにより，視覚現象が変わる。モノが連続的に位置を変えている状態をみるとき，運動を知覚することができる。衣服はモノとしてみられるだけでなく，ヒトがまとうことで動きも与えられ動的な形態把握につながり，触らなくても柔らかさや表面のなめらかさを感じとることができる。

(1) 形　態

　形態の基本は点・線・面・立体の幾何学による構成要素により分類することができる。点は丸い形が基本ではあるが，さまざまな形や大きさをもつ。点が大きくなれば面となるが，それを点と解釈するか面とするかは周囲との関係による。同じように線も幅をもち面にもなる。面・立体は輪郭線により表現することができるため，線は形態にとって重要な要素である。直線は一般に静的で単純な性格を示すが，斜め方向の場合，水平・垂直方向の線に比べて動的である。曲線は一般に動的であるが，波状曲線や他の複雑な曲線に比べ円や円弧は動的である。立体についても曲面の多い場合は曲線的といい，角のある直平面の多いものを直線的という。このように直線的，曲線的の2つの概念は形態の体系を示すものとして重要である。

　衣服形態を考えると，和服は直線裁ちにより構成され，着装形態も直線的であるため，洋服に比べて一般的に静的と解釈されている。また，線を描く道具や使い方により無限の種類の線が生まれる。そのうち幾何学的・機械的な線を無機的といい，生物のような自然形態の多くや手で描いた自由な線を有機的という。衣服素材に使われる模様には，水玉模様や縞のような無機的形態と花柄に代表される有機的形態ともに有効に利用されている。

　衣服の視覚による感覚特性として，ドレープ，シルエット，着装美にもふれておく。ドレープとは，布が自重により垂下した視覚的な感覚特性をいい，主としてスカートやワンピースに現れる凹凸に注目した外観である。またシルエットとは衣服の全体的な特徴である輪郭線，衣服の創り出すアウトライン，あるいは外形をいう。ドレープは衣服のシルエットに直接的に関係し着装美に影響を与える。例えば，しなやかなドレープはドレッシーでやわらかい感じを与え，はりのあるドレープはスポーティで若々しい感じを与える。

　一般にドレープは3つの面から考えることができる。第一にカーテンのように二次元的なドレープか，スカートやワンピースのように三次元的なドレープかという点，第二に，静止状態の布の垂下(静的ドレープ)か，垂下した布の揺動状態(動的ドレープ)かという点である。第三に，布が垂下しやすいか否かというドレープの大小，すなわち量的ドレープと，垂下状態の美しさにかかわる質的ドレープという点である。

　ドレープの物理的評価指標にドレープ係数があるが，これは三次元で静的な量的ドレープを示す指標である。ドレープの外観の美しさは，均一で均整のとれたノード(ひだ)の形状や分布を有するもの，ノードの稜線がかどばらずになめらかな曲線を描くものは美しいと評価される。質的ドレープを物理的評価指標によりとらえるためには，何らかの方法でドレープ形状を基に定量的な指標を導くことが必要であり，このための指標がいくつか提案されている。

　布のドレープ，衣服のドレープ，衣服のシルエットとなるに従って，関与する要因が多

くなり解析は複雑になる。しかしながら，衣服材料の性能因子や衣服の構成因子をもとに，コンピュータ・シミュレーションにより衣服形状を予測することが可能となってきている。

(2) 色の知覚

　無数にある色を分類整理すると，赤，黄，緑などの有彩色と白，灰，黒などの無彩色に分けられる。有彩色にも無彩色にもそれぞれ明るさの違いがある。同じ赤系統の色でもピンクは明るく，エンジは暗い。こうした明るさの度合いを明度という。有彩色は色合いに系統的な区別があり，これを色相という。色相は赤・橙・黄・緑・青・藍・紫と虹の色のように移行し，段階的に循環移行して赤にもどる。この環状配列を色相環という。同じ色相のなかで明度も同じでありながら，さえた色，にぶい色がある。このような色味の度合いを彩度という。同一色相のなかで最も彩度の高い色を純色という。以上のように色には色相，明度，彩度があり，互いに独立した性質でこれを色の三属性という。色彩に対する感情は見る人の主観によるもので，個人差も大きいが一般的には共通した側面も多い。共通の感情として暖寒，軽重，硬軟，派手・地味，陽気・陰気，動静などがある。色は自然の事物への連想から色彩感情に結びつけられるとともに，生活との関連付けから激情や興奮など表3-1のように抽象的な連想につなげられる。

　衣服デザインの目的が実用を前提とした美の追求であるとすれば，衣服を構成する色彩や形態，材質などの多様なデザイン要素をいかに総合的に美しく構成し統一のとれた衣服にまとめあげるかが重要な課題となる。

表3-1　色と感情と連想の関係

属　性	種　別	感情の性質	色の例	色の連想
色　相	暖色	暖かさ 積極的 活動的	赤 橙 黄	激情，怒り，歓喜，活力的，興奮 喜び，活発さ 快活，明朗，愉快，活動的
	中性色	中庸 平静 平凡	緑 紫	安らぎ，くつろぎ，平静さ，若々しさ 厳粛，神秘，不安，やさしさ
	寒色	冷たさ 消極的 沈静的	青緑 青 青紫	安息，涼しさ，憂うつ 落ち着き，淋しさ，悲哀，深遠，沈静 神秘，崇高，孤独
明　度	明	陽気 明朗	白	純粋，清々しさ
	中	落ち着き	灰	落ち着き，抑うつ
	暗	陰気 重厚	黒	陰うつ，不安，いかめしさ
彩　度	高	新鮮 はつらつ	朱	熱烈，激しさ，情熱
	中	くつろぎ 温和	ピンク	愛らしさ，やさしさ
	低	渋み 落ち着き	茶	落ち着き

出典：辻井康子，丹羽雅子編著：「衣服学概論」，朝倉書店(1987)を一部改変

美的対象を構成する原理，すなわち，自然美や造形美にみられる美的形式原理については，古代ギリシャ時代以降，哲学者や数学者，美学者，芸術家や建築家たちによってさまざまな考察や探求が行われてきた。調和(harmony)，均衡(balance)，律動(rhythm)，比例(proportion)など美的構成の基本的な原理があり，それらが衣服のデザインに応用されている。

　着装イメージについては，色・柄，素材，衣服や着用者の体型，髪型，さらに着用場面を自由に変化させ，似合う，似合わないなどの着装イメージを評価するシステムの実用化が進んでいる。

　着装状態の視覚による感覚特性の分野では，生理心理学的なアプローチ法による研究は少ないが，アイマークレコーダーによる視線動向の計測は比較的多く用いられている。

1-3 触　覚

　体性感覚は，身体の表層組織(皮膚や粘膜)や深部組織(筋，腱，骨膜，関節囊，靭帯)にある受容器が刺激されて生じる感覚であり，触覚，温度感覚，痛覚などの皮膚感覚，そして筋や腱，関節など運動器官に起こる深部感覚に分けられる。ここでは触覚に関わる皮膚の構造と機能について解説する。

　ヒトの皮膚は図3-4に示すとおり，表皮，真皮，皮下組織の3つで構成されている。ヒトの皮膚は有毛部と無毛部に分かれている。手掌や足底は無毛部で，その表皮は0.7～1.3mmと厚いが，他の部位ではほぼ表皮が0.1～0.3mm，表皮が2mm内外といわれている。表面から角質層，顆粒層，有棘層，基底層，乳頭層の5層の上皮細胞からなる。表皮細胞は成長しながら，約2週間で角質となり，その後約2週間で皮膚表面に押し出され，垢として剥離される。皮膚は，内部組織を外界から守り，水の蒸発を防ぎ，有害な物質や微生物の侵入を防ぐ。真皮を構成する膠原線維や弾性線維は，その下にある皮下脂肪とともに皮膚に強度と弾力を与えて引張や圧迫に耐え衝撃を和らげる。皮膚は外気と熱のやりとりを行うだけでなく，ほぼ全身に分布するエクリン汗腺の発汗により体温調節を効率よく行う。腋窩などの有毛部には，性ホルモンの影響を受けるアポクリン汗腺がある。

　皮膚の真皮内にはマイスナー小体，ルフィニ小体，メルケル盤や自由神経終末とよばれる末梢神経の神経終末等がある。マイスナー小体はわずかな変形を感じ取る繊細な触覚センサーで無毛部に多く分布する。メルケル盤も皮膚変形を感受する。皮膚の伸展を感受するのはルフィニ小体，加圧を増幅させて神経終末に伝えるのがパチニ小体，毛包受容器も鋭敏な触覚器である。表皮には自由神経終末があり温度感覚を伝える。温度や圧力，痛み，振動などの刺激によって，これらのセンサーから送り出される感覚の信号は，皮膚感覚神経を介して脳の体性感覚野に送られ，温冷感や清涼感・湿潤感・接触感，拘束感・圧迫感・重量感などを感じ取り対応している。触圧覚と深部感覚は「後索-内

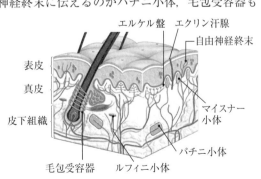

図3-4　皮膚と皮下組織

1．ヒトの感覚と衣服の感覚特性

側毛帯路」の伝導路を，温痛覚と粗大な触圧覚は「脊髄視床路」の伝導路を介して体性感覚野に到達すると同時に，多くの脳領域に感覚情報を送る起点となっている。

　圧・触・振動などの感覚にかかわる触点は，指先と口唇に多く，前腕，大腿，背，特に下腿は少ない。コンパスのような2つの針をもつ計器で皮膚を同時に刺激したときに，その刺激が2点と認知できる距離を調べる二点弁別法によると，舌，指，唇は1～3mmと敏感で，背，大腿では20～100mmと鈍感であり，部位差が大きいことがわかる。有毛部では体毛への接触が触覚に影響する。

　痛点は全身に密に分布する。力学的な刺激による表在性痛覚だけでなく，温冷刺激でも刺激が大きいと痛覚につながる。順応しにくいという特徴もある。

　温度に対する感覚には温覚と冷覚がある。温度の変化速度や刺激を受ける面積の大小で感じ方は異なる。皮膚温が30～36℃の範囲では，温度差が小さいと順応が起こりやすいが，手掌では順応が起こりにくい。

1－4　感覚と感情，感性

　感覚と関連する用語に感情，感性などがある。感覚と感情の違いについては，感覚とは感覚器官に刺激（例えば光）が到達した際に生じる意味内容（例えば，明るさや色）であり，また感情とは，日常生活で経験する快・不快，喜び・悲しみのように表現される心の状態で，情動，気分，情操を含めた総合的な名称であるとされている。感性にはさまざまな定義があり，「ヒトがモノやコトに接したときに感じる全体的な印象」という捉え方が多くの支持を得ている。工学の分野では，外界の刺激が感覚受容器に伝えられた後に発生する「感覚→知覚→認知→感情→表現」までの一連の情報の流れと考えるか，もっと割り切って感覚から心理までの反応，あるいは単に感覚と感情くらいに理解してもよいとしている。衣服の着心地を考える場合，暑い・寒い，べとつく，さらっとしている，拘束感があるなどは感覚的な評価であり，心地よい，不快であるなどはそれらの感覚を総合的に捉えた感情的な評価である。これらの感情的な評価も含んだ感覚としての心地よさ，快適性を着心地のよさとして捉えることが望ましい。

2．布の風合い

　布の性格やその特徴を触感から判断するのは人間の本能的な動作と考えられ，触ることで人は材料との適合性を判断し，触感が着心地や使い心地を判断する一助になっている。このように，触って感知する布の性格を「風合い」とよんでいる。色柄やデザインは個人の試行的要素が強いが，風合いは布の本質的な性能と直接的に関わっているため，普遍性が存在し，科学的に明らかになりやすい。

　1930年に F. T. Peirce は，布の力学的性質を測定することにより風合いが評価できる可能性を指摘している。以来，多くの研究者によって風合いに関する研究がなされてきたが，ここでは，肌触りのよさにかかわる風合いについての，川端らの客観評価法を中心に概説する。

　川端により提案された布の風合いの概念は，次のとおりである。

① 布の風合いは主として布の力学的特性からくる感覚によって判断される。
② 風合い判断は，その布が衣服の材料として用いられるとき，その用途に適合した性質を持つかどうかということに基準を置いている。

1972年に日本繊維機械学会に"風合い計量と規格化研究委員会(HESC)"が組織され，上記の仮説に基づき，産業界の熟練技術者や研究者，大学の研究者らにより布の風合いの計量と規格化が進められ客観評価技術が開発された。また，集積された風合い判断の分析から，衣服の素材の要請される性質とは何かが導き出された。

布の風合いは触感によって判断するため，情緒的であると認識され，感性という包括的な表現で認識される場合が多い。しかし今日，風合いは人間の機能と関わりを持つ重要かつ基本的な材料性能として認識できるようになっている。

2－1　風合いの官能評価の標準化

風合いには熟練者でも個人によって判断内容や風合い感覚の強さの度合いの捉え方に差があることから，はじめにその標準化が計画された。図3-5は熟練者の判断過程を示す。手で布を触り，その感覚から布の性格を"こし"，"ぬめり"などいくつかの表現によって捉え，さらにこれらの布の性格から着心地や品質の総合的判断を行う。場合によっては品質に代わって絹様，木綿様というような属性表現をする総合評価もある。まず，布の性格を表す触感を風合い(primary hand value)として，その重要なものを選び内容の定義を行っ

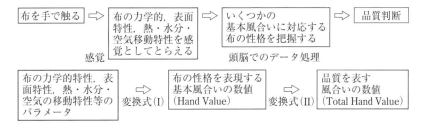

図3-5　肌触りの判断

出典：川端季雄：「風合い評価の標準化と解析　第2版」，(1980)を一部改変

表3-2　風合いの定義

用　語	意　味
1. こし (sitiffness)	反撥力，弾力性のある布の感覚
2. はり (anti-drape stiffness)	曲げ硬さからもたらされる張る感覚
3. ぬめり (smoothness)	なめらかさ，しなやかさ，柔らかさの複合感覚
4. ふくらみ (fullness and softness)	弾力性があり，かさ高でふくよかな布の感覚
5. しゃり (crispness)	粗く硬い繊維や強撚糸によってもたらされる剛さ
6. きしみ (scrooping feeling)	絹繊維のきしむ感覚
7. しなやかさ (flexibility with soft feeling)	やわらかさ，ドレープ性を持ち，触ってなめらかな感覚
8. ソフトさ (soft feeling)	やわらかさ，なめらかさ，かさ高の複合感覚

た。表3-2にその定義を示す。これらそれぞれの風合いは，その感覚の強弱として，風合い値HV(Hand Value)を10(強い)～1(弱い)の数値によって表現している。

　品質評価については，布の用途別に品質を総合風合い値THV(Total Hand Value)で表現する。すなわち，5が最高，3が普通，1が最低で，0は用途外として判断から除外された。秋冬用紳士スーツ地に関するTHVは気候風土の異なる国においても共通の感覚で捉えられることが判明している。以上のように数値による風合いの強弱の感覚表示が可能になり，さらに数値による総合風合い(品質風合い)の表示も実用化した。この数値化は国内外で風合いの客観評価への発展に大きな威力を発揮してきた。風合いは情緒的なものではなく，人と布との間の適合性を判断するための評価手段，あるいは情報伝達の言語として用いられている。

2-2　布の基本的な力学特性と表面特性

　衣服着用時，布が受ける基本的な変形として引っ張り，曲げ，剪断，厚み方向への圧縮の4つの変形が挙げられる。また，衣服は人体と直接触れて使われることから，布の表面の性質が着心地と密接に関係している。手で触るときに布にかかる力，モーメントなどはきわめて小さい微小荷重であるが，布はこの領域でも変形しやすく，その挙動は非線形性をもち，さらにヒステリシスを伴う。このような特徴が布の品質や性能と大きく関わっていることが確認され，基本風合いの算出に用いる布の基本物理量として16個のパラメータが選ばれた。計測項目と標準計測条件が設定され，現在では世界各国で共通に使われて

表3-3　力学的特性値とその意味

特　性	特性値記号	内　容	説　明
引っ張り変形	LT	直線性	小さいほど初期に柔らかい
	WT	引張り仕事量	大きいほどよく伸びる
	RT	弾性回復性	大きいほど回復性が高い
	EM	伸び	大きいほど伸びやすい
剪断変形	G	剪断剛性	大きいほど剛い
	$2HG$	ヒステリシス	大きいほど弾力がない
	$2HG5$	同(大変形)	大きいほど大変形で弾力がない
曲げ変形	B	曲げ剛性	大きいほど剛い
	$2HB$	ヒステリシス	大きいほど弾力がない
圧縮変形	LC	直線性	小さいほど初期に柔らかい
	WC	圧縮仕事量	大きいほど柔らかい
	RC	弾性回復性	大きいほど回復性が高い
表面特性	MIU	摩擦係数	大きいほど摩擦抵抗が大きい
	MMD	摩擦変動	大きいほどざらつく
	SMD	表面粗さ	大きいほど凹凸が激しい
構造	W	単位面積当たりの布重量	
	T	布の厚さ	

出典：牛腸ヒロミ編著:「ものとして，心としての衣服」，放送大学教育振興会(2011)を一部改変

表3-4 衣服着用時の形態や変形挙動に関与する基本特性の組み合わせ値とその意味

基本特性の組み合わせ値		値のもつ意味,関係する実用的意味
B/W	単位面積当たりの重量Wに対する曲げ剛性Bの比	自重で布がたれ下がるときの形態に関係し,値の小さいものほど深く垂れ下がる。
$2HB/B$	単位面積当たりの重量Wに対する曲げとステリシス幅$2HB$の比	自重で布が垂れ下がるときの形態の不確定さに関係し,大きい値をもつものほど形態が不確定で,動作したときの布の動きがにぶい。
$2HB/B$	曲げ変形における弾性成分とヒステリシス成分の比	大きな値をとるものほど着用による型くずれやしわが生じやすい。 適度な値をもつものが形態保持性にすぐれ,仕立映えがよい。
$2HG/G$	剪断変形について同様の比	
MMD/SMD	表面粗さSMDに対する摩擦係数の変動MMDの比	小さな値をもつものほど表面のタッチがなめらかで,肌触りの良し悪しに関係する。
WC/W	単位面積当たりの重量Wに対する圧縮エネルギWCの比	大きな値をもつものほど繊維の密度が大きいにもかかわらず圧縮やわらかい。
WC/T	厚さTに対する圧縮エネルギWCの比	大きな値をもつものほど圧縮やわらかい。
W/T	厚さTに対する単位面積当たりの重量Wの比	見かけ比重で,小さい値をとるものほど空気の含量が大きくふっくらしている。
$\sqrt[3]{B/W}$		布の自重によるたれ下がりに関係する量,布の自重で同じ曲げ角度に曲げるときの布の曲げ長さに対応する値。大きいものほど曲げにくく,ドレープ係数が大きくなる。
$\sqrt{2HB/W}$		布の自重による垂れ下がりにおいて,曲げヒステリシス効果のため,垂れ下がり形状の形態不定に関係する量。ドレープ形状ではその形状不確定さに関係するパラメータで,大きい値をとるほどドレープ形状が定まりにくい。

出典:丹羽雅子:「繊維工学」Vol.29, No.4, 日本繊維機械学会, p.199(1976)を一部改変

いる。この計測条件は,衣服として着用している時や,縫製加工を行う時に布が受ける変形,あるいは力レベル,すなわち布の低荷重域での各基本変形特性の測定を取り扱っている。

風合いの官能評価を客観評価におきかえたシステムの概念を図3-5下図に示している。手触りに代えて基本力学量を計測し,変換式によってHVに変換し,さらにTHVに変換する。

布の基本的な力学的性質,すなわち引っ張り・曲げ・剪断・圧縮変形に対する性質,並びに表面特性の計測システム KES-F1~F4(Kawabata Evaluation System for Fabrics)が川端によって1972年に完成している。このシステムはこれらの特性を精密に,かつ簡単に計測できるように設計されている。特に表面の性質は,指の指紋を模擬した接触子で布表面を走査し,平均摩擦係数と摩擦係数の変動を計測する。その信号はフィルターを通して人間が手で布など物体の表面を摩擦する動作時の速度に換算した等価周波数に変換され,さらに粗さやなめらかさに最も敏感な周波数帯域のみを取り上げて人間の感覚に接近させるよう配慮されている。選ばれた物理量は,表3-3に示すように各特性値が単独に意味をもつ。これらの特性値をさらに表3-4に示すように組み合わせることによってより明確な実用的意味をもつことがわかっている。これらの値は,衣服の仕立て映え,縫製の難易予

測，衣服のシルエットや着用感の予測などに用いられている。

　布の基本特性については，繊維の力学特性，糸の力学特性と糸や布の繊維の集合構造を与えて誘導する理論的研究も並行して進められており，繊維から糸，糸から布へと設計の制御が可能になっている。

2-3　風合いの客観評価

　力学量を風合い値へ変換する変換式の開発については，衣服の用途別に多数の布が収集され，熟練者の官能評価による風合い判断がなされ，一方ではこれらの布の基本物理量の計測がなされて，統計処理によって図3-5に示すように変換式Ⅰおよび変換式Ⅱが導かれた。布の基本物理量の測定値は変換式Ⅰに代入して基本風合い値HVを算出し，再びこれを変換式Ⅱに代入して品質を表す値THVを算出する。客観的風合い評価はこのようにして可能になった。

　変換式Ⅰ，Ⅱは，現在用途別の布についてそれぞれ導かれているが，風合い感覚への力学量の寄与は用途が異なっても共通性が見られることが明らかになっている。この方法で得られる風合い値は熟練者の判断ばらつき（個人内，個人間）の平均値付近を評価しており，現在広く国内外で実用されている。このような風合いの客観評価法は風合いの内容を数値で示し，また力学量との関連も明確に示すことから，新しい風合いをもつ布や，高品質の布の設計・開発にも応用されている。

　風合いは布だけでなく，身につけるもの，人が触れて用いられるものの材料すべてに存在し，客観評価式は，衣服だけでなく，手足に触れて用いられるソフトな材料，例えば皮革類，毛布，自動車の内装材料，ティッシュペーパー，紙オムツなどにすべて共通していることが明らかになっている。例えば，ティッシュペーパーの風合いの良否についても，冬用紳士スーツ地のHV，THV式を用いて評価できることが示されている。さらに，ハードカバーの本や手帳などの表紙，テーブル，携帯電話の基板など，硬い材料であっても，人の触感による良否の判断が存在するところには共通の評価が可能であり，そのことは触感のよさはすべての材料に共通した性格をもつことを示唆している。

　材料と人間のインターフェースとして風合いが存在するもと考えられ，今後は特に感覚的に好まれるもの，より人間を考え大切にする材料開発が望まれる。

3.　衣服と健康障がい

　衣服は，暑さ寒さに応じて体温調節を補助したり，外部刺激から人体を保護したりする役割をもつが，その一方で，素材の性質や加工剤，着用者の素因などにより，圧迫感や皮膚障がいなどの健康障がいを引き起こすこともある。衣服によって皮膚障がいが生じる原因には物理的刺激と化学的刺激がある。ここでは，この皮膚障がいを中心に概説する。

3-1　物理的刺激

　衣服による圧迫や，繰り返し摩擦など，繊維の硬さ，形状，縫製，付属品などが原因となり，かぶれなどの皮膚炎を起こす場合がある。

(1) 摩擦

皮膚が布で繰り返しこすられると，かぶれやかゆみ，湿疹などを起こすことがある。首や脇，ひじやひざの裏側などは衣服と擦れやすく，汗をかきやすい場所でもあり，かゆみや湿疹を生じやすい。弾性の大きい太い繊維は，特に強い刺激となりちくちく感が生じやすい。また，合成繊維は溶融温度が低く，摩擦や燃焼により熱溶融しやすい。体操服に用いられるジャージやストッキングなど，特にナイロン製の衣服は摩擦溶融に伴う火傷を起こすことがある。

(2) 圧迫

整形用下着などのサイズ不適合による締め付けが原因で生じる圧迫や，動作に衣服が追随しないために起こる圧迫によりかゆみや痛みなどの皮膚障がいが起こる。

(3) 静電気

ロッカーや自動車ドアなどの金属に手が触れる瞬間，パチッという音がして痛かったり，スカートやパンツが足にまつわりついて歩きにくかったり，脱ぎにくかったりする不快な現象がある。これは衣服や人体の帯電に起因している。帯電とは物体が静電気(電荷)をもつことで，物体に静電気が発生する機構は，物体同士の摩擦，静電誘導，接触による電荷の移動の三つである。静電気の発生は繊維の含有水分量や空気の湿度に影響され，布の水分率や環境湿度が高いほど消失は早い。火花放電によって人体皮膚が軽い火傷を負ったりする場合もある。火花放電は近くに引火性物質があると爆発事故を誘発する危険があるので，引火性物質を扱うガソリンスタンドや工場などでは，強い帯電性能を有する衣服の着用はしないよう指導されている。

3-2 化学的刺激

繊維製品に含まれる化学物質が皮膚に直接作用して皮膚障がいを起こす場合と，低濃度であっても，皮膚のアレルギー性が原因で生じる場合がある。

(1) 染料

衣服の染色には天然染料の他に多くの化学染料が使用される。粗悪な染料により皮膚の炎症や全身中毒を起こした例も報告されている。直接皮膚に触れる衣服，アレルギー体質の人や乳幼児用の肌着などには水洗いしてから用いるなどの配慮が必要である。

(2) 仕上げ加工剤

繊維製品に用いられる樹脂加工剤，漂白剤，柔軟剤などの仕上げ加工剤や，防虫加工剤に含まれる化学物質のなかには，着用中に溶け出して皮膚に刺激を与えるものがある。樹脂加工剤として用いられるホルムアルデヒドは特に毒性が高く，加工または仕上げ品の洗浄が不十分な場合や，長時間の使用によって遊離ホルムアルデヒドが汗に溶け出すと皮膚障がいを起こすことがある。

また，ドライクリーニング用石油系溶剤は乾燥が不十分な場合，衣服に残留しやすく，合成皮革製のズボンで化学火傷とよばれる急性皮膚炎を起こした例もある。

クリーニング後の衣服はビニール袋から出して風を通してから保管，着用することが必要である。

4．着心地のよい衣服とその設計

生活水準が向上し物の豊かな時代になって，衣服は丈夫で長持ちする生活必需品的な対象というよりは，あこがれや好みといった欲求を満たしたり，個性を表現したりするための手段となった。衣服に対する欲求として，美しく装いたい，流行の衣服を着たい，個性的に装いたいなどといった装身の機能が重要視されるようになったのである。

衣服の目的は，時代と社会の変遷とともに変化し，今日では多岐にわたり，①外部環境に応じた体温調節補助，②物理的・化学的刺激などからの身体防護，③皮膚表面の清浄維持，④運動性の保証・増進，⑤装身，⑥習慣や慣習などの社会規範に従う着用，⑦職種・地位・性別などを表す標識となる着用，⑧仮想・扮装などが挙げられる。

①から④は保健衛生上の機能であり，⑤から⑧は文化的・社会的な整容装飾上の機能であり，両方の機能が満足されることで，ヒトは身体的にも精神的にも保護され，快適で健康な衣生活を送ることができる。

これらの機能を満足させ，健康で快適な衣生活を送るための一つの要素として，着心地のよさが要請される。衣服がそこにあるだけでは着心地の良し悪しはわからない。その衣服を着用することで，もしくはその衣服の素材や形などを手がかりに，これまでの経験・知識をもって判断するのである。したがって複数の人が同じ条件下で同じ服装をしても，着心地の感じ方は人によりさまざまである。また，同じ人が同じ服装をしても，着心地はいつも同じとは限らない。

衣服と人の要素の他に環境条件にも影響される。

着心地の主要因は，衣服内気候，衣服圧，肌触りであると言われている。図3-6は着心地の主な要因を示したものである。

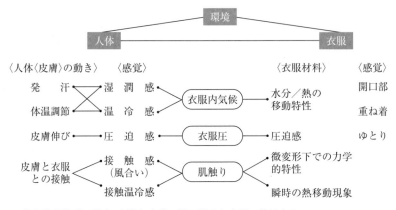

着心地を論ずる視点：衣服と皮膚の間の微小な空間に着目する。

（注）　特定の用途には防災性，抗菌性，防臭性などが加わる。

図3-6　着心地の主な要因

出典：原田隆司：繊維機械学会誌36, p.212(1983)を一部改変

衣服は生活の中で人間と最も密接に関係するアイテムであり，持ち運びできる環境，または第二の皮膚といわれる存在である。人類は平面状の毛皮や木の皮などを身にまとうことから始まって，麻，木綿，羊毛，絹などの天然繊維から糸を作り，さらに糸から布を織ったり編んだりすることで衣服材料とした。人間が衣服材料として利用している繊維・糸・布の性質について学び，衣服の材料として布を利用する意味について，着心地との関わりから考える。

(1) 繊　維

　繊維とは，形状で「その幅が肉眼で直接測れないほど細く，すなわち数十ミクロン以下であり，長さは幅の数十倍以上大きいものである」と定義されている。繊維は細いために，やわらかくしなやかである。物質の曲げかたさは，ヤング率Eとその断面を直径dの円形と仮定した場合，次の①式で表すことができる。

$$曲げかたさ = E\pi d^4/64 \quad \cdots\cdots\cdots ①$$

すなわち，曲げかたさは直径の4乗に比例することから，2分の1の直径であれば16分の1の曲げやわらかさを生じることになる。この曲げやわらかさは糸では繊維の本数倍よりやや大きくなる程度であり，布でもほぼ糸の本数倍である。布の曲げやわらかさは，人間の皮膚のやわらかさや筋肉のやわらかさと調和し，着心地良く着用できる理由の一つとなっている。衣服の材料として用いられる布は，やわらかくてしなやかな繊維を束ねた糸で，織る・編む・組むなどの工程を経てつくられる繊維集合構造体である。

(2) 織物と編物の構造

　人体は複雑な形の立体曲面をもち，しかも常に動作することによって変形している。このような人体を平面状の衣服材料で被覆して，動作に適応するような衣服を構成するためには，デザインや縫製技術だけではなく，衣服材料自身の性質がそれに対応した性能をもっていなければならない。布は特に小さい力の範囲で伸びやすい性質をもっている。人間の皮膚ときわめてよく似た性質である。衣服材料として用いられる主な布は織物と編物である。詳細は4章で解説されるが，織物は平行に配列されたたて糸に対して直角な方向に交錯させて織られた布である。薄く均質で糸軸方向には丈夫で強いが，たて糸とよこ糸の交差した角度が容易に変化するため，斜めの方向には小さな力で変形しやすい。この剪断変形しやすい特性により，布は平面形状でありながら立体的な曲面を形成することが可能となる。一方，編物は糸の屈曲からなるループが連続する編目で構成された布である。直線状の糸が平面的に交錯している織物の構造とは異なり，編物はループ状の糸が立体的に絡み合った編目構造であるため，絡み部分の糸と糸との接触圧は小さく，糸の自由度が大きい。また編地に力が加わると糸のループ形状は力のかかった方向に容易に変形するが，同時に糸自身の弾性によって，もとの安定したループ形状に戻ろうとする力も生じる。これらのことから編物は織物以上に大きな伸縮性をもつという特性がある。

(3) 布の性質と着心地

　衣服着用時には，さまざまな布の変形が複雑に生じ，複合した力学的性質が関与する。基本的な布の変形は，引っ張り・曲げ・剪断・圧縮変形である。これらの基本的な力学的

性質は，肌触りのよさや，着用時の運動機能性(布が人体の動作に追従して変形しやすく，拘束感を受けない性質)と直接関わっており，着心地のよさに影響を及ぼしている。これらの布の性質は，それぞれの繊維固有の性質だけでなく，繊維の形態と集合構造や糸の集合構造，および布の構造によって付加される布の力学的性能に基づいている。

布に基本変形を加えると図3-7右図の織物の引っ張り特性のように力と変形との関係は直線関係ではなく，非線形関係，すなわち小さな力で大きく変形する性質を示し，さらに変形過程と変形からの戻り過程とは同じ変形量でも異なる力を生じ，ヒステリシスを示す。この性質は布の変形に伴って，布を構成する糸間および糸を構成する繊維間に生じる摩擦や，糸や布の構造からもたらされる複雑な変形挙動に起因する。この顕著な非線形特性は，布のかたさ，しなやかさといった感覚的性能を支配する要因の一つである。図3-7左図には人間の皮膚の引っ張り特性を示しているが，布は同様な非線形性と回復時のヒステリシスを示し，このような布の変形挙動が人体とよくなじむ理由であると考えられる。

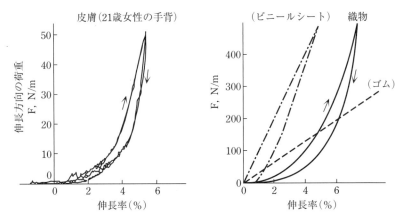

図3-7 皮膚と布，その他の材料の伸長特性

出典：丹羽雅子編著：「アパレル科学」，朝倉書店(1997)を一部改変

衣服を着用した場合，動作状態では，動作に伴う人体各部位の変形によって，布に引っ張り，剪断，曲げ，圧縮の各変形が生じる。例えば，座ったときには，膝や腰周りなどに特に激しい引っ張り変形が剪断変形を伴って生じる。人体曲面を布で覆ったときに，この変形によって生じる内圧は，人体への圧迫感となることから，動きやすさに関わる着心地と直接関わってくることになる。

布の剪断特性は一般に引っ張られた状態で加えられることが多く，例えば腕を曲げたとき，肘の部分には引っ張り変形状態で，剪断変形が生じている。たて糸，よこ糸の糸軸に沿った方向は比較的寸法安定性が大きく，形態保持性を有している。しかし，それ以外の斜めの方向には同じ伸び率でもわずかな荷重で変形する。たて糸とよこ糸との交差角が容易に変角して剪断変形しやすく，曲げ抵抗が小さいため，平面的な薄板状でありながら，容易に立体的な曲面を形成することができ，腰や後ろ肩など複雑な曲面をもつ人体各部の曲面に沿わせることができる。特異な剪断特性に基づくこの直交異方性は織物が衣服材料に適する大きな理由であり，等方性的性質をもつゴムやビニールシート，紙が衣服材料として適さないのは，剪断変形機構をもたないためである。

さらに，布は曲げ抵抗が小さいため，着用時には，さまざまな曲げ変形が布に与えられて，人体に沿わせることができる。また，厚さ方向への圧縮特性は，ソフトな感覚を与え，着心地とも密接な関係をもっている。毛布やふとん綿，キルティング布など，厚みのある衣服材料の場合には圧縮特性は実用性能として最も重要な性質といえる。

　以上のように，繊維集合構造体である布は肌触りがよく，複雑な立体曲面をもち，かつ動作によって変形する人体に沿って美しく身体を覆い，皮膚の変形に追随することができる。

　繊維集合構造体である布は，構成する糸と糸との間，糸を構成する繊維と繊維の間，繊維塊における繊維と繊維の間に空隙部分を有し，空気を保有している。すなわち，衣服材料は繊維と空気との複合材料であり，圧縮してもやわらかく，軽く，断熱性をもち，繊維固有の含水性と繊維の集合構造に基づく適切な熱・水分・空気の移動特性は，体温調節を補助し，外環境にかかわらず快適な衣服内環境をつくることができる。繊維集合構造体は衣服としての機能を充足しているということになる。このような人間と衣服との適合性が科学的に解明されたのはごく最近のことであるが，人類はこのことを衣服の長い歴史のなかで，感覚的に感じとっていたのである。すなわち，人間が衣服材料として採用した繊維とは，従来，人間の生理的機能だけでなく，人間の感性とも適合し，快適感を与えるものであったといえる。

　綿・麻の涼しさ，冬暖かく夏涼しく着られる羊毛，絹の暖かさと爽やかなタッチと優美さなどの天然繊維のよさは，科学的に明確にされてきている。吸湿性がほとんどない合成繊維を，皮膚から水分が絶えず蒸発(不感蒸泄)している人体に着用することへの違和感は否めないが，これは織り構造または編み構造が布に間隙を与えることからカバーできるうえ，この性質から派生する速乾性や，しわになりにくい性質，防水性，防炎性などは，天然繊維では望めないものであり，合成繊維のみがもつ価値である。現代の衣生活では，天然繊維，合成繊維，それぞれの長所，短所を把握して，用途に見合った使用をすることが快適な衣生活につながるといえよう。

参考文献　＊　＊　＊　＊　＊

1) 中島利誠編著：「生活環境論」，光生館(2008)
2) 岩村吉晃著：「タッチ」，医学書院(2001)
3) 谷田貝麻美子，間瀬清美編著：「衣生活の科学　健康的な衣の環境をめざして」，アイ・ケイコーポレーション(2006)
4) 辻井康子，丹羽雅子編著：「衣服学概論」，朝倉書店(1987)
5) 小林茂雄：「感覚計測」，繊維と工業60(3)，pp.58-62(2004)
6) 岡田宣子編著：「ヴィジュアル衣生活論」，建帛社(2010)
7) 田村照子編著：「衣環境の科学」，建帛社(2004)
8) Peirce, F. T.; J. Text. Inst, 21, T373(1930)
9) 川端季雄：「風合い評価の標準化と解析　第2版」(1980)
10) 牛腸ヒロミ編著：「ものとして，心としての衣服」，放送大学教育振興会(2011)

4章　衣服素材とその基本的性能

　「テキスタイル」とは，織編物やレース，不織布などを含む「布」を意味し，広義的には布の材料となる繊維や糸なども含む。テキスタイルは衣服用の素材であるばかりでなく，建築，産業，工業用材料として現代生活には必要不可欠である。衣服素材としてのテキスタイルには織物や編物の他に皮革，不織布，フィルムなどがあり，衣服の主要部分や装飾，補強などとして用いられる。衣服を着用する場合，その素材となる布の保温性，吸水性，吸湿性などの性能によって，着ごこちや着用時の快適性は異なる。また，同じデザインの衣服でも，使われている布の硬さ・柔らかさ，光沢の有無などによって印象は大きく異なる。このように，衣服素材の性能は衣服を着ている人の快適さや衣服の外観に大きな影響を及ぼす。本章では衣服素材の種類や構造とその基本的な性能について考える。

1. 繊　維

　繊維は天然繊維と化学繊維に大別されるが，細かく分類すると表4-1のようになる。2004年の世界の繊維生産量（麻類を除く）は約6,080万トンであったが，化学繊維はこのう

表4-1　繊維の分類

大分類	中分類	小分類	例
天然繊維	植物繊維	種子周囲に生えた繊維	綿（木綿），カポック
		靭皮繊維	麻（亜麻，苧麻，大麻，黄麻など）
		茎や葉の繊維	マニラ麻，サイザル麻
		幹周囲に生えた繊維	しゅろ繊維
		果実殻の繊維	やし繊維
	動物繊維	獣毛繊維	毛（羊毛，モヘア，カシミヤ，アルパカなど）
		絹繊維	絹（家蚕絹，野蚕絹）
		その他	羽毛
化学繊維	再生繊維	セルロース系	レーヨン，キュプラ，ポリノジック
		タンパク質系	カゼイン繊維
	半合成繊維	セルロース系	アセテート，トリアセテート
		タンパク質系	プロミックス
	合成繊維	ポリアミド系	ナイロン（ナイロン66，ナイロン6など）
		ポリエステル系	ポリエステル（ポリエチレンテレフタレート，ポリ乳酸繊維など）
		ポリアクリロニトリル系	アクリル，アクリル系
		ポリビニルアルコール系	ビニロン
		ポリ塩化ビニル系	ポリ塩化ビニル
		ポリオレフィン系	ポリエチレン，ポリプロピレン
		ポリウレタン系	ポリウレタン（スパンデックス）
		ポリ塩化ビニル―ポリビニルアルコール共重合系	（ポリクラール）
		ポリアルキレンパラオキシベンゾエート	ベンゾエート
		その他	フェノール系，ポリフルオロエチレン系，ポリ塩化ビニリデン系，ポリ尿素系
	無機繊維		ガラス繊維，セラミック繊維，炭素繊維，金属繊維，岩石繊維（ロックファイバー）

ちの約6割を占め，天然繊維の生産量を越えている。繊維に共通した特徴の一つとして，非常に細くて長く，しなやかでたわみやすいことがある。しかし，一方では，そのような感触から予想されるよりも強い。繊維のこのような特性が生まれるには，繊維内部の化学的な構造が深く関係している。

1-1 繊維の構造
(1) 繊維高分子

低分子量の化合物を化学反応で繰り返し結合させると高分子（ポリマー polymer）ができる。この場合，この低分子の化合物を単量体（モノマー monomer）といい，繰り返し結合する反応を重合という。モノマー同士の結合の仕方によって，高分子は線状，面状，あるいは立体的になるなど，いろいろな形になる。繊維を形成するには，一般的に分子量が10,000以上で，線状で枝分かれの少ない高分子（鎖状高分子）が適しているとされている。このような高分子を繊維高分子とよぶ。

(2) 繊 維 (fiber)

繊維は繊維高分子が集合してできている。詳しく述べると，複数の繊維高分子が集合してミクロフィブリルといわれる，非常に微細な繊維の束をつくり，さらにこのミクロフィブリルが集まって繊維を形成していると考えられている。ミクロフィブリルをつくっている繊維高分子が互いの分子間引力で集合すると，密度の高い規則正しい配列の仕方で凝集した状態となる。これを結晶化といい，結晶化した部分を結晶領域とよぶ。他方，高分子が密度の低いランダムな状態で集合し，結晶化していない部分を非晶領域とよぶ。一般に，高分子には結晶化する結晶性高分子と結晶化しない非晶性高分子があるが，繊維高分子は通常，結晶性高分子である。結晶性高分子でも繊維中のすべての分子が結晶化しているわけではなく，結晶領域と非晶領域が共に存在している。

Column 繊維が吸湿する際，吸収された水蒸気は繊維の非晶領域中の高分子の親水基に結合する。また染色の場合も，水よりはるかに大きい染料分子は非晶領域の高分子に吸着するといわれている（右図参照）。

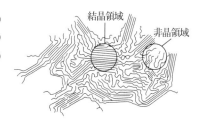

図4-1 繊維高分子の凝集状態（モデル）

1-2 天然繊維

綿，羊毛，絹，麻は四大天然繊維といわれているが，生産高としては綿が主流で世界の天然繊維の生産量の3分の2以上を占めている。人類が歴史上長く用いてきた天然繊維は，それぞれ世界の異なる地域で栽培が始められ，文明の発達とともにそれらの利用が広められてきた。

綿は4,500～5,000年前頃から古代インドのインダス川流域（現パキスタン）と南アメリカのペルーで栽培されていた。インドでの綿の栽培法は，紀元前4世紀頃にアレキサンダー大王によってアラビアやヨーロッパの比較的温暖な地域に伝えられた。他方，南米産

の綿は，コロンブスが新大陸を発見してからヨーロッパに伝えられ，やがて北米南部や南米北部にも伝わっていった。そして19世紀中頃のアメリカ南部は綿花王国とよばれるほどの一大生産地となった。亜麻は4,000～5,000年前頃からエジプトやメソポタミアで栽培されており，14世紀末までエジプトの亜麻の生産量は世界一であった。やがてイスラム文明の発展とともに亜麻の栽培はイタリア，スペインに伝わり，その後ヨーロッパ全土に拡がった。

羊毛は紀元前8,000年頃にはすでにメソポタミアで生産されており，シュメールの都市ウルでは紀元前3,200年頃に毛織物工業があったということである。その後，ヨーロッパ各地で交配による品種改良が行われながら拡がっていった。

中国では，紀元前2,700年頃に蚕のまゆから絹繊維が取り出され，その約200年後に養蚕技術が始まり織機も発明されたと記録されている。その製法は長い間国外には秘密にされ伝わらなかったが，5世紀頃ホータン国(現在の新疆ウイグル地区)の国王の願いにより，中国の王女が嫁いだ際に冠をつけた髪に蚕種を隠して持ち出したのが秘法の流出の始まりであったと伝えられている。今もなおホータンでは養蚕が盛んである。他方6世紀にビザンチン帝国のユスチアヌス帝は宣教師の竹の杖のなかに蚕の産卵紙と桑の種子を隠してもち帰らせ，養蚕に成功したとのことである。養蚕は，その後さらにシシリー島，スペインを経てフランスに伝わっていった。

(1) 綿(cotton)

アオイ科ワタ属の植物の実は種子の周りをふわふわとした繊維が覆っており(コットンボール)，この繊維が綿繊維である。産地によって中国綿，アメリカ綿，インド綿，旧ソ連綿，エジプト綿などがあるが，特に海島綿は細くて繊維長が長く，高級品として知られている。繊維のなかには成長時に養分が通る管がある。コットンボールが裂け，綿繊維が露出すると乾燥して水分が抜けるためにこの管はふさがり，繊維断面は扁平になる(図4-2左)。この断面にみえるふさがれた孔をルーメンとよぶ。繊維の形態は種類にもよるが，一般的な平均直径は13～20μm，長さは12～50mmである。この綿繊維を細かく観察すると，ねじれていて，表面に斜めに平行なしわのようなものが見える。綿繊維の最も外側にはペクチンやロウからできた第1次細胞膜とよばれる表皮がある。その内側には第2次細

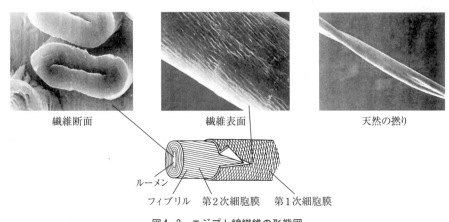

繊維断面　　　　繊維表面　　　　天然の撚り

ルーメン
フィブリル　第2次細胞膜　第1次細胞膜

図4-2　エジプト綿繊維の形態図

出典：繊維学会編：「図説繊維の形態」，p.101，朝倉書店(1982)を一部改変

胞膜といわれる0.1～0.4μmの薄い層(ラメラ)が多数重なっている(図4-2下)。ラメラはそれぞれフィブリルとよばれる微小な繊維が平行に並んで，斜めに巻きついてできている。さらにこれらのフィブリルはミクロフィブリルが集合してできている。ミクロフィブリルは繊維の最小単位であり，セルロースが集合したものである。

　図4-2に示すように，セルロースはグルコースが繰り返し結合した線状の高分子である。このセルロースが結晶領域および非晶領域を作りながら集合してミクロフィブリルができている。繊維全体の結晶領域の割合を結晶化度というが，一般的な綿の結晶化度は約80％で，結晶領域は多い。セルロースの化学構造上の特徴の一つは水酸基(－OH)を非常に多く含んでいることである。水酸基は代表的な親水基であり，この基に水分子が結合しやすいために綿の吸湿性は高い。また，組織に小さい孔やルーメンがあるために吸水性もある。さらにルーメンがあり，繊維が中空になっているうえに形が撚れているため，綿製品はかさ高くて空気を含みやすい。したがって，保温性にも優れる。染色性もよく，耐アルカリ性もよい。繊維は一般に濡れると引っ張り強さ(4-2参照，p.94)が低下するが，綿繊維は濡らすとわずかに高くなることから，洗濯を繰り返し行うことができる。

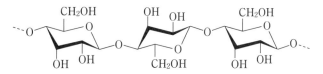

図4-3　セルロースの化学構造
出典：白井汪芳：繊維と工業59, p.191　繊維学会(2003)

(2)　麻(flax)

　麻繊維には，亜麻，苧麻(ラミー)，大麻(ヘンプ)，黄麻(ジュート)，マニラ麻などの種類がある。このうち，マニラ麻は植物の葉茎から，その他の亜麻や苧麻などは根茎の靭皮部から採取する。現在衣料素材として一般に用いられている麻繊維は亜麻であり，中国，フランスおよび北欧地域などの寒冷地でつくられる。亜麻繊維の平均直径は15～24μm，長さ2.0～3.0cmである。植物の種類により繊維の形態は異なるが，一般に中心部に中空があり断面は多角形に近く，繊維軸に直角に細い線(節)がみられることが多い。

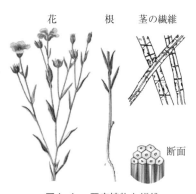

図4-4　亜麻植物と繊維

　主成分はセルロースであるが，リグニンやペクチン質などの不純物が多く含まれているために強くて硬い。綿と同様に濡れている時の引張り強度は乾燥時よりわずかに高く，吸湿性，吸水性に優れている。感触的に清涼感があり，夏の衣料に適しているが，しわになりやすく，塩素系漂白剤などの化学薬品に対して綿と比べるとやや弱い。

(3)　羊　毛(wool)

　羊毛は，いうまでもなく羊の体毛であるが，その種類は純粋な種類だけでも40種以上

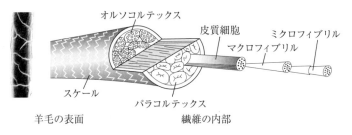

図4-5　メリノ羊毛の微細構造

ある。このなかでもよく知られている種類はメリノ種やリンカン種である。オーストラリアは世界のメリノ種の約半分を生産しており，ニュージーランドは雑種羊毛の最大の生産国である。繊維の形は種類によって差があるが，メリノ種の平均直径は20～25μm，長さ7.5～11.5cmである。羊毛繊維は，表面がうろこ状のスケール(scale)とよばれる表皮細胞で覆われ，クリンプ(crimp，捲縮)している。図4-5に示すように，表皮は複数の層からなり，繊維内部の皮質細胞も複雑な構造になっている。表皮の最も外側の層は疎水性の膜で内部の親水性の層を覆っているため，羊毛繊維は吸湿性が高いにもかかわらず，繊維表面は，はっ水性である。

皮質部分では，α-ケラチンとよばれるらせん形のたんぱく質の分子鎖が撚り合わさりながら集ってミクロフィブリルができている。このミクロフィブリルはマトリックスとよばれるたんぱく質に埋まったかたち(セメントに埋まった杭のように)でマクロフィブリルを形成している。さらに，このマクロフィブリルが集まって皮質細胞を形成している。また，皮質細胞はオルソコルテックスとパラコルテックスとよばれるやや異なる2種の細胞の集合からできている。これらの異なる性質の2相からなる構造がクリンプを生じる要因となっている。

表4-2に示すように，羊毛の主成分であるケラチンは比較的多くの種類のアミノ酸がペプチド結合してできたたんぱく質である。ケラチンはペプチド結合やアミノ酸側鎖に親水性基を豊富に含み，非晶領域が比較的多いため，天然繊維のなかでも最も吸湿性が高く，染色性もよい。繊維がクリンプしているためにかさが高く，空気を多く含むことができ，保温性の高い編物や織物ができる。この他，弾性回復力も高くしわも回復しやすく，衣料用素材として優れた性質をもつ。他方，羊毛繊維表面にはスケールがあるために，こする方向によって摩擦係数が高くなって滑りにくくなり，水中ではスケールの先端が反るために繊維同士がさらにからまりやすくなり，その結果フェルト化(縮充)が起こりやすくなる。また，アルカリに弱く，虫に侵されやすいという短所もある。

カシミア(カシミアやぎ)，モヘア(アンゴラやぎ)，アルパカ(ラクダ科)，ビクーニャ(ラクダ科)，ミンク(イタチ属)などの羊毛以外の動物の毛も高級品として使われている場合が多い。

表4-2 羊毛ケラチンと絹フィブロインに含まれるアミノ酸(モル%)

アミノ酸	側鎖の化学構造 (X[注1])	ケラチン①	フィブロイン②
グリシン	-H	8.2	42.9
アラニン	$-CH_3$	5.1	30.0
バリン	$-CH(CH_3)_2$	5.5	2.5
ロイシン	$-CH_2CH(CH_3)_2$	7.3	0.6
イソロイシン	$-CH(CH_3)CH_2CH_3$	3.2	0.6
フェニルアラニン	$-CH_2-C_6H_5$	2.7	0.7
プロリン	$-CH_2-CH_2-CH_2-$	5.6	0.5
メチオニン	$-CH_2CH_2-S-CH_3$	0.5	0.1
シスチン	$-CH_2SS-CH_2-CH(NH_3^+)(COO^-)$	10.3	0.03
セリン	$-CH_2OH$	8.4	12.2
スレオニン	$-CH(OH)CH_3$	5.4	0.9
チロシン	$-CH_2-C_6H_4-OH$	3.6	4.8
アスパラギン酸	$-CH_2COOH$	6.0	1.9
グルタミン酸	$-CH_2CH_2COOH$	10.5	1.4
アルギニン	$-CH_2CH_2CH_2NH-C(=NH)NH_2$	6.3	0.5
リジン	$-CH_2CH_2CH_2CH_2NH_2$	2.7	0.4
ヒスチジン	$-CH_2-C(=CH-NH)-N=CH-$	0.8	0.2
トリプトファン	$-CH_2$-(インドール)	0.4	-

注] アミノ酸の一般的な化学構造：$H_2N-CH(X)-COOH$

出典：① Astbury: J. Chem. Soc., p. 337, 1942
　　　② 繊維学会編：「繊維便覧」第3版, p.150, 丸善(2004)

(4) 絹(silk)

絹の主な産地は中国，インドで，その他にロシア，ブラジル等がある。絹の種類は家蚕が一般的であるが，産地によって糸の性質がやや異なる。家蚕の他に，野蚕に分類されるテン蚕，サク蚕，ムガ蚕，エリ蚕なども実用化されている。絹は蚕の体内にある絹糸腺で作られ，吐糸部から糸を吐いてまゆを作る。吐糸は連続して行われるために800～1,200mもの長さをもつ長繊維になる。このときのまゆ糸の断面は図4-5に示すように，

三角の断面形をもつ2本のフィブロイン繊維がセリシンに包まれて1本の糸になっている。フィブロイン1本の繊維の直径は約10μmである。フィブロインもセリシンもともにタンパク質であるが，性質は異なる。せっけんなどを含む熱水で洗うと，セリシンは溶けてフィブロインが繊維として得られる。このようにセリシンを除去する工程を精練という。絹は通常，まゆから得られる生糸を精練し，練絹として用いる。生糸は数本のまゆ糸からなり，粗剛で光沢はないが，練絹は感触が柔らかく光沢がある。

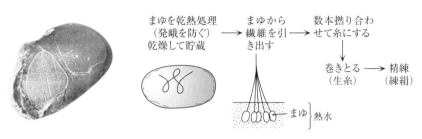

図4-6　生絹断面(×3,000)と絹の製造図

表4-2に示すように，フィブロインは主としてグリシンやアラニンのような小さいアミノ酸がペプチド結合してできているタンパク質であり，アミノ酸の種類も羊毛に比べて少ないために分子が配列しやすく，つまり結晶化しやすくなっている。また，繊維中の結晶領域のところどころに非晶領域のある構造になっているために絹特有の風合いが生まれるといわれている。このフィブロイン繊維の断面は三角形で，さらにその内部が層状の構造であるために，真珠のような光沢をもつ。染色性もよく，吸水性，吸湿性もあり，柔らかい感触でありながら，ヤング率は比較的高いため腰のある織物が得られる。また，繊維表面が平滑で三角断面をもち，長繊維であるため，繊維を摩擦した時に絹鳴り（キュッキュッという音）を発することも特徴である。他方，湿潤すると引張り強度が低下し，酸やアルカリに弱く，日光で黄褐色に変色（黄変）し，虫害にも弱いことが短所である。

絹織物には精練後に織る場合と精練前に織る場合がある。精練後に織る（先練り）と腰のある織物（銘仙，タフタ，サテンなど）ができ，織った後に精練する（後練り）と織目や糸間に隙間ができるため，風合いの柔らかい織物（羽二重，縮緬，ジョーゼットなど）ができる。また，くずまゆは繊維を切断して紡績し，つむぎや富士絹に用いられる。

1-3　化学繊維 (chemical fiber)

化学繊維には再生繊維，半合成繊維，合成繊維が含まれる。18世紀までは繊維高分子がどういう構造であるかという明確な概念はまだなく，セルロースの化学構造も解明されていなかった。そのため，人々はどのようなものから繊維を製造できるのかがわかっていなかった。1846年，シェーンバインは偶然に混酸（硝酸と硫酸の混合液）を綿のエプロンで拭き取ったことから，ニトロセルロースを発明した。その後，絹の代替品として，ニトロセルロースの繊維を作ることが研究され，19世紀の終わりにはシャルドンネやスワンによって絹のような光沢をもつニトロセルロース繊維の製造が成功した。しかし，ニトロセルロースの研究は，それ以上発展せず，1892年，イギリスで現在のビスコースレーヨンの製造法が発明された。

表4-3 主な化学繊維の発明, 製造

1890〜	1900〜	1910〜	1920〜	1930〜	1940〜	1950〜	1960〜	1970〜	1980〜
キュプラ(1890, 仏) アセテート(1894, 英) ビスコースレーヨン(1893, 英)				ポリ塩化ビニル(1931, 独, 製造) ナイロン66(1935, 米) ポリエチレン(1936, 英) ナイロン6(1938, 独) ビニロン(1939, 日)	ポリウレタン(1940, 独) アクリル(1941, 日) ポリエステル(1941, 英, 製造)	ポリプロピレン(1957, 伊, 試験生産)		アラミド(1972, 米)	

　第一次世界大戦中から第二次世界大戦前にかけて人造繊維の原料と製造法が世界各国で探求されている間に, これと併行して学術的な研究が進められ, 1920〜1930年代には繊維の形成には分子自体も細くて長い(鎖状)こと, その分子が凝集し, ある程度結晶化しやすいものが適していることが明らかとなってきた。この知見を生かして細くて長い分子の化学的な合成に取り組み, カーザスがナイロンの合成に成功した。世界の合成繊維の生産高は1971年まではナイロンが1位であったが, これ以降はポリエステルが1位となった。ポリエステルはイギリスで初めて製造されたが, 当初はコストが高いために振るわなかった。その後技術開発により品質的にもコスト面でも改良され, ナイロンをしのぐ繊維となった。アクリル繊維はかなり古くから知られていた高分子であったが, 適当な溶剤がなかったために繊維が作られなかった。その後, 溶剤が発見されてから, アメリカ, ドイツなどで生産され, ポリエステル, ナイロンとともに3大合成繊維とよばれるようになった。

　近年, 開発途上国による汎用繊維の大量生産には日本は太刀打ちできない現状にある。しかし, 日本の繊維業界は, 衣料ばかりでなく産業資材を含む「ハイテク繊維」の技術開発も積極的に進めている。例えば, 快適な衣服を目指す高感性繊維では「新合繊」と総称される超極細繊維, 異形断面繊維などの特殊な性能や風合いをもつ衣料用繊維, 産業用やスポーツ分野で使う補強材としてのスーパー繊維(高強度, 高弾性率繊維のアラミド繊維や炭素繊維)や光ファイバー, 航空・宇宙分野の複合材料に用いられるセラミック繊維, その他, 人工腎臓や浄水器に使われる中空繊維など, さまざまな機能をもつ繊維が開発されている。

(1) 紡　糸 (spinning)

　化学繊維を製造する際, 原料の繊維高分子を液状にして繊維の形に凝固させる工程が必ず必要である。この工程を紡糸という。紡糸の方法は, 主に表4-4の3種の方法があり, 繊維高分子の融点や溶解性などの性質によってそれぞれ適切な方法が選択される。紡糸工程で, あるいはその後, 繊維は延伸される(図4-7)。繊維を延伸すると, 繊維中の高分子の配列がよくなり結晶化が進み, その結果強度が増加するからである。

　紡糸によって得られた繊維はすべて長繊維(フィラメント)である。糸をフィラメントとして使う場合と短く切って紡績する場合があり, フィラメントを短く切ったものをステープルファイバーという。

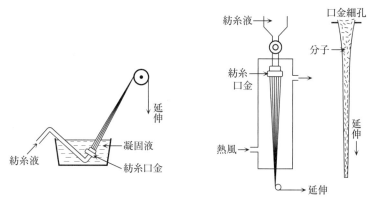

図4-7　湿式紡糸(左)と乾式紡糸(右)の装置および口金細孔から押し出され，延伸される繊維内の分子の配列(右図右側)

表4-4　各種の紡糸法

	湿式紡糸	乾式紡糸	溶融紡糸
(液状化)	高分子を溶媒に溶かす	高分子を溶媒に溶かす	高分子を加熱して溶融する
	⇩	⇩	⇩
		紡糸口金	
	⇩	⇩	⇩
(凝　固)	凝固液中へ押し出す	熱い気体中へ押し出す	冷気中へ押し出す
(製造される繊維)	再生繊維，ビニロン，アクリル	アクリル系，ポリウレタン，アセテート，トリアセテート	ナイロン，ポリエステル，ポリプロピレン，ポリエチレン，ポリ塩化ビニル

(2) 再生繊維 (regenerated fiber)

現在製造されている再生繊維の大部分は再生セルロース繊維である。再生セルロース繊維は天然のセルロースを薬品や溶剤で溶かし，紡糸してつくられる。繊維の化学構造は，途中で変化しても最終的にはもとのセルロースにもどるため，再生繊維とよばれる。このため，特性も吸湿性や染色性がよいなど，綿や麻類などの天然のセルロース繊維と共通した点がある。

Column　紡糸する際に，紡糸口金の孔の形を変えて特殊な断面形をもつ異形断面繊維(図4-8)や中空繊維(写真4-2)もつくられている。これらの繊維は，その特殊な形のためにかさ高さ，光沢，感触などが向上し，特殊な性能を示す。また，一つの口金から異なる高分子成分を混じることなく1本の繊維として紡出した複合繊維も特殊な機能をもつ繊維(図4-10)や，超極細繊維として人工皮革の材料などに用いられる。

図4-8　異形断面繊維：吸水繊維シーベ

出典：篠原昭，白井汪芳，近田淳雄編：「ニューファイバーサイエンス」，p.135，培風館(1990)

断面(イング)

イング

①芯鞘タイプ

芯部分　ポリエステル　45%
鞘部分　エチレン・ビニルアルコール
　　　　共重合体　55%

エアロカプセル

写真提供：イング
ユニチカトレーディング(株)

写真提供：エアロカプセル
帝人(株)

②芯分割系タイプ

ポリエステル　67%
エチレン・ビニルアルコール共重合体　33%

図4-9　水着に用いられている中空繊維─水より軽く，泳いだ後にからだが冷えにくい

図4-10　複合繊維：エバール繊維「ソフィスタ」─爽やかな風合い，吸放湿性，速乾性，防汚性などの機能を併せもつ

写真提供：(株)クラレ

① レーヨン（rayon）（ビスコースレーヨン）

　主な原料として木材から得られたパルプを用いる。以下に示すように，パルプの主成分のセルロースからアルカリセルロースを経て作られたセルロースザンテートを，水酸化ナトリウム溶液に溶かす(ビスコース液)。このビスコース液を紡糸ノズルから硫酸を含む酸性溶液に押し出して凝固させる。このとき，セルロースザンテートは酸性溶液で加水分解し，再びセルロースにもどる。

　この紡糸工程で繊維に縮れを与え，短く切断したものを捲縮スフといい，紡績して糸として使うとかさ高い繊維製品ができる。凝固液中で繊維の表面が先に凝固し，その後ゆっくりと収縮しながら内部が凝固するため断面は凸凹があり，スキンとよばれる表面層とコアとよばれる内部層の2層の構造となっている(図4-11)。また，表面に筋の入った光沢のある繊維として得られる。この製造工程でセルロースの重合度は低下し，結晶構造も変化するため綿に比べて弱く，濡れると膨潤しやすく，著しい強度低下や収縮が起こる。また，耐アルカリ性や防しわ性に劣るが，伸びや吸湿性は綿より高い。

図4-11　レーヨン繊維の断面

出典：図4-1と同じ，p.149を一部改変

　レーヨンの欠点を改良した繊維としてポリノジックがある。ポリノジックは良質のパルプを用い，製造過程での重合度低下を抑え，紡糸工程では2回にわたってゆっくりと凝固させ，この間凝固し終わらない繊維を延伸することによって高分子の配列をよくして結晶性を高めている。この結果，ポリノジックは，繊維断面が均一で，レーヨンに比べて強く，湿潤時の強度低下や収縮が少ない。

パルプ(セルロース) (Cell-OH) →NaOH→ アルカリセルロース (Cell-ONa) →CS_2→ セルロースザンテート (Cell-O-CSSNa) →NaOH溶液に溶解→ (ビスコース液) → 紡出 → 凝固液中で凝固 (Cell-OH) → 延伸・巻き取り → 脱硫・水洗 → レーヨン

② キュプラ(cupra)（銅アンモニア法レーヨン）

コットンボールから綿繊維をとった後の短い繊維（リンター），あるいは α-セルロースの含有量の高いパルプを酸化銅のアンモニア溶液（Schweizer 試薬）に溶かし，これを紡出して水中で凝固させる。水は凝固作用が穏やかなので，凝固中に強く延伸することにより高分子の配列のよい，細い繊維ができる。性質はレーヨンに似ているが，繊維断面は円形で細く，レーヨンに比べてやや強く耐摩耗性もよい。温和な光沢をもち，しわになりにくい。

③ 繊維素系繊維

品質表示（p.151参照）では指定外繊維と表示されているが，リヨセルやテンセルなどの商標名で使われている。リヨセルは，水を加えた濃いN-メチルモルフォリン-N-オキシド液にパルプを溶かして紡糸・延伸した後，水中で凝固させる。この製造法では，紡糸に用いた溶剤を完全に回収し再使用できる。また，原料のパルプも計画的に植林されて伐採されたユーカリを使用し，環境保護に配慮して製造されている。繊維は光沢があり，しなやかでレーヨンに比べて強い。湿潤時に強度は低下しないが，硬くなることが短所である。

(3) 半合成繊維(semi-synthetic fiber)

天然の高分子を原料として用いるが，製造された繊維の化学構造は化学的な処理によって変化している。したがって，天然繊維と合成繊維の中間的な性質を示す。

① アセテート(acetate)

木材パルプのセルロースを無水酢酸で酢化し，セルロースの，グルコース残基の1残基あたり3個ある水酸基（-OH）のうち，平均で約2.4個が酢化されたもの（-OCOCH$_3$）をアセテートという。水酸基が3個とも酢化されたものをトリアセテートという。

繊維表面は平滑で光沢があり，断面はクローバー状の複雑な形をしている。原料セルロースの水酸基が酢化されて少なくなったために，再生繊維に比べて吸湿性は低いが，天然繊維や再生繊維と異なり，融点（アセテート：200℃，トリアセテート：250℃）をもち，熱可塑性を示すようになる。染色もセルロース繊維用の直接染料や反応染料では染まらず，分散染料が用いられる。再生繊維に比べて軽く，伸びや弾性はやや高い。トリアセテートは，耐水性，耐熱性および防しわ性が普通のアセテートに比べて優れている。

> **Column** 熱可塑性－例えば，ペットボトルやスーパーマーケットで野菜などを入れた透明のペット製のケースに熱を加えると軟らかくなり，力が加わると変形する。このような性質を熱可塑性という。合成繊維の布にプリーツや折り目などを付ける，ヒートセット加工にも繊維の熱可塑性が活かされている。

② プロミックス(promix)

繊維重量の30～60％が牛乳のカゼイン（たんぱく質の一種）からなり，これにビニル化合物（CH$_2$=CHR，R は任意の官能基）をグラフト重合（次の(4)参照）させた高分子である。現在はシノンの商品名で販売されているが，この場合アクリロニトリル（CH$_2$=CHCN）がビニル化合物として用いられている。絹のような光沢と感触をもち，吸湿性は低いが強さや伸び，弾性は絹よりも優れている。

（4） 合成繊維（synthetic fiber）

これまで述べた繊維の主原料は天然高分子であったが，合成繊維は人工的に合成された高分子である。この章のはじめに触れたが，単量体が重合して高分子ができる。重合に際して，一種類の単量体を重合してできた高分子を単独重合体，複数種の単量体を重合してできた高分子を共重合体という。以下のように，単量体の構造や重合の反応条件によって結合や配列の仕方が異なってくる。

共重合体における単量体の並び方

ランダム共重合体：ランダムに単量体が結合
○―●―●―●―○―●―●―○―●―○―○

交互共重合体：交互に単量体が結合
○―●―○―●―○―●―○―●―○―●―○

ブロック共重合体：同じ種類の単量体どうしがまとまって重合し，さらにそのブロックごとに結合
○―○―○―●―●―●―●―○―○―○―●―●―●―●

グラフト共重合体：単量体が重合したもの（主鎖）にさらに他の単量体が重合する。
○―○―○―○―○―○―○―○―○―○―○―○
　　　｜　　　　　　　　　　　｜
　　　●―●―●　　　　　　　●―●―●―●

主な重合のタイプ

〈重縮合〉 単量体の結合と同時に水やアルコールなどの小さな分子が脱離する重合反応（ナイロン，ポリエステルなど）

ヘキサメチレンジアミン　　　アジピン酸　　　　　　　　　　ナイロン66

重付加：重縮合と似ているが，結合時に副生成物を脱離しないで付加する重合反応。イソシアナート（-N=C=O）のような官能基をもつ化合物と，活性な水素（-COOH，-NH$_2$，-OH）をもつ化合物の間で起こる反応が多い（ポリウレタンなど）。

ポリウレタンの反応式

ジイソシアナート　　　ジアルコール　　　　　　　　ポリウレタン

〈付加重合〉 単量体の＞C＝C＜が開いて付加する重合反応（アクリル，ポリプロピレンなど）

nCH$_2$=CH　→重合→　-[CH$_2$-CH]$_n$-　　　（…-CH$_2$-CH-CH$_2$-CH-…）
　　　｜　　　　　　　　　　｜　　　　　　　　　　　　｜　　　　｜
　　　CN　　　　　　　　　　CN　　　　　　　　　　　　CN　　　　CN

アクリロニトリル　　ポリアクリロニトリル

合成繊維の概観 　ポリエステル，アクリルおよびナイロンは3大合成繊維とよばれ，合計生産量が合成繊維の99％を占めている。当初は天然繊維の代替品として製造されてきたが，近年では天然繊維にない特殊な性能をもつ「新合繊」としてのコンセプトの下に技術開発，生産が進められている。例えば，ポリエステルなどの異形断面繊維，中空繊維，複合繊維，超極細繊維などを駆使し，吸水速乾，蓄熱性，接触冷感繊維など多種多様な新素材が生み出されている。

　合成繊維の種類によって異なる場合もあるが，以下におおむね共通した基本的な性質を示す。

- ●軽い。●丈夫である。このため，編物ではピリングを生じやすい（Column 参照）。
- ●濡れても強さなどの性能が低下することが少ない。●伸びや弾性に優れ，しわになりにくい。●疎水性であるため，吸湿性が低い。このため，帯電しやすく，汚れを吸着しやすい。●耐熱性が低く，加熱すると軟化（熱可塑性），収縮そして溶融する。この性質を活かして熱加工（ヒートセット）が可能である。ナイロンなどを除けば，一般に酸，アルカリなどの薬品にかなり耐える。●ナイロン以外は耐光性が比較的高い。●一般に生分解性がきわめて低く，カビや虫害が少ない。

Column 　摩擦で糸の毛羽がからまり合って毛玉ができることをピリングという。繊維が丈夫であると，できた毛玉が織編地から脱離することが少ないため，見かけ上毛玉ができやすくみえる。

① ナイロン（nylon）

　はじめはアメリカのデュポン社の商標であったが，現在では合成ポリアミドの総称として使われている。ポリアミドとは単量体がアミド結合（$-C=ONH-$）でくり返し結合してできている高分子を指す。

　したがって，ナイロンにもいろいろな種類がある。ナイロン66はアジピン酸とヘキサメチレンジアミンから重縮合で合成されるが，ナイロン6のように ε-カプロラクタムのみから開環重合で合成されるものもある。

　軽くて強く，染色性はよい。ヤング率が小さいために柔らかくて腰がない。アミド基を多く含んでいるため，合成繊維のなかでは吸湿性はあるほうだが，紫外線に弱く黄変しやすい。強酸に弱いが，アルカリには比較的強い。フィラメントとしてストッキングや下着，スポーツウェアに用いられることが多い。

② ポリエステル（polyester）

　モノマーがエステル結合（$-C=OOC-$）で結合している高分子である。最も大量に生産されているのはポリエチレンテレフタレート（PET）で，エチレングリコールとテレフタル酸から重縮合で合成される。

$$n\text{HOC-C}_6\text{H}_4\text{-COH} + n\text{HO-(CH}_2)_2\text{-OH} \xrightleftharpoons[-n\text{H}_2\text{O}]{\text{重合}} -[\text{OCH}_2\text{CH}_2\text{OC-C}_6\text{H}_4\text{-C}]_n-$$

テレフタル酸　　　　　エチレングリコール　　　　　　ポリエチレンテレフタレート

　比較的結晶性がよく，強度やヤング率が高い。融点も高いため，耐熱性に優れ，耐光性，耐薬品性，耐摩耗性もよい。水をほとんど吸収しないので，濡れても性質が変わらず，

wash & wear 性がある。日本では衣料用材料として最も多く消費されている繊維で，特にステープルファイバーとして天然繊維との混紡糸によく使われている。

Column ペットボトルは繊維のポリエステルと同じ材料からできているため，フリースとしてリサイクルされている。また近年，ポリエステル繊維のリサイクルとして，原料のエチレングリコールとテレフタル酸にもどす技術も開発された。

③ アクリル，アクリル系(acrylic fiber)

アクリロニトリル($CH_2=CHCN$)を主原料として，酢酸ビニル($CH_2=CHOCOCH_3$)や塩化ビニル($CH_2=CHCl$)など他のビニル化合物との付加重合で合成した共重合体である。原料の重量の85％以上にアクリロニトリルを使用している場合はアクリル，それ未満の場合はアクリル系として区別される。ともに軽く，耐光性に優れ，染色性もよい。耐熱性は低く，湿熱で硬くなる。縮れを与えてかさ高加工したアクリルのステープルファイバーは羊毛に似た感触をもつため，セーターや毛布など，羊毛と同じ用途に用いられる。フィラメントは絹に似た感触をもつので，シルクライクな製品に用いられる。アクリル系は塩化ビニルとの共重合で製造されることが多く，難燃性であることが多い。このため，寝衣や敷物，カーテンにも利用される。

④ ポリウレタン(polyurethane)

単量体がウレタン結合($-OCONH-$)でくり返し結合した高分子である。高い弾性をもつポリウレタンの一種のスパンデックスは分子鎖中に，非晶性で融点が低い軟らかいブロック(ポリエステルやポリエーテル)と，結晶性で融点が高くて強い，芳香環を含むポリウレタンのブロック(80％以上)の両方を含んでいる。このため弾性が高く，ゴム糸より軽くて細いフィラメントができる。ゴムより強く耐久性があり老化しにくい。ポリウレタンフィラメントはファンデーションに用いられる他，これを芯にしてコアスパンヤーンやカバードヤーンとして，水着や靴下，スポーツウェアに，また他の繊維と混ぜてストレッチ素材として用いられる。

⑤ ポリオレフィン

ポリエチレン(polyethylene, $-[CH_2CH_2]_n-$)やポリプロピレン(polypropylene, $-[CH_2CHCH_3]_n-$)のようにオレフィン化合物を付加重合させた高分子である。化学構造は炭素と水素のみを含んでいるため，疎水性で吸湿性は全くない。ともに軽いが，ポリプロピレンは一般的な繊維のなかで最も比重が小さい。強度，耐薬品性に優れているが，熱に弱く染色性が悪い。産業用資材やインテリア材料などに用いられる。ポリプロピレンの場合，他の繊維との混紡で織編物にも用いられる。

(5) 無機繊維

① ガラス繊維(glass fiber)

ガラスはガラス転移温度(p.97参照)以上に加熱すると流体となり，溶融紡糸で繊維を製造することができる。ガラス繊維には長繊維(フィラメント)と短繊維がある。長繊維は，

一般にアルカリ含有率1％以下のボロンシリケートガラス(Eガラス)である。繊維はごく細く(直径：3～20μm)，200～4,000のフィラメントからなるフィラメント糸として使われる。短繊維のガラス繊維はアルカリ含有率が8～14％のソーダライム系ガラス(Cガラス)であり，ガラスウールとして用いられる。ガラス繊維は不燃性のためにカーテンなどのインテリアに使われるが，伸びがほとんどなく，摩擦や屈曲に弱く，皮膚を刺激するために衣料としてはほとんど使用されない。一方，繊維強化プラスチック(Fiber Reinforced Plastics; FRP)などの複合材料の繊維補強材として使われる。弾性率や引張り強度は他の繊維補強材に比べてやや低いが，安価で熱や電気の絶縁性に優れ，酸や薬品にも著しく強く，加工が容易であるため，ガラス繊維で補強された複合材料は，電子基板，スポーツ用品，自動車・航空産業，海洋産業，土木建築などの広い分野にわたって使用される。

② セラミック繊維(ceramic fiber)

　無機酸化物を高温で焼成したものをセラミックスといい，一般に，強度，弾性率，耐熱性，安定性などに優れた特徴をもつ。アルミナとシリカを含む物質を溶融などの方法で繊維化して得られる。高純度のアルミナやシリカを主成分としたセラミック繊維は，FRPや繊維強化セラミック複合材料(CMC)などの複合材料の強化材や断熱材として航空・宇宙・自動車などの分野で使用される。

③ 炭素繊維(carbon fiber)

　汎用繊維に対して，きわめて高強度，高弾性率を示す繊維をスーパー繊維とよぶが，その一つである炭素繊維は幅広い分野で産業資材として使われている。炭素繊維には主としてPAN(ポリアクリロニトリル)系とピッチ系がある。PAN系の生産量はピッチ系に比べて圧倒的に多く，一般産業用に広く使用されている。アクリル繊維をあらかじめ空気中で200～300℃に加熱することにより酸化した(耐炎繊維)後，窒素ガス中で1,000℃前後で蒸し焼き状態にして(焼成)炭化して得る(炭素繊維)。さらにこれを2,000～3,000℃で蒸し焼きすると黒鉛化する(黒鉛繊維)。この製造過程で，繊維軸方向に強い張力をかけて分子を配向させると強度と弾性率が高くなる。また，炭化させる温度を変えて分子の結晶サイズや微細構造をコントロールすることにより，求める性質に近づけることができる。このような技術の成果として，炭素繊維は従来の繊維にない，高い耐熱性や高強度，高弾性率を示し，化学的に安定で，優れた熱的・電気的特性をもつ。炭素繊維は非常に細く(直径：7～10μm)，これを1,000～数万本を束にしたフィラメント糸として使用する。その際，繊維間に樹脂を埋めた炭素繊維強化複合材料として用いることが多い。この炭素繊維強化材料は，各種複合材料のなかでも軽くて強いことが特徴であり，航空・宇宙用途，および釣竿やテニスラケットなどのスポーツ用品から一般産業資材まで幅広く用いられる。ピッ

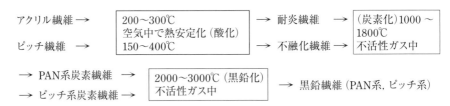

図4-12　炭素繊維の製法

出典：宮本武明，本宮達也：「新繊維材料入門」，日刊工業新聞社，p.87(1992)を一部改変

チ系炭素繊維は芳香族を含む分子の混合物を原料に，空気中で150〜400℃で不融化した後，PAN系と同様に炭化，もしくはさらに黒鉛化して作られる。ピッチ系は電池用電極材料などの限られた用途で使用される。

④ 金属繊維(metallic fiber)

衣料の装飾用の金糸や銀糸の素材として，金，銀，あるいはアルミニウムの金属繊維が使用されている。また，繊維状に細くした金属(金属元素または合金)は，しなやかでありながら，特有な導電性，熱伝導性，高靭性を示すため，産業・工業用資材としても利用されている。銅，金，銀およびアルミニウム線は電気・電子用導線に利用されているが，これらのなかでも銀繊維や銅繊維は抗菌性があるため抗菌性布地などにも利用することが可能である。また，鋼線は，ピアノ線(高炭素鋼線)として楽器やばね，あるいはタイヤのスチールコードやワイヤーロープなどに使用される。ステンレススチール線は，導電性のよさを活かして，他の有機繊維素材と混ぜて静電気を防ぐ衣料やカーペットに使用される。鉛繊維は，マット状にして放射線遮へい材料として原子力発電所等で使用され，アルミニウム繊維も不織布やマット状にして吸音材やフィルター材として使われる。

2. 糸(yarn)

2-1 糸

糸は繊維が集まってできている。短繊維を揃えて撚ると糸ができるが，フィラメント(長繊維，filament)はそろえて，ごくわずかに撚られるだけの場合も多い。いずれにしても，太さや撚り方など，糸の構造によって織物や編物の外観や風合い，性質などが大きく異なり，糸そのものの用途も決まってくる。

(1) 糸の作り方

原料の繊維がフィラメントであるか，短繊維，あるいはステープルファイバーであるかによって，糸の作り方が異なる。短繊維やステープルファイバーの場合，束ねただけでは繊維がずり抜けるため，糸として使えない。短繊維を平行に並べて撚り(twist)をかけることによって繊維間の摩擦力が大きくなり，引っ張るなどの力に耐えられるようになる。この工程を紡績といい，紡績してできた糸を紡績糸(spun yarn)という。化学繊維はフィラメントとして製造されるが，これを紡績に適した長さのステープルファイバーに切断して紡績することもある。このような紡績糸をスパン糸といい，特にレーヨンの場合は，スフ糸とよぶ。紡績糸は一般に毛羽が多く，かさ高くなる。

天然の絹繊維や化学繊維をフィラメントのまま糸にする場合，適当な本数を引きそろえるか，もしくは多くの場合引きそろえた後ゆるく撚りをかける。このような糸をフィラメント糸という。フィラメント糸は表面がなめらかで光沢があり，薄地の布によく用いられる。

(2) 糸の撚り

糸に撚りをかける場合，一端を固定し，右回りに撚るか左回りかの2種類がある。撚る方向を左右で示すよりも図4-13

図4-13 糸の撚り方向

のようにZ撚り(左撚り)，S撚り(右撚り)で示すほうが間違いにくく一般的である。

　また，糸の用途によって撚りの強さを変えるが，撚りの強さを単位長さ当たりの糸の回転数(回/m，回/inch)で示す。撚り数の多少によって甘撚糸(ごく少ない撚り数)，弱撚糸(300回/m以下程度)，並撚糸(300～1,000回/m)，強撚糸(800回/m以上)に概ね区別される。紡績糸の引張り強度は一定の撚り数で最大になり，それ以上に撚り数が増しても強度は逆に低下する。

(3) 糸の太さ

　糸は繊維が集合してできているため太さが不均一であり，直径や円周では太さを測りにくい。そこで，一定の長さの糸の重さを測り，太さとして表す。太さの表示法は売買取引の実用性に基づいているために，糸の種類によって異なる。紡績糸には恒重式番手法で，フィラメント糸には恒長式番手法でそれぞれの数式と係数を用いて算出され表示される。

恒重式番手法

$$S = \frac{W}{L} \times \frac{l}{w} = K \times \frac{l}{w}$$

恒長式番手法

$$D = \frac{L}{W} \times \frac{w}{l} = K \times \frac{w}{l}$$

W：標準の質量　　L：標準の長さ　　w, l：試料の質量，長さ　　K：番手定数

　この方法は同じ種類の糸の太さの比較には便利であるが，異なる種類の糸の間では比較できない。そこで恒重式番手法で，簡単に計算できるような標準質量と長さを用いて，すべての糸に適用できるテックス(tex)という表示がJISに盛り込まれている。

表4-5　恒重式および恒長式番手法

番手方式	番手の名称	標準質量 W(g)	標準長さ L(m)	番手定数 K	表示に使用される糸，繊維
恒重式	英国式綿番手	453.6(1ポンド)	768.1(840ヤード)	0.591	綿糸，絹紡績糸，化繊紡績糸
	英国式麻番手	453.6	274.3(300ヤード)	1.654	麻糸
	メートル番手	1,000	1,000	1.0	紡績糸
恒長式	デニール	1	9,000	9,000	繊維とフィラメント糸
	テックス	1	1,000	1,000	すべての繊維，糸

(4) 糸の種類

　糸は，構造や用途の違いによって，以下の種類に分類される。

撚り合わせの違い

〈単糸(紡績糸の場合)，片撚り糸(フィラメント糸の場合)〉撚り合わせしないで1本の糸からなる糸。撚りをもどすと繊維にもどる。

〈諸撚り糸〉単糸やフィラメント糸を2本以上撚り合わせた糸。2本の糸を撚り合わせた糸を2本諸糸(双糸)，3本の糸を撚り合わせた糸を3本諸糸(三子糸)とよぶ。この場合元となる単糸の撚りを下撚り，単糸同士を撚り合わせた撚りを上撚りという。

Column　綿の縫糸の一つであるカタン糸は，Z撚りの下糸2本をZ撚りで撚り合わせ，この糸3本をさらにS撚りで撚り合わせた後，毛羽をガスで焼き，漂白，糊付け，ろうびきしている。また，同じく綿糸のガス糸は紡績糸の毛羽をガスの炎などで焼いて表面を平滑にした糸である。

構造の違い

〈混合糸〉2種以上の短繊維を混ぜて紡績した糸を混紡糸，2種以上のフィラメントを混合した糸を混繊糸，単一種の繊維から造った糸を他の種類の糸と撚り合わせた糸を交撚糸という。

〈フィラメント加工糸〉人工的に縮れさせたフィラメント糸。ソックスやメリヤス肌着，同外衣などに用いられる。

〈コアスパンヤーン〉ポリウレタンやナイロンなどの芯糸を他の短繊維で包むようにして紡績した糸。ストレッチ織物やニット製品に用いられる。

〈カバードヤーン〉ポリウレタンなどの芯糸に紡績糸やフィラメント糸を巻きつけた糸で，コアスパンヤーンより伸縮性がよい。

〈ラメ糸〉着色したナイロンやポリエステルフィルムにアルミニウムを蒸着させて細く切ったもの。リボンや衣類の装飾に用いられる。

Column これらの分類外の糸として，糸の太さを変化させたり，撚り合わせなどさまざまに工夫をこらして作られた装飾的な飾り撚糸もある。

用途の違い 縫糸(手縫糸，ミシン糸)，レース糸，刺繍糸は糸のままで使用され，織糸，編糸，レース糸などは布を作るために用いられる。

3. 布

3-1 織物(woven fabric)

織物はたて糸がよこ糸と交わってできており，その糸の交わり方や織り糸の密度は，織物の外観や風合い，丈夫さなどの性質に深く関連している。

(1) 織物の作り方

織機には手織り機もあるが，工業的には力をかけて動かす力織機が主体となっている。図4-14に織機の綜絖が上下している様子を示す。織機で織物を織る場合の作業は，①必要な本数のたて糸を平行に張る。②たて糸に糊をつけて綜絖，おさを通して末端を固定す

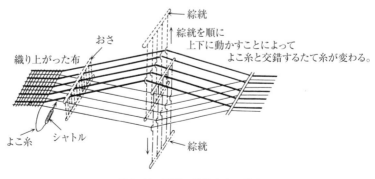

図4-14　織機の綜絖と糸の動き

る。③綜絖を操作(上げる)し，たて糸を上下に開口する。④開口した，たて糸の間によこ糸をシャトルで通して，おさで寄せる。⑤別の綜絖を操作して(これと同時に初めの綜絖は下がるため，前に通したよこ糸はたて糸と交錯し織物として織り込まれることになる)よこ糸を通す。この③〜⑤の操作が繰り返され，織物が織られる。出来上がった織物を生機(きばた)といい，これを糊ぬきし，精練漂白，染色などの加工を施す。後に述べるように最も基本的な織り方である平織には2本の綜絖が必要であるが，織方が複雑になるほど綜絖の数も多くなる。通常の織物にはタペット織機が使われるが，複雑な織りにはドビー織機やジャガード織機などが使われている。

(2) 織物の組織

表4-6 三原組織

織組織	組織図	説　　明	織物の例
平織		たて糸とよこ糸が1本ずつ交互に交錯している。 表と裏が同じで，糸の浮きが少ない薄地のものが作られる。 糸がずれにくく，丈夫な布ができる。	綿　：ブロード，ガーゼ 羊毛：モスリン，ポーラ 絹　：羽二重，タフタ
斜文織(綾織)		たて糸，よこ糸2本以上でずれながら交錯し，その交錯点が斜め方向に連続しているため，斜め方向に綾が現れる。 平織より織組織がゆるむため，柔らかくしなやかになる。	綿　：デニム 羊毛：サージ 絹　：綾羽二重
朱子織		交錯点同士が接することなく一定の間隔でとび，たて糸，またはよこ糸が織物表面で長く浮く。 糸がずれやすく，丈夫ではないが，柔らかく光沢がある。糸の浮きが長いため，表面が滑らかになる。	綿　：綿サテン 羊毛：ドスキン 絹　：サテン，綸子

表4-7 各種織物の組織と名称

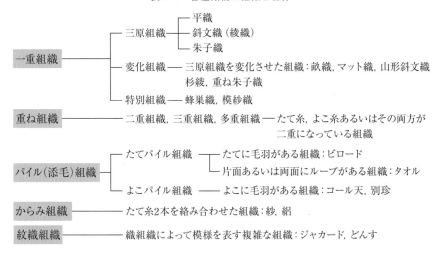

織物のたて糸とよこ糸の交わり方を織組織という。表4-6に示した平織，斜紋織（綾織）および朱子織は織組織の基本の織り方でこれらを三原組織という。この三原組織を基礎として発展，変化させて種々の変化組織が作られている。織組織を図で示す場合，方眼紙のます目を使って表される。たて糸を方眼のたて列で，よこ糸をよこ列で表し，たて糸がよこ糸の上になっている交錯点を黒くする。逆によこ糸がたて糸の上になっている交錯点は白のままにする。

　表4-7に織物を組織によって分類したが，この他にも繊維，糸，色柄，産地，厚さ，布幅などによっても分類される。また，ギンガムやタフタ，ツイードなどのように，素材，織組織，あるいは模様のパターンなどからも織物に名前がつけられている。この名前によって，織物のイメージが大体把握できることも多い。

3－2　編物(knitted fabric)

　編物は糸のループがからみあってできているが，手編みや手編機で編む編物と工業用編機による編物がある。工業用編機ではコンピュータを組み込み，自動的に直接製品が編まれたりすることもある。ニットやメリヤス，ジャージなどの布の呼称は，通常機械で編まれた編物に用いられている。

(1)　編物の作り方

　編物は編組織によって，よこメリヤスとたてメリヤスに大別される。よこメリヤスは1本または複数本の糸を用い，よこ方向に1段ずつ編み進める。たてメリヤスは多数のたて糸を用い，たて糸のループを他のたて糸のループと連結させながら，たて方向に編み進める。

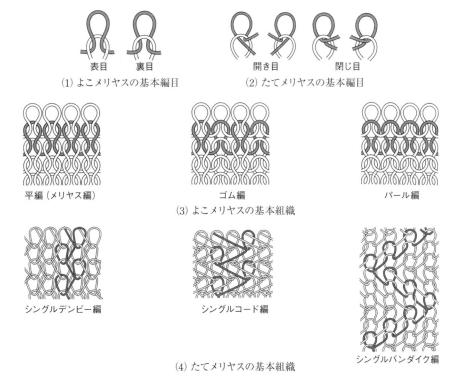

図4-15　基本の編組織

(2) 編物の組織

よこメリヤスでは手編みの棒針編みの編み方に類似している。1本の糸をよこ方向に並んだ針にかけて，ループを作りながらたてに連結させて進む(図4-15)。基本的には表目と裏目の組み合わせでできる。よこメリヤスとたてメリヤスには，それぞれ基本となる編組織があり，よこメリヤスの基本組織には平編(メリヤス編)，ゴム編およびパール編の3種がある。

他方，たてメリヤスは手編みのかぎ針編の編み方に類似している。たてに並んだ多数の糸が針にかけられて1段ごとによこの編目と連結して編目を作りながら，たてにからんでいく。基本的には開き目と閉じ目の組み合わせで成り立っている。基本組織はシングルデンビー編，シングルバンダイク編(1重アトラス編)およびシングルコード編(1重コード編)がある。

編み地には編組織ばかりでなく編み目の密度や大きさも関係している。よこ方向の編目の列数をコース数(course/cm)，たて方向の列数をウェール数(wale/cm)で表す。また，編機のよこ方向の単位長さ間の針数(すなわち，編目数となる)をゲージとして表す。

(3) 編物の性質

編み地はループの絡み合いでできており糸の自由度が大きいため，伸縮性がよく柔軟であり，しわになりにくい。しかし，その一方で変形しやすく型崩れを起こしやすい。また糸間の隙間が大きいため，含気量が大きい。したがって，保温性の高い布ができるが，糸間の隙間が大きすぎると通気性が高くなり，逆に保温性は低くなる。よこメリヤスはコース方向に編目を編成していくので，端から糸が解け，1か所切断すると，ウェール方向にはしご状に糸が解けやすい(ランダリングまたはランという)。他方，たてメリヤスはよこメリヤスに比べて概して伸縮性は低いが，糸はほどけにくい。

表4-8 主な編物の組織

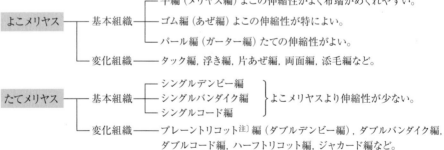

注] トリコットはトリコット編機で編んだ簡単なデンビー編を指すが，たてメリヤスの総称としても使われる。

3-3 その他の素材

(1) レース(lace)

レースは機械を使わずに手工芸として作られる手工レースと機械でつくられる機械レースの2種があるが、現在は機械レースの生産量が圧倒的に多い。

① 手工レース

〈糸レース〉手編み針で糸を組み合わせて作る。

〈布レース〉布の糸を抜いてかがったり、刺繍した後、布の一部を切り抜いて模様を出す。

② 機械レース

〈ボビンレース〉機械で糸を撚り合わせたり結び合わせたりして作る。細い糸で複雑な模様を出すリバーレースやジャカード装置で糸を組み合わせて作る狭い幅のトーションレースなどがある。

エンブロイダリーレース

〈刺繍レース〉刺繍機で薄い布に刺繍したり、布に穴を開けて穴の周囲をかがって模様を出す。布に刺繍や穴かがりをしたエンブロイダリーレースや、温水に溶けるビニロン(基布)に刺繍した後、基布を溶かして刺繍部分を残したケミカルレースなどがある(図4-16)。

ケミカルレース

図4-16 刺繍レース

〈編レース〉多くの場合太い糸を使って、編機で編んで柄を出す。ラッセル機で編んだ透かし柄のあるラッセルレースなどがあり、カーテンなどに使用される。

(2) フェルト

羊毛のフェルト化(縮充)する性質を利用して、毛羽の多い紡毛織物を温せっけん液中で強くもみ、織り目が見えないほど繊維を絡み合わせて縮充させた布である。引張り強度は低いが、弾力性のある布ができる。帽子や装飾用によく用いられる。

(3) 不織布

織ったり編んだりせずに、繊維を短繊維の薄いシート状の集合体(ウェブ)にして固定したものである。固定する方法として●接着剤で接合、●熱可塑性の樹脂粉末や熱可塑性の合成繊維のウェブを混合して熱で圧縮する、あるいは●多数の微小な針でウェブを垂直につき繊維を絡み合わせる、などの方法がある。また、繊維を紡糸する工程で直接ウェブを作る方法もある。例えば、紡糸したフィラメントの束を直接シート状にする、あるいは熱で溶融した高分子をノズルから押し出すと同時に気流で吹き飛ばしながらシート状にし、得られたウェブを熱で溶融させながら固定する。

不織布は一般に強度は低いが軽くてかさ高であることから、芯地やパットなどのような衣服の部材としてだけではなく、おむつやガーゼのような生理・衛生用品やカーペットやクッション材など、さまざまな生活用品や産業資材として用いられている。

4. 衣服素材の基本的性能

　衣服を使うにあたり，その素材は強さや色や形が変化しにくいなどの一定の性能をもっていなければならない。また用途にもよるが，弱すぎても硬すぎてもあるいは柔らかすぎても使用しにくい。
　以下に衣服に必要な基本的性能について説明する。

4－1　重　さ(質量)

　繊維は，種類によって程度の差はあるが，周囲の空気中の水蒸気を吸収する。したがって，布は素材である繊維の吸湿性に従って吸湿し，吸った水分の質量分だけ重くなる。このため，環境の湿度によって布の質量が異なってくる。JIS L 0105「繊維製品の物理試験方法通則」では試料を 105 ± 2℃で質量が一定になるまで乾燥し，このときの質量を絶乾質量としている。このとき，試料中の水分は可能な限り除かれている状態である。実用的には，20℃ 65％ R. H.(標準状態)における布の質量(g/cm^2, kg/m^2)を測定し，質量として用いることが多い。

　布は繊維の集合体であり，その体積中に空気を含んでいる。したがって，質量を布の面積と厚さから算出した体積で割って求めた密度(g/cm^3)は，見かけの密度(布密度ともいう)ということになる。繊維の真の密度および比重(数値としては同じ)は通常，密度勾配管を用いた方法で測定するが，当然繊維の種類によって密度は異なる。一般に，繊維の結晶化度が高いほど，繊維中に高分子が密に配列していることになるため，比重は大きくなる。

4－2　強さ，伸び，弾性に関する性能
(1)　引っ張り強さ，伸び，弾性

　1本の繊維の上端を固定し，下端に荷重をつけて引っ張り，その荷重を徐々に重くして引っ張っていく。このときの荷重の変化を縦軸に，繊維の伸度(元の長さに対する伸びの百分率)を横軸にとったグラフを引っ張り強伸度曲線という。一般的な繊維の荷重－伸張曲線を図4-13に示す。繊維は荷重が重くなるとともに，ABCの曲線に沿って伸びるが，ある程度の荷重になると切れる(C)。このときの荷重(D)を破断荷重，伸度(E)を破断伸度(または伸度)という。破断荷重を繊維の断面積あるいは太さで割った値を引っ張り(または破断)強度(tensile strength) (kgf/mm^2, gf/d, あるいはN/dなどの単位で表す)といい，繊維の引っ張りに対する強さを表す。破断伸度は破断するまでに伸びた長さを，測定前の試料の長さに対する百分率(％)で表す。これらの強度や伸度は周囲の温湿度によって変化するため，JISでは20℃，65％ R. H. で測定された強伸度を乾燥強度，乾燥伸度とし，水で試料を十分湿潤させて同様に測定したときの値を湿潤強度，湿潤伸度としている。

　天然繊維は羊毛を除けばかなり高い強度を示し，特に麻類の繊維強度は高い(付表繊維の性能表(p.215参照)。半合成繊維のアセテート，トリアセテートはあまり強くない。合成繊維の強度はかなり高く，ナイロン，ポリエステル，ポリエチレン，ポリプロピレンでは高強力繊維が作られており，特に芳香族ポリアミド(アラミド)繊維には強度が20～30

g/dと非常に高いものがある。通常，繊維は湿潤すると強度は低下しレーヨンは40〜50％程度も低下するが，綿，麻類はむしろわずかに増加する。他方，合成繊維のなかでも疎水性のポリエステル，ポリエチレンおよびポリプロピレンは，水分をほとんど吸収しないために水中でも強度は変化しない。

繊維をほんの少し引っ張って伸ばした後，その引っ張る力をはずすと繊維は再び縮んで元の長さにもどる。このように，力を加えて変形させた後，そ

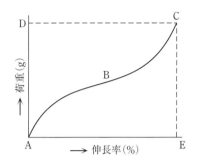

図4-17　繊維の荷重-伸張曲線

の力を除くと元の形にもどる（回復）性質を弾性という。繊維をある程度以上引き伸ばすと一部は再び縮むが，伸びは少し残り，完全には元の長さにもどらない。衣服の場合，このような伸び弾性のほかに，圧縮弾性なども重要な性能であろう。伸びや圧縮の変形に対し回復する割合は弾性回復率として表され，この値は当然，繊維や糸の種類や布の組織構造によって異なるが，変形の大きさやかける力の強さ，変形後の時間によっても変化する。素材の伸びに対する弾性回復率が高いと伸縮性やフィット性が高く，また，しわもつきにくく回復しやすくなる。

また，繊維の引っ張り強伸度測定で，引っ張り初期の荷重と伸びから初期ヤング率も求めることができる。日常の動作のなかで衣服の繊維が伸びる程度は実際には数％程度である。初期ヤング率（gf/d, kg/cm^2）は少し引っ張った時の繊維の伸びにくさ（硬さ）を示すことから，衣服素材の性能の1つとして注目されることが多い。一般には，初期ヤング率の高い繊維から作られた織物は粗硬で，低い繊維から作られた織物は軟らかくなる傾向がある。

(2)　その他の強さ

①　引き裂き強さ

布のかぎ裂きなどのような引き裂きによる破れやすさは，引き裂き強さとして評価される。引き裂き強さの試験では，布に1本の切れ目を入れておき，切れ目の両端をつかんで引き裂いたときの抵抗力を測る。引き裂かれるとき，切り口の糸がずれる三角の変形部分に力がかかる。この変形部分が大きいほど布にかかる力が分散されるため強さは大きくなる。したがって，織り密度や編地の密度が小さく糸が動きやすいほど変形部分が大きくなりやすいため引き裂き強さは大きくなる。このように引き裂き強さには布の組織が大きく影響しており，必ずしも引っ張り強さ（破断強度）と対応しているとは限らない。

②　摩耗強さ

摩耗強度試験では，布を摩擦しすり切れるまでの摩擦の回数で評価するが，日常ではすり切れやすさよりもむしろ摩擦による紡毛製品のてかりや絹製品の色の変化や光沢が悪くなるなどの外観の変化が問題となることが多い。布の摩耗強さ

図4-18　織物が引き裂かれるときに糸がずれる様子

は基本的には，素材となる繊維の摩耗強さで決まる。綿の摩耗強さは比較的高いが，天然繊維，再生繊維，半合成繊維は低く，合成繊維のポリエステル，ナイロンおよびビニロンは高い。糸の場合，平滑な表面のフィラメント糸の方が紡績糸より強い。布の摩耗強さは，一般に糸が太く，糸密度の高いものが強い。

4－3 水蒸気，水に対する性質

　この節では，布や繊維の吸水性と吸湿性について述べる。液体の水と気体の水蒸気を吸収する性質は必ずしも対応していないため，ここではこれらを区別して説明する。衣服素材の吸湿性は日常的な着心地に大きく影響し，吸水性はスポーツなど特殊な状況における着心地に関係する性能である。

(1) 吸湿性

　水蒸気は繊維表面に近づきやがて繊維内部の非晶領域にまで入り込む。これが吸湿現象である。吸湿性は布の組織や構造ではなく，繊維の化学構造に支配される。繊維高分子中に親水基(水酸基－OH，アミノ基－NH$_2$など)が含まれていると，その親水基に水分子が吸着し吸湿(moisture sorption)が起こるためである。したがって，このような親水基を多く含む天然繊維やレーヨンは高い吸湿性を示す。一般に合成繊維の吸湿性は低く，疎水基のみからなるポリエチレンやポリプロピレンはほとんど吸湿しない。ナイロンは親水性のやや小さいアミド基－CNH－を多く含むため，合成繊維のなかでは比較的吸湿性が高い。
$\quad\quad\quad\quad\quad\quad\quad\quad\quad\parallel$
$\quad\quad\quad\quad\quad\quad\quad\quad\quad$ O

繊維が吸湿する際に収着熱が発生するため，吸湿性の高い繊維ほど吸湿するときに発生する熱量が多くなる。

　吸湿性は通常，繊維の絶乾重量に対して標準状態(20℃，65％RH)でその繊維中に含まれる水分量の割合(水分率，％)を測定して評価される。また，繊維の重さは吸湿した水分量によって変わってくることから，公定水分率(付表繊維の性能表(p.214～219参照))が定められている。公定水分率は標準状態における各繊維の水分率に近い値に設定されており，繊維を売買する際にはこの公定水分率を考慮して取り引きされる。

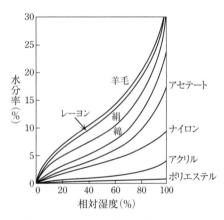

図4-19　各種繊維の環境湿度と水分率(25℃)
出典：表4－2②と同じ，p.131を一部改変

(2) 吸水性

　布，糸あるいは繊維の空隙や微小な空間に，毛細管作用で水が吸い込まれて吸水が起こる。したがって，吸水性は繊維の親水性や疎水性よりもむしろ布やその素材の組織・構造に支配されることが多い。このため，同じ素材であれば糸の撚り数が多いほど小さい毛細管が多くできるために吸水性は高くなり，糸がループ状になっている綿タオルは，同じく綿素材の日本タオル(手ぬぐい)よりも吸水しやすい。また，疎水性のポリエステルに多くの小さい空隙をもたせた繊維は，吸水性素材として利用されている。羊毛は吸湿性の最も

高い繊維であるが，スケールの表面層は疎水性で水滴をはじく。しかし，その内部は親水性であるため，長時間水に接触させておくとゆっくりと吸水する。また，水をはじく性質をはっ水性という。

Column 素材の吸湿性や吸水性に加えて，保温性も衣服を着たときの快適性に大きな影響を及ぼす。空気は熱伝導率が低いため，繊維の内部，繊維と繊維の間や糸と糸の間の微小な空隙にある空気は，体温が外気に伝わるのを妨げる役目をする。したがって，一般に布に含まれる空気量（含気率）が多いほど，衣服の保温性は高まる。そこで，布の保温性を高めるために，繊維の断面形態を変えたり（異形断面繊維），捲縮させる（捲縮加工）ことによって，繊維や糸をかさ高くし，含気率を高める。

4-4 熱，炎に対する性質

繊維の熱に対する性質はアイロンをかけるなど日常の衣服の手入れにも関係してくるが，繊維製品の製造法や加工法にも深く関わってくる。また，布や繊維が燃えやすいと，その布の用途も制限されがちである。これらの性質は素材である繊維の化学構造に関係している。

表4-9　ガラス転移点と融点

繊　維	ガラス転移点（℃）	融点（℃）
ナイロン66	50	250-260
ポリエチレンテレフタレート	69	255-260
ポリアクリロニトリル	105	不明瞭
ポリプロピレン	-3	165-173
ポリエチレン	-36	125-135
ポリ塩化ビニル	-19	200-210
ポリウレタン	-	200-230

出典：表4-2②と同じ，p.113

(1) ガラス転移点，融点

繊維中の高分子は低い温度では分子運動せず，ガラスのような状態で固まっている。しかし，温度を徐々に上げていくと非晶領域にある高分子は熱によって運動し始める。この温度をガラス転移点(glass transition temperature)といい，この温度で熱伝導率，ヤング率など種々の物理的な性質が急激に変化する。さらに温度を上げていくと，結晶領域にある高分子も分子間の結合力をたちきって分子運動を始め，分子鎖全体が動くようになる。この温度を融点(melting point)という。一般に天然繊維や再生繊維は分子の凝集力が強いため，融解やガラス転移を起こす前に繊維が分解し始める。半合成繊維や合成繊維では，融点やガラス転移点を測定することができる。融点が低すぎる素材は耐熱性の面で問題を残すが，高すぎても（300℃以上）紡糸工程などで不利になる。

(2) 燃焼性

繊維製品を使用するうえでの安全性から，防炎性が求められている。特別に加工されていない繊維の燃え方，煙の状態，臭い，炎，および灰などの状態は，その繊維の主成分の化合物によって異なる。このことを利用して，燃焼状態を観察して繊維の種類を見分けること（繊維鑑別）も可能である。一般に塩素を含む化学構造の塩化ビニルやアクリル系などや，吸湿性の高い，すなわち繊維中に水分を多く含む絹や羊毛は燃えにくい。各繊維は燃えやすさによって，易燃性（綿，麻，レーヨン），可燃性（アクリル，アセテート），準難燃性（羊毛，絹），難燃性（ビニリデン，ポリ塩化ビニル，アクリル系），不燃性（ガラス繊維）

に分類される。

4-5 天候,光に対する性質

　繊維製品を日光にさらしたり長期間放置しておくと,外観や強度などの性能が低下する。このことを劣化という。光以外にも,摩擦や引っ張りなどの物理的な力や虫害なども劣化の要因となりうる。紫外線や日光などの光に対して劣化しにくい性質を耐光性,日光に加えて雨や温度,湿度など環境の影響を受けても劣化しにくい性質を耐候性という。アミド基を有する絹,羊毛およびナイロンは長時間光にさらすと劣化しやすい。特に,絹はフィブロインに含まれるチロシンなどのアミノ酸残基が,紫外線によって黄色の化合物に変化するために黄色くなる(黄変)。合成繊維ではポリプロピレンが変化しやすく,アクリルやビニロンは耐候性に優れている。

　日光によって染色した布の色があせたり,変色することを変退色というが,これは染料の変化によるものである。日光堅牢度は,日光照射に対する染色物の変退色の起こりにくさを示す指標となっている。

4-6 その他の性能

　衣服の使用に際して,先に述べた以外にもさまざまな性質が要求される。以下にそのうちの基本的なものを説明する。

(1) 変形しやすさ

① 圧縮による変形

　布の面を押さえると,糸のよれやループが変形し布の厚みが薄くなる。このように布に圧縮する力をかけていくと,布を構成する糸が変形するとともに圧縮に対する応力(compressive stress)が増加する仕方を圧縮特性という(図4-20)。パイル地や起毛地のようなかさ高い布,あるいは組織の密度が小さい布は圧縮されると変形しやすい。

② 剪断力に対する変形

　図4-21のように布の面上で互いに向かい合った2辺を逆方向に引張ったとき,布が平行四辺形にずれる変形

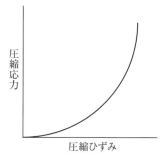

図4-20　圧縮応力・ひずみ曲線

を剪断変形という。剪断変形によって織物のたて糸とよこ糸の交差している部分の角度が変わり,この変角を剪断角θとよび,引っ張られた布の内部に生じた応力を剪断応力(shear stress)という。糸密度が小さく交錯点が少ない粗い織物は,織り糸がずれやすいため剪断変形しやすい。また,編物も,編み糸のループの絡み合いがゆるいため剪断変形しやすい。布は剪断変形しやすいために人体などの立体的な形にも沿いやすくドレープも作りやすい。紙やフェルトなどはこれを構成している糸や繊維がずれない,あるいはずれにくいために剪断変形しにくい。

③ 剛さと軟らかさ(剛軟性)

　衣服のプリーツや折り目では,布はかなり鋭く曲げられるが,日常生活のなかで座ったり歩いたり,あるいは屈んだりするときも布は必ず曲げられる。このようなとき,布の剛

軟性が問題となるが，これは繊維の曲げこわさ(曲げかたさ)や，繊維や糸の集合状態などによって決まる。

繊維の曲げこわさには，繊維のヤング率と繊維断面の形状や太さが関係している。太い繊維は力がかかったときに変形しにくく，曲げこわさは大きくなる。図4-22のように，曲がったときの布の凸部には引っ張り力が，凹部には圧縮力が働いている。このため，布の厚さや糸のずれやすさ(糸の自由度)なども曲げこわさに大きく影響する。布の剛軟性はドレープ特性やひだの形にも影響を及ぼす。

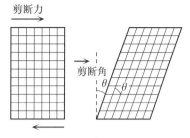

図4-21　織物の剪断変形

図4-22　布の曲げ変形

(2)　寸法安定性

織物は強く張ったたて糸によこ糸を通して織られるため，織機上の織物には，たて方向に強い引っ張り力がかかっている。このため製織後に織機からはずした布は主としてたて方向に縮み，かかっていたひずみを解消(緩和)しようとする。さらに染色や仕上げ工程でも水分や熱を与えながら引っ張り力を加えるため，その後に収縮が起きやすい。一般に，天然繊維や再生繊維のような親水性繊維は水を吸うと繊維は膨潤し，糸は太くなり，長さが縮むため布は収縮を起こす。合成繊維の場合加熱すると繊維中で高分子運動が起こり，繊維内部のひずみを解消しようとするために収縮が起こる。羊毛はアルカリや機械力でフェルト化(縮充)する性質をもつ。このように布は製造後に収縮したり伸びたりし寸法が変わることが多い。それぞれ繊維の性質に応じた方法でそのような変形収縮を防いでいる。

(3)　ドレープ性(drape)

布がその重さで垂れ下がる状態をドレープというが，フレアーやギャザーの入った長いドレスやスカート，カーテンなどに美しいドレープができるかどうかは外観上の重要な要素となる。布のドレープ性は，ドレープのできる量とその形の美しさの2つの点から評価される。JIS L 1096「一般織物試験方法」で採用されている方法に，ドレープ係数としてドレープの量を求める方法がある。この方法では，直径25.4cmの円形の布試料を直径12.7cmの円筒の上にかぶせ，その布が作るドレープの形の面積(S_2)からドレープ係数を求める。

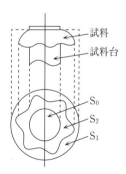

図4-23　ドレープ係数の測定

$$ドレープ係数(\%) = \{(S_2 - S_0)/(S_1 - S_0)\} \times 100$$

S_0：円筒試料台の面積，S_1：試料の面積，S_2：試料の垂直投影面積

ドレープ係数が小さい布は，一般に垂れ下がりやすい。質量が重く，剪断変形しやすく，柔らかい布ほどドレープ係数は小さくなる。この他に，ドレープの形の美しさを数値とし

て客観的に評価する方法もいくつか提案されているが，明確な対応は難しい．

参考文献　　＊　　＊　　＊　　＊　　＊

1) 繊維学会編：「繊維便覧」，丸善(2004)
2) 島崎恒蔵編著：「衣服材料の科学」，建帛社(1999)
3) 繊維学会編：「繊維便覧」，丸善(2004)
4) 繊維学会誌「(繊維と工業)やさしい繊維基礎講座」，繊維学会(2003)
5) 中島利誠：「新版　概説被服材料学」，光生館(2003)
6) 本宮達也：「ハイテク繊維」，日刊工業新聞社(1999)
7) 篠原昭，白井汪芳，近田淳雄：「ニューファイバーサイエンス」，培風館(1990)
8) 日下部信幸：「生活のための被服材料学(改訂)」，家政教育社(1998)
9) 櫻田一郎：「繊維の科学」，三共出版(1978)
10) 吉田敬一，小林茂雄，柳許子ら：「衣生活の科学(再改訂版)」，アイ・ケイコーポレーション(1999)
11) 繊維学会編：「図説繊維の形態」，朝倉書店(1982)
12) 蒲池幹治：「高分子化学入門」，NTS(2003)
13) 岡島三郎，右田伸彦：「紙と天然繊維」，大日本図書(1989)
14) 安藤文子ら：「改訂　生活材料学　ファッションとインテリア」，アイ・ケイコーポレーション(2003)
15) 本宮達也ら編：「繊維の百科事典」，丸善(2002)

5章　衣服素材の染色加工と機能化

　染色とは，糸や布などの繊維に色素を落ちないようにつけることである。予定した色に色むら(濃淡のばらつき)などの不良箇所がなく，堅牢(変褪色しにくい)に着色した状態が理想的な染色である。科学技術の発展により合成染料が登場してファッション製品の色の表現の幅は大きく広がった。また，衣服素材は，染色以外の加工や繊維の改質によって，より高付加価値の製品が生み出され続けている。明治以降，高度成長期あたりまで繊維が産業の中心であった日本は，今でも高機能繊維や加工技術で世界をリードしている。繊維製品を創る側からも，着る側からも，染色，加工，高機能繊維の原理と技術を理解し，よりよい衣生活を構築したい。

1. 染　色

1－1　染色加工業

　現代の消費者による繊維製品の購買段階において，色が第一選択肢であるという。色の重要性は人類にとって有史以来変わらず，白色(および生成り)以外の色は染色によって得られた。質の高い染色には知識と技術が必要なため素人には難しく，江戸時代には日本各地に染めを専門とする職人集団が紺屋や紅屋などとして存在した。染色が手工業から機械工業へと変化した現代でも，世界中で専門の業者が染色を行っている。

(1)　工業染色

　一般的に染色は化学繊維製造工場や綿などの短繊維を撚って糸にする紡績工場，糸を織って布にする製織工場などとは別に立地する染色加工場で行われる。精練や漂白など整理業と一貫して行うところも多いため，染色整理業ともいわれる。染色加工場は多量の水を必要とするため川の近くなどに立地することが多かった。そのため川の汚染が問題となり，合成染料がまだなかった1839年にすでにドイツの川でトルコ赤(植物の茜を染料とする)による汚染が酷かった様子が記録として残っている。19世紀後半には合成染料が発展し，大きな環境問題となった。なお，現在の日本の染色加工場においては法律による厳しい規制もあり，染色排水は充分に配慮されている。先進国以外では，近年は中国などでも染色排水の浄化が進んでいるが，未だそれらの技術の行き届いていない国や地域も残っている。

　日本の染色加工業は下請的な生産方式をとることが多いため，人件費や土地が安い海外との厳しい競争に晒され，生産規模は減少が続いている。しかし日本各地に高い技術力，研究開発力をもった企業が存在し，質の高い染色も行われている。ただし，日本で染めても，その後の縫製が海外で行われれば，最終製品のタグに記載される生産地は日本製(Made in Japan)とはならない。

　一方，呉服や手ぬぐいなどの和装品は手工業的染色法が残っているため，日本各地に存在する小規模の染色加工場で染められている。

(2) 染色の概要

染色は染液に繊維を浸して染める浸染と繊維に塗って染める捺染がある。例えば，綿の繊維は，ワタから糸，布を経て，最後には縫製された衣服になるが，染色はその間のいずれの段階でも行える。一般的に原綿など川上に，より近い段階で染めるほど質の高い染色物が得られるが，手間，コスト，色の美しさ，後加工などを考慮し最も適当とする段階，方法で染められる。

浸染では一度に多くの繊維を効率よく染めるシステムが構築されてきた。かつては染色のみを独立して行うバッチ染色が一般的であったが，洗浄（ソーピング）や後加工を一連の機械で一度に行う連続染色も広がった。デニム業界では風呂のような固定された染色浴の中をロープ状にした糸を次々とくぐらせるロープ染色も行われ，岡山や広島近辺が世界的に名高い産地である。表5-1に繊維を染める段階によって異なる染め方の名称と，その際によく使われる染色機の名称を示した。綿では糸や布の段階で染められることが多いが，毛は繊維の太さの不均一さに起因する色むらなどが目立たないようワタ（トップ）の段階で染めることが多い。

一般的に糸の状態までで染めたものを先染め，布や製品の状態で染めたものを後染めという。浸染で後染めする場合，現代の機械工業染色では無地染め（ずぶ染め）が多いが，異素材（綿とポリエステルなど）を混合して，チェック柄などを得ることもできる。また，手工芸的な染色では絞り染めや﨟纈染めのような防染，ロンガリットのような漂白物質を用いた抜染などで柄が染められる。

表5-1 浸染における染色の呼び名と代表的な染色機

被染物	染め方の名称	特 徴	染色機の名称	
			浴中で繊維を動かす	繊維に液を流す
綿	ばら染め 綿染め トップ染め（毛）	ブレンドによって深い色の表現が可能。杢糸も作れる	パッケージ染色機	
糸	糸染め	織・編柄，デニム，シャンブレーなどの布も作られる	ロープ染色機（デニム）	チーズ染色機 噴射式絞染機
布	反染め 布帛染め	無地染め（ずぶ染め）が基本。裏表同色。納期が早い	ウインス染色機 ジッガ染色機 スター染色機（絹）	ビーム染色機 液流型染色機
製 品	製品染め	単色カットソー（cut & sewn）など。納期がきわめて早い		

染色工程は染料の種類によって，さまざまであるが，通常は沸点近くの高温で染める。染色の濃淡は被染物に対する染料の濃度（% o.w.f. という）で調整する。ポリエステルなどは高圧によって水の沸点を上昇させて120℃以上の温度で染める。調液では，染料や繊維に応じて，酸・塩基や無機塩，界面活性剤などの助剤を促染剤や緩染剤（染色速度を遅らせてむら染めを防ぐ）などとして加える。

一方の捺染は，かつて主流だった手捺染は工芸染色を中心にわずかに残るだけで，今や機械捺染が主流であり，まるで印刷するように染められていく。捺染では染色物を蒸して

表5-2 綿布の染色を発注した場合の納品までの流れの例

前処理工程	1	検 反	織物の幅，長さ，また抽出検査によって傷等をチェックする
	2	毛 焼 糊抜き 精 練 漂 白	一工程で連続処理されることも多い
	3	加 工	シルケット加工，擬麻加工など必要に応じて行う
染色工程	1	準 備	注文の色見本に基づいて試染[注]1し，注文先に承認を得る
	2	染色処方作成	染料の混合比率をコスト，在庫に合わせて計算[注]2
	3	調 液	処方に基づいて染料水溶液，助剤を秤量，溶解
	4	染 色	連続染色，またはバッチ染色
	5	ソーピング	堅牢度を高めるために，しっかりと洗浄する
	6	乾 燥	[注]3
仕上げ工程		後加工	樹脂加工や撥水加工等種々の後加工以外に柔軟剤や糊が付与されることもある
出 荷		品質保証	検反による外観検査，染色堅牢度，寸法変化率等の品質保証の試験結果と出荷明細を付けて出荷する

[注]1 この試染のことを「ビーカー(染め)」という。
　　2 従来は職人の勘と経験で行っていたが，最近はコンピュータカラーマッチング(CCM)やコンピュータカラーサーチ(CCS)など，色合わせロボットとよばれるハイテクな装置を使うことも多い。
　　3 染め上がった色が注文通りであればよいが，異なっていれば染め重ね，染め直しなどを行う。1回の染色でうまくいく確率「一発率」を高める必要がある。

色素を固着することがしばしば行われる。染液を塗っただけでは，繊維表面に染料が付着しているだけで，染まっているとはいえないからであるが，注染[注]で使われるナフトール染料や建染め染料など蒸しが不要な色素もある。

　[注] 注染は合成染料が普及してから現れた手工業的染色法で，糊で防染の土手を作ってから複数重ねた布にポットからナフトール染料など常温での反応によって発色する染料を注ぎ，下から機械で吸引して同時に複数枚の布に浸透させ染める方法である。手拭いやゆかたを染める。今でも大阪・堺や東京，浜松などに産地が存在する。

　20世紀末にはPC用インクジェットプリンターと同じ原理で染めるインクジェット捺染も登場し，価格も安くなったことから普及が始まっている。ポリエステル繊維はインクジェット捺染で直接は染まりにくいが，色素が高温で昇華しやすい性質を利用した熱転写によって染められ，製品はレストランの幟など街の至る所で目にできる。さらに高速で染めるためにインクジェットのヘッドのノズルを増やすなどの改良が進み，現在は2000年頃と比べ10倍以上の高速化が図られ，印刷速度が50 m^2/分に達するものもある。さらに高速なプリントを目指して，レーザープリンターを用いた昇華捺染なども開発が進んでいる。代表的な捺染を表5-3に示す。

表5-3 捺染の種類と概要

	捺染名	概　要
手捺染	ステンシル	版を置き，その上から刷毛などで染料を塗って染める
	シルクスクリーン	ポリエステル紗に樹脂を塗布し，それを薬品や熱で溶かして柄を作って版を作る。後はステンシルと同じ。昔は絹の紗を用いた
機械捺染	ローラー捺染	直径10〜20cmの銅のローラーの表面に柄が彫られており，その凹みに染料が入り，プリントされる(凹版印刷)。線，水玉，小花などにむく。速度は80〜100m/分。価格は30円/m
	スクリーン捺染	平板(ポリエステル紗)に感光性樹脂を塗布し，模様が彫られたトレースフィルムを被せ，光を当てるとフィルムの被さっていない部分の樹脂だけが固まり，模様の部分は透ける。このスクリーン(62.5cm幅が一般的)を布の上に置いて，上から染料を塗布して染める。大柄の多色プリントも可能で，高級捺染品に用いられる。手捺染にも対応。速度は8〜15m/分。価格は150円/m
	ロータリー捺染	スクリーン捺染をロール状にしたもの。直径約20cmの金属製網目円筒の表面に感光性樹脂を塗って，模様の地の部分の樹脂を固める。ロールの内部から染料を滲出させながら，プリントする。最も新しい機械捺染。速度は40〜60m/分。価格は70円/m
その他	インクジェットプリント	小ロット多品種生産が可能で，無地も，複雑な柄も自由自在に出せる。工場ではなくオフィスでも生産でき，オンデマンドでも作れる革新的方法だが，問題は価格と速度。速度は0.2〜0.3m/分。価格は300〜700円/m(2005年時点)
	昇華転写プリント	インクジェットやグラビアで分散染料を紙(転写紙)に印刷し，それをポリエステル布と重ね合わせて，高温(200℃程度)にし，染料を昇華させて繊維内部に移動させて染める

(3) 染色の前処理

① 精　練

　天然繊維は，動植物由来の油分や土砂，植物屑など，さまざまな汚れが付着しているため，染める前に落としておく必要がある。綿の精練では界面活性剤とアルカリ剤を用いて高温で精練する。毛の場合は洗毛という。

　それらに対し，絹の精練は目的や原理，方法が異なる。絹は蚕の繭から製糸した生糸(図5-1)の段階では，糊のような水溶性たんぱく質セリシンで覆われており，用途に合わせてセリシンを適宜取り除くことを精練という。

図5-1　生糸の断面

② 糊抜き

　織物は製織時に経糸に糊をつけているため，それを取り除くための糊抜きをしておかないと，糊にも色素が染まってしまい堅牢度の低下などをまねく。

③ 漂　白(晒し)

　天然繊維はさまざまな不純物を含むため，純白にはほど遠い場合もある。これらは生成りとよばれ，そのまま製品とする場合もあるが，一般的に綿は白度を高めるために漂白が行われる。亜塩素酸ナトリウム，過酸化水素などがよく用いられる。日光の紫外線による漂白などは科学技術が発達する以前から行われ，その光景は，越後上布などの雪晒しなど

で今でも目にすることができる。

1-2 色が発現する仕組み

(1) 繊維は本来白い

染める前の繊維は，ほぼ白色である。繊維高分子(ポリマー)や夾雑物が特定波長の光を吸収せず，照射された白色光が表面で反射されて白く見えるためで，無色というほうが正確である。染色では，無色の繊維は自由に色を変えられるため都合がよい。例えば，ベージュに近い生成り色の繊維に青色染料で薄く染めるとライトブルーではなく，ライトグリーンに見えてしまう。そのため，毛や絹，綿は，より白い繊維を得るため品種改良が続けられ，漂白(晒し)の技術は古くから発達した。一方で，19世紀末以降，再生セルロース繊維を皮切りに次々と登場した化学繊維は，製造段階からほぼ純白に近く，単繊維の断面・表面形状等によっては強い光沢を伴う。光沢が強すぎる場合は，艶消し剤を繊維内部に混入させることも多い。光沢が強いものをブライト，艶消ししたものをダルやフルダル，中間をセミダルなどと称する。

(2) 色が見える原理と色素の役割

色は眼に入る光の種類の違いによりもたらされる(例外は Column 参照)。光(電磁波)は波(粒子としての性質ももつ)で，その波の波長(波の山と山の間隔，nm：ナノメートル，$1\,\text{nm} = 10^{-9}\,\text{mm}$ で表す)で色が変わる(図5-2)。ヒトは，380～760 nm 程度の波長の光のみを感じ，これを可視光という。眼では見えない 380 nm 以下の光は紫外線や放射線など，760 nm 以上の光は赤外線や電波などという。

前述のように，不純物や色素をもたない繊維は，太陽光や蛍光灯などの白色光を一様に

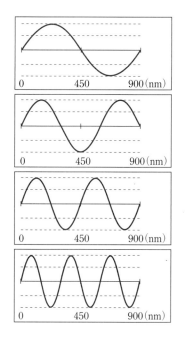

波長：900 nm「赤外線」
ヒトには見えない。
光子1個当たりのエネルギー(E)
≒1.38(eV)で小さい。

波長：600 nm「可視光線」
橙色に見える。
E ≒ 2.07(eV)

波長：450 nm「可視光線」
青色に見える。
E ≒ 2.76(eV)

波長：300 nm「紫外線」
ヒトには見えない。
日焼けが生じる。
E ≒ 4.13(eV)でエネルギーが大きい。

図5-2 光の波長の概念とエネルギー

反射するので,人間の目には跳ね返っ
てきた白色光がそのまま入る。しかし,
繊維に特定の波長の光を吸収する物質
が存在すれば,白色光からある色の波
長成分が失われた光のみが反射して目
に入り,色を感じる。例えば,白色光
から青色のみが除かれて反射すれば,
黄色に見える。この特定波長の可視光
を選択的に吸収する分子が色素である
(図5-3)。色素分子は大変小さな粒子
なので,繊維の内部(高分子鎖が比較

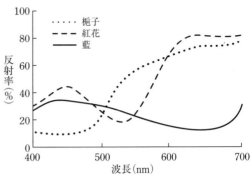

図5-3 反射スペクトルの例

的ランダムに存在する非結晶領域)に入り込み,色を与える。色素を繊維内部に落ちない
ように入れ込む操作が染色である。

　顔料は,水や溶剤に溶解しないため,それらに分散させても粒子サイズが大きく,繊維
内部に入ることはできない。そのため,顔料で染めるには,バインダーとよばれる樹脂の
作用で繊維表面に接着させるしかない。バインダーの影響で繊維の風合いが変わるが,染
料よりも単純なメカニズムのため染める繊維を選ばず,難染性のポリプロピレンでも着色
できる。

Column 主観色　例外の一つに主観色がある。例えば,図5-
4の図を凝視すると,色が見えるのではないだろうか。

(3) 繊維と色素の関係

　金属繊維などごく一部の例外を除いて,繊維は全て高分
子である。一方で,ほとんどの色素は比較的小さな分子で,
そのサイズは,およそ1〜3nm程度である。つまり,巨大
な繊維の小さな間隙(セルロースで2〜4nm)に色素が入り
込み,繊維と色素が化学的に引き合う,または色素が水不

図5-4 主観色の例

溶で溶け出てこないといった何らかの理由で間隙から出なくなることが染色である。その
結合の仕方は色素や繊維の種類によってさまざまであり,金属や高分子系バインダーなど
が両者を結合させる役割を果たす場合もある。

(4) 染まった色が落ちてしまうトラブル

　製品の色が褪せたり,変わってしまったりすることを変褪色という。ジーンズに使われ
るデニムのように変褪色が起こることが製品の特徴となり,あえて色落ちしやすいよう糸
の芯部は白く残して表面だけを染める(中白という)こともあるが,きわめて特殊な例であ
る。一般的には変褪色しない製品ほど質がよいとされる。

　変褪色の生じにくさは染色堅牢度で表すことができる。製品の使用段階や保管中に変褪
色が生じる原因はさまざまであり,例えば,汗によって変褪色が生じる度合いを表すので
あれば汗堅牢度というように,原因ごとに堅牢度が存在する。その試験は重要で,メーカー

や検査団体等が定める一定の基準(表5-4)をクリアした製品が製造, 販売されている。日本の製品の試験方法は基本的に日本工業規格(JIS)に掲載された手法で行うが, 米国の(American Association of Textile Chemists and Colorists; AATCC)や国際標準化機構の(International Organization for Standardization; ISO)の試験方法を行うこともある。

① 耐光堅牢度, 日光堅牢度

太陽光などの光に当たって生じる変褪色の生じにくさを示す。光はエネルギーをもっており, 光の波長が短いほど, そのエネルギーは大きい。色素は特定の波長の光を吸収し, 励起状態というエネルギーの高い状態になるが, すぐに(10^{-12}秒程度)そのエネルギーを熱や蛍光などによって放出し, 基底状態という低エネルギーの状態にもどる。励起状態に

表5-4 洗濯堅牢度基準の一例

		婦人 子供服	シャツ ブラウス
耐　光		4	3
洗　濯	変褪色	4	4
	汚　染	3-4	3
汗	変褪色	4	4
摩　擦	乾　燥	4	4
	湿　潤	2-3	2-3
色泣き		4-5	4-5
汗耐光		3	3

(一般財団法人　ボーケン品質評価機構)

5級が最も優れており, 1級が最も劣る。ただし, 耐光堅牢度のみは8級が最も優れている。3-4級は3級と4級の中間を表す。

なった色素のうちの一部は, 基底状態に戻らず自身の分解や酸化・還元といった光反応を起こしてしまう。光反応を起こした色素分子は分子構造が変わるため色が変わったり(変色), 色が失われたりする(褪色)。紫外線のような短波長光はエネルギーも大きく, 励起する色素も多いため分解が盛んに起こり, 変褪色を生じやすい。これらの光反応は視覚的に変褪色を認知できる色差に至っていなくても光(目に見えない紫外線なども含め)に当たる限り常に生じている。製品の光による変褪色を防ぐには, 洗濯後に陰干しする, 裏返して干すなどを心がけるとよい。また, 染織文化財などを博物館などで展示する際は紫外線を含まない光源で, 光量もごく弱い環境下などで展示される。

JIS試験法では, 太陽光で長期間行う方法もあるが非効率で, 通常は人工光源の耐光試験機が使われる。人工光源として日本では紫外線の強いカーボンアーク灯が使われることが多いが, 海外では光の組成がより太陽光に近いキセノンアーク灯が普及している。堅牢度等級ごとのカーボンアーク灯照射時の褪色に至るまでの時間は, 最低の1級は30分, 一般衣料の合格レベルの3級は6時間, 4級は20時間, 最高の8級は330時間もあり, 物によって光に対する強さには大きな差がある。

② 洗濯堅牢度

水を用いた洗濯(家庭洗濯やランドリーなど)による色素の変褪色, 汚染(色移り)の生じにくさを示す。これには初めから繊維とごく弱くしか結合していなかった場合と, 初めは繊維に染着していたが, 水や酸などの作用で結合が切れてしまった場合の2種類がある。前者は綿の反応染料による染色時のソーピング不足が原因となることが多い。後者は水溶性色素である直接染料や酸性染料で生じやすい。また, 日本で流通している綿製品の多くは反応染料で染められており, 染色加工場でのソーピングが念入りに行われていれば大変優秀な洗濯堅牢度が得られるが, それでも製品の使用段階で酸性ガスなどの作用により染料と繊維の結合が切断されて洗濯で色落ちすることもある。

③ 摩擦堅牢度

　摩擦による色移り(汚染)を対象とした堅牢度で，元の製品の摩擦に伴う褪色はJISには規定されていない。主に問題となる色材は，建染染料，ナフトール染料，硫化染料，顔料であり，いずれも色素が水不溶性粒子として染着しているものである。色移りは摩擦係数が大きく関与するが，湿潤状態の布は繊維同士の接触面積が増加することにより摩擦力が増大し，色移りが激しくなるため，JISでは乾燥と湿潤の2つの試料状態の試験方法が規定されている。また，かかる圧力(荷重)が大きくなると摩擦力も増大する。繊維表面付近の染料をソーピングによって取り除くことを試みても，摩擦堅牢度は必ずしも改善しないとされる。また布の摩耗の関与も指摘されており，堅牢度に優れる反応染料染色布でも摩耗で脱落した繊維の屑が移行して汚染するケースもある。

④ 汗堅牢度，汗，および光に対する複合堅牢度

　汗のみを起因とする変色は，汗に含まれるヒスチジンによって含金属染料(特に含銅型)からの脱金属によって生じるとされる。汗堅牢度試験ではヒスチジン(2.4 mmol/L)を含む人工汗液を含ませた試料を12.5 kPa加圧下，37℃，4時間放置し，変褪色と汚染をみる。ただし，最近はこれらの含金属染料の使用は少ない。

　一方で，汗や耐光の単独の堅牢度に問題のない反応染料で染めた綿の変褪色も問題となる。光と汗の複合作用による変褪色があり，その発生機序は，乳酸存在下で主に光還元による色素の変色であるとされる。これは綿や絹で生じやすく，合成繊維や羊毛では生じにくい。なお，色素の分解だけではなく，汗自体も黄変の原因となりうる。

⑤ ホットプレッシング堅牢度，昇華堅牢度

　家庭アイロンや商業クリーニングのプレスに対する堅牢度である。特に問題となるのは分散染料で，分子量が小さく極性も低い色素は高温で気化し，繊維表面や他の繊維へ移行し，色むらや色泣き，汚染を生じてしまうことがある。これはサーモマイグレーションとよばれている。分散染料の構造的宿命(転写捺染という染色法が可能だという点では長所となる)であるが，堅牢度向上のための研究，開発も進んでいる。高温でなくても，貯蔵中などに他の繊維に長時間接することによって汚染が生じることがあり，昇華堅牢度という。

⑥ 色泣き(ブリード)

　色泣きは，捺染柄や縞，格子などの色や濃淡の境界で，濡れることによって色素が滲みだし，他の領域を汚染するトラブルである。直接染料やソーピング不足の反応染料など洗濯堅牢度の低い染料や，反応染料が経時的あるいは酸・アルカリ等外的要因により加水分解する，分散染料が熱や有機溶剤で影響を受ける，顔料染色の樹脂が溶剤で溶出するといったケースが考えられるが，特に他の堅牢度試験では，合格となる染色物における色泣きが問題とされる。

1－3　色の表示と測定

　色を言葉だけで他者に正確に伝えることは大変難しい。JISには系統色名(例えば，やわらかい黄赤)が定義されているが，そもそも光源によって見え方は異なるため，認識が単一の色に収まることはあり得ない。また，一般に伝統色とよばれる慣用色名は優雅だが，

例えば「臙脂色」は文献ごとに異なる色を指しており，色は一つに特定できない。そこで，色票を用いた方法が，簡単かつある程度の正確さを持って色を伝達するのに適しており，マンセル表色系は広く知られている。これは色相，明度，彩度の3属性で色を表すものである。他に，オストワルト表色系や日本色研配色体系(PCCS)などもあり，産業界ではPANTONやDIC色票などが広く使われている。色票は一見便利に思えるかもしれないが，2つの色の差を（色差という）定量的に表したり，色の分布を視覚的に表したりするのには向いていない。そこで，数値を使って色を表す方法があり計測機器を用いて測定できる。その数値として国際照明委員会(CIE)は当初，XYZ表色系(1931)を推奨したが，数の差と知覚的な色の差が一致せず，色差がわからない短所があり，それを一致させた(UCS色度図という)L*a*b*(CIELAB)とL*u*v*(CIELUV)が1976年に採用された。計測機器は，色彩計や測色計，色差計などとよばれる，赤緑青のフィルターを通して得た3原色の刺激値をCCDなどで計測する刺激値直読法と，分光反射率など詳細なデータが得られる分光測色法に大別できる。

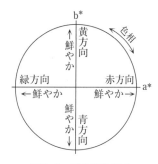

図5-5　CIELAB色度図

コンピューターを用いて一般人にもDTPや画像編集が簡単に行える現代では，色彩を表す数値としてRGBやCMYKも目にするだろう。RGBはディスプレイやデジタルカメラなどに使われるが，どの色を純粋なR：赤，G：緑，B：青と定めるかによって示す色が変わる。純粋な色を決めて色空間としたものがsRGBやAdobeRGBである。一方，CMYKは印刷において，C：シアン，M：マゼンタ，Y：イエロー，K：黒のインク量を表すものである。

Column　天然染料で染まる色は，合成染料と比較して限られる。実際に天然染料で染められた多数の繊維を測色した色彩値は図5-6に示した。鮮やかな青，緑，紫が染まっていない。一方，黄色は非常に鮮やかな染料がある。

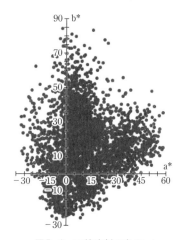

図5-6　天然染料の色(D_{65})

2.　古今東西の染料

20世紀に入り，合成染料が世界中に普及したが，それ以前は植物・動物・鉱物で染められていたため，染料や色の地域性が存在した。ここでは，染色の起源から現在までの染料を紹介する。

2-1　染色の起源

ホモ・サピエンスは20万年ほどの歴史をもつとされるが，染色の起源はもとより衣服の起源もはっきりとはしない。近年の研究では，2009年，科学雑誌サイエンスに3万年近

く昔の染められた亜麻がグルジアの洞窟から発見されたとの論文が出た。染色の歴史は相当に古いものではないかと考えられる。

そもそも有機物である繊維は年月の経過とともに分解が進むため，古代の遺物が見つかる例はきわめて貴重である。日本で現存する最古の染織物は6世紀の法隆寺献納宝物，その少し後の正倉院宝物である。

2-2 天然染料時代

人類が染色を始めてから19世紀半ばまでが天然染料による染色が行われた時代である。なお，土や墨，緑青などの天然顔料が衣服の染色に用いられることは少なかった。顔料は豆汁や膠（にかわ）などのバインダーを用いて染めるが，現代の合成高分子系バインダーよりも固着力が弱く，堅牢性のわるさ，色むら，バインダーによる風合いや色味の悪化，毒性，精神的な理由などによって使われなかったと思われる。

天然染料には採取地が限定される，栽培が困難である，色素含有量が少なく染色が容易でないなどの理由から貴重なものも多く，当然ながら庶民が自由に好きな色を得ることはできなかった。主要な天然染料を色ごとに分けて紹介する。

(1) 青色

植物の藍から得たインジゴで染めることが世界中で行われた。藍の植物は世界中にさまざまあるが，日本の藍植物は主に蓼藍（たであい）で，葉を発酵させ蒅（すくも）という染料にした。江戸期以降，阿波（徳島県）吉野川流域が名産地だった。一方，沖縄や中国南部は琉球藍，ヨーロッパではウォード（大青）が主な藍植物であった。印度藍から作られた染料の色素純度が高く優れていたため，近世以降，世界の藍はそれに置き換わり，日本でも明治初期から中期にかけて普及した。他の染料では，日本では初秋に青い実がなる雑木である臭木（くさぎ）の実も使った。また，道端で普通に見かける露草（青花）の花の絞り汁は，水で流れ落ちてしまうため，友禅の下描きなどに使った。

Column 花や果皮などの赤や青などの色素はアントシアンという。堅牢性が非常に弱く，高温やせっけん等の弱アルカリですぐに褪色してしまうため，染色には向かない。露草の青色色素はコンメリニンというアントシアンで，低濃度水溶液はすぐに分解されるが，高濃度水溶液では分解されにくい。そのため下描きに使えたわけである。

(2) 赤色

植物の茜，紅花，蘇芳と，数少ない動物染料である貝殻虫が代表的である。

茜の植物の根は最も古い染料の一つとされる。堅牢に濃く染めるための媒染剤として金属イオンが用いられ，かつては明礬や木灰を用いた。根が太い西洋茜は主にアリザリンを含み，近世にはトルコ赤という濃赤色も染めた。日本茜は根が細い。

紅花の花も古くから用いた。不堅牢だが大変鮮やかに染まり，高価だった。口紅など化粧用でも重要で，江戸時代には最上川流域（今の山形県）が大産地だった。

貝殻虫由来の色素として，南米のコチニール，東南アジアのラック，ヨーロッパのケルメスも多用された。コチニールは大変優れた染料であり，特に17世紀にスズ媒染で鮮やかなスカーレットが染まることが発見されヨーロッパを席巻した。コチニールやラックは

今でも食用色素に多用されている。

ブラジルの国名の由来にもなった植物，蘇芳(すおう)の心材は金属の種類によって紫系などの色も得られるが，アルミニウム媒染で赤色が染まる。堅牢性はよくなく，正倉院宝物にも品名に「蘇芳染」をつけるものが多数あるが，色は褪せている。

Column 木灰，つまり木や草を燃やした後に残る灰には，炭酸カリウム，炭酸水素カリウムなどのアルカリ性の塩と，植物がもっていたアルミニウムなどの金属塩が含まれる。それを水に溶かした上澄み液が灰汁で，近世以前は洗濯，染色，調理など，日常生活に大変有用な物質だった。

(3) 黄色・茶色

これらの色を染める染料は大変多い。植物が広くもつフラボノイドなどの色だからである。日本では刈安(かりやす)，黄蘗(きはだ)の樹皮，鬱金(うこん)，梔子(くちなし)の実，石榴(ざくろ)の実，杉や櫨(はぜ)などを使った。中国は黄色が陰陽五行説で中心，つまり最上位，皇帝の色であり，槐(えんじゅ)の蕾で染めた。ヨーロッパではウェルドやコガネバナ，ペルシャンベリー，玉葱(たまねぎ)の皮などを染料とした。なお，背高泡立草など身近な雑草を煮出しても染まる。

(4) 緑 色

天然染料で緑色染料とよばれるものはない。緑色は青(藍)と黄色の重ね染めで得た。青が藍という鮮やかではない染料しかなかったため，鮮やかな緑色も染まらなかった。なお，植物の葉の緑色色素クロロフィルは染料にはならなかった。

(5) 紫 色

紫色は西洋，東洋ともに古代から貴重な色で，権力者のみが着用できた。日本では主に紫草の根(紫根)を用いたが，栽培が簡単ではなく貴重な染料だった。一方，海の貝(イボニシなど)の内臓で染める貝紫(かいむらさき)は日本では少ないが，海外では盛んに行われた。1匹からわずかな色素しか採れないため貴重な染料であった。

なお，青色と赤色を染め重ねれば紫色になるため，日本では紅花と藍を重ねて二藍という色や，藍と蘇芳の赤紫色を重ねて似せ紫という色もあった。

(6) 黒 色

植物の渋み成分でもあるタンニンというポリフェノールがさまざまな植物に含まれており，鉄媒染で黒色が染まる。しかし，望ましい黒色を得ることは簡単ではない。繊維は濡れ色という言葉があるように，濡れた状態は色が濃く，乾くと薄く見えるが，例えば，青みがかった濃い灰色も濡れると黒色に見えるためである。そのため，黒色を染める方法は明治時代に入ってからも改良が続けられた。引き染めにおいて，ログウッドを用いた三度黒という手法は大変美しい黒色が染まるため，日本で昭和以降も工業的に使われ続けた唯一の天然染料であった。

2-3 合成染料の発明と発展

　染色の起源から考えると数万年以上続いた天然染料時代は，19世紀半ばの合成染料の発明によって終焉を迎えた。欧州を中心に開発，製造された合成染料は世界中に輸出され，人々は自由に好きな色を得ることができるようになった。合成染料の歴史は，たかだか150年少しのことである。

（1）合成染料の染料種別

① 塩基性染料，カチオン染料

　正に帯電した色素分子が，負に帯電しうる繊維にイオン結合的に吸着する。1856年，当時18歳の英国人パーキンが発見した世界最初の合成染料モーベインを皮切りに，マゼンタ（フクシン），ビスマルクブラウン，メチレンブルー，マラカイトグリーン，クリスタルバイオレット，オーラミンなど19世紀末にかけて次々に開発された（表5-5参照）。染まりがよく色も鮮やかだが，堅牢性が著しく悪いため，絹や毛ではなく綿[注]にタンニン酸等の媒染剤を併用して染めた。その需要も直接染料登場以後減少した。オーラミンは大変鮮やかな黄色を染める染料で沢庵漬けも着色されたが，毒性が問題となり昭和中期以降は使われていない。マゼンタ，オーラミンは発がん性（IARC Group 2 B，ヒトに対する発がん性が疑われる物質）が指摘されている。

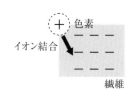

図5-7　塩基性染料の原理

注）綿は陰イオンをもたないが，当時存在した他の合成染料では染まる色が限られていた（図5-7参照）。

表5-5　合成染料開発の系譜と国内染料生産量の推移

西暦	天然	塩基性/カチオン	酸性	酸性媒染	含金	直接	硫化	建染スレン	ナフトール	分散	反応
1820 江戸	天然										
30											
40		1856									
50		塩基性	1862								
60 明治			酸性								
70						1884					
80				1889		直接	1893	1897			
90				酸性媒染			硫化	建染スレン			
1900	ほぼ消滅								1912		
10 大正					1915 含金				ナフトール	1923	
20 昭和 10←		6	4	-	-	13	112	2	-	分散	
30		カチオン	7	-	-	34	150	18	-	-	
40		3	4	-	-	17	48	8	-	-	1956 反応
50		9	9	10	-	39	62	17	31	-	7
60		14	24	21	-	62	69	22	40	11	29
70		54	35	26	-	51	51	23	42	21	116
染色対象	主に天然繊維	アクリル，CDP[注]	たんぱく質（毛・絹），ナイロン			セルロース（綿・麻・レーヨン）反応染料はたんぱく質用もあり				合繊全般	

　表中の数字はその年代における国内の染料生産量（100 t，主に化成品工業会の統計値を使用）のおおよその平均値を示す。1920年代のみ最も古い統計である1932年の値を記した。－は数量不明を示す。なお，1940年代の平均が低いのは国民服やもんぺが日常着となった背景もあるが，太平洋戦争で戦争用爆薬（T.N.T.など）の製造技術，工程（硝化反応等）が染料製造と類似していたため，転用されたのである。

注）CDP：カチオン可染ポリエステル。PETの原料のテレフタル酸の一部をスルホイソフタル酸塩に置き換えて共重合したもので，酸性基をもつ。

20世紀に入り，新たに開発された化学繊維であるアセテートやアクリル繊維などに対して優れた染着性や堅牢性をもつことが見出され，再び脚光を浴びて新規染料が研究開発され，カチオン染料として今に続いている。

② 酸性染料

 塩基性染料とイオン性が正反対であるが，染着機構は同じである。1862年のソルブルブルーが最初であるが，実用性の高い染料は1876年のオレンジⅡ以降である。オレンジⅡは分子中にアゾ基（-N=N-）をもち，アゾ色素とよばれる。アゾ色素はジアゾ化とアゾカップリング反応により数多くの種類が簡単に作られるため，現在も合成染料中最も多くを占める構造である。

 酸性染料は分子が比較的小さいため色が鮮明だが，湿潤堅牢度はよくない。高堅牢を要求する場合は金属イオン（主に六価クロム）による媒染を伴う酸性媒染染料（クロム染料）があり，現在も羊毛の濃暗色に使われている。しかし，染色操作が複雑で色の再現性も劣るため，染料製造段階であらかじめ金属を結合させた含金属酸性染料が開発された。しかし，毒性や環境汚染性の高い六価クロムを用いた，これらの染料への風当たりは世界的に強まっている。

③ 直接染料

 セルロース（綿や麻など）はイオン性をほぼもたない高分子で，酸性染料などイオン性の染料では良好な染色は行えない。そこで，分子量が1,000以上，分子長1nm程度と大きく細長い色素をセルロースに多数の水素結合で吸着させる染料が開発された（図5-8）。水素結合は弱い結合だが，多数形成させればトータルでは，それなりの強さとなる。色素の分子量

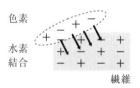

図5-8　直接染料の原理

が大きいため鈍い色が多く，水溶性の官能基をもつため湿潤堅牢度は悪い。新型の直接染料（シリアス染料）やフィックス剤等の後処理で改善は見込めるが，近年は反応染料などのより堅牢な染料に置き換わってきている。家庭用インクジェットプリンターの染料インクにもよく使われる。なお，初期の直接染料は発がん性をもつものも多く，昭和40年代に染色従事者の膀胱がんの多発が問題となり，化学構造がベンジジン系，トリジン系，ジアニシジン系の染料は，現在日本では製造されていない。ただし，使用に関して自主規制があるのみで，インド等の現在も製造可能な国で作られた染料が日本でも一部で使われている。

④ 建染染料

 水不溶色素を還元して水溶化（ロイコ体）し，繊維に吸着させた後に酸化させ，繊維分子内で元の構造に戻して染める。天然染料の藍や貝紫もこの原理である。1883年，バイヤーが藍の色素インジゴを石炭から合成することに成功，1897年に工業生産が始まり，天然染料の印度藍は，急速にこの合成インジゴに置き換わった。インジゴは，今でもデニムの色素として使われている。その後インジゴを派生させた染料やアントラキノン系建染染料（スレン染料）が次々に開発された。スレン染料は耐光堅牢度に大変優れ，現在では綿用の染料の中で最も堅牢とされる。

⑤ 硫化染料

建染染料と染色メカニズムが似ており，硫化ナトリウムによる還元で水溶化して染める。安価であり，黒色など濃暗色中心に染める。1960年代半ばまで国内で全染料中最も多く生産された染料であり，特に太平洋戦争前は全染料の半分以上を占めていた。しかし，染色物保存中に硫酸が発生してセルロースが分解，脆化する欠点があり，1970年代以降は反応染料の発展に伴って減少している。

⑥ 反応染料

直接染料は洗濯に弱いことが欠点であったが，染料と色素を非常に強固な共有結合で染着させる(図5-9)ことで，高い湿潤堅牢性をもたせた染料である。合成染料種別の中で最後に登場した染料であるが，現在，綿を染める染料として最も主要なものとなっている。たんぱく質系繊維用の反応染料もあり，価格が高いこともあって国内ではさほど普及していなかったが，環境対応などの観点から今後の普及が見込まれる。

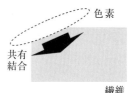

図5-9 反応染料の原理

⑦ 分散染料

ポリエステルは疎水性が強くかつイオン性も，ほぼもたない合成繊維で，①～⑥の親水性の染料では，ほとんど染まらない。一方で疎水性繊維であるアセテート用に1920年代に疎水性の強い分散染料が開発されていた。ポリエステルも，水にごくわずかにしか溶けないこの色素を分散させた染液を用い，繊維の分子運動が盛んになるように高温にすると染まる。しかし，ポリエステル以上に疎水性が強いポリプロピレンは，分散染料でも満足に染まらない。

経済産業省の1985年から2013年にかけての統計によると，日本国内の染色加工業で消費される合成染料，顔料のうち，重量ベースで最も多く使われるものは常に分散染料で40～45％程度，次いで反応染料で1990年以降は35～40％程度，顔料は10％前後である。一方，その他マイナーな染料の重量シェアを図5-10に示した。酸性染料，含金属酸性染料は少ないながらも一定のシェアを維持しているが，他は漸減している。特にナフトール染料は2008年以降0.1％にも満たなくなり，かつて主流だった硫化染料も2000年以降1％を下回っている。

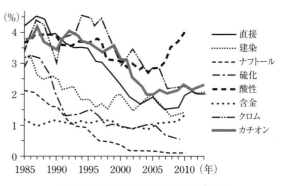

図5-10 国内の染料消費量の重量割合

出典：経済産業省の繊維・生活用品統計年報(2001年までは繊維統計年報)，1989～2013年版より作成

(2) 機能性色素への展開

反応染料を最後に新たな染料種別は現れていないが，その後も染料の研究開発は続いてきた。熱による移染(サーモマイグレーション)を生じにくい分散染料や染色時の染料の廃

棄ロスを減らすべく反応固着率の優れた反応染料の開発などである。これらの新規に開発した染料は通常は特許を取得して他社の生産を防ぐが，特許期限（通常は20年）が切れると土地や人件費の安い国で低いコストで製造されるようになる。そのため衣料用の染料は収益性が悪く，かつて染料業界をリードした国内外の大手化学メーカーの撤退が相次いだ。色素の研究開発の軸は，有機ELなどのディスプレイ用色素や，DVD-Rなどの光記録用色素など，機能性色素に移っている。

3. 仕上げや加工による素材の高機能化

染色前後の布に対して，素材特有の欠点解消や，さまざまな機能性をもたせる目的で，物理的な仕上げや化学的な後加工が施される。古くから行われた仕上げ処理もあるが，今では製品の差別化，高付加価値化や消費者の要求の多様化を背景に，数多くの後加工がある。なお，ポリエステル綿混など混紡，混織品にも適用される。

3-1 物理的な仕上げ（表5-6）

① サンフォライズ仕上げ

綿やレーヨン等の親水性繊維に特有の膨潤収縮を軽減する仕上げである。あらかじめ織物の寸法変化率を測定し，その分を強制的に収縮させながら熱処理を行う。

表5-6 主な仕上げ

繊　維	仕上げの種類
綿	①サンフォライズ仕上げ　③毛焼き ②カレンダー仕上げ　　　④起毛
毛	⑤毛織物の仕上げ（縮絨，起毛，剪毛等）
合繊全般	⑥ヒートセット

② カレンダー仕上げ

大きな加熱ローラーの間に綿織物を通して，熱と圧力の作用で艶出しの効果を得る。硬さや強い光沢を与えるために糊や熱硬化性樹脂を含浸させて行うこともある。

③ 毛焼き

織物表面を覆う短い毛羽を0.05秒程度の瞬間的な炎で焼き取る。生機と染色後の2回施す場合もある。

④ 起毛

フラノなど毛の起毛織物に似せた綿織物として綿ネルなどがある。針布を巻き付けたローラーやサンドペーパーなどで織物表面を擦って起毛する。

⑤ 毛織物の表面仕上げ

フェルト化は毛のみがもつ現象である。毛製品の水洗い時など生じてほしくない場合は欠点となるが，逆にそれを活かして毛特有の表面加工が行われている。毛織物の表面をフェルト化（縮絨）させ，生じた毛羽を整える（剪毛）。これにより織物表面が整ったフェルトのようになり，通気性が低下して保温性が増し，冬に適したフラノ，メルトンなどの生地となる。その程度や起毛，剪毛の具合によってミルド仕上げ，メルトン仕上げなどがある。一方で，縮絨させずに毛焼きや熱プレスによって，毛羽を除去し光沢を出す仕上げをクリア仕上げとよぶ。

⑥ ヒートセット

　合成繊維やアセテートなどは，ガラス転移点以上融点以下の高温で柔らかくなり，冷えると固まる熱可塑性をもつ。その性質を活かし，それらの繊維を高温プレスしてプリーツなど半永久的な折り目をつける仕上げである。ただし，タンブル乾燥などで型崩れしてしまう恐れがある。

3－2 さまざまな機能を付与する後加工（表5-7）

表5-7　化学的処理による後加工の例

繊　維	基本的加工	高付加価値化，その他の加工とその概要	
全　般		④撥水加工	：水をはじき，吸水しない
		撥油加工	：油をはじく。撥水性も同時に付く
		防汚加工(SR加工)	：汚れを付きにくく，または落ちやすくする
		⑤防炎，難燃加工	：燃焼しにくくする
		⑥抗菌・防臭加工	：菌の発生を抑えて悪臭の発成を防ぐ
		防水加工	：水の透過を防ぐ
		⑦紫外線遮蔽加工(UVカット加工)	：紫外線の透過を防ぐ
綿	①シルケット加工	⑧樹脂加工	：樹脂を塗って固める
		⑨形態安定加工(W＆W加工，PP加工)	
		⑩擬麻加工	：亜麻(リネン)のような風合いにする
毛	②シロセット加工	⑪防縮加工	：フェルト収縮を防止する
		防虫加工	：虫に喰われにくくする
絹		増量加工	：重量や太さを増し，厚地の織物にする
合繊全般		抗ピル加工	：ピリングの発生を防ぐ
		⑫帯電防止加工	：静電気の発生を防ぐ
		防融加工	：繊維が熱で融けて穴があくのを防ぐ
ポリエステル	③アルカリ減量加工		

① シルケット加工

　綿織物やニット編み立て前の綿糸に対し，光沢をもたせ，染色性や寸法安定性，糸の強度を向上させる目的で広く行われている。濃水酸化ナトリウム水溶液中で膨潤させた綿に張力をかけることで，単繊維が真っ直ぐに伸びて，効果が発現する。発案者の名前から，マーセル化，マーセライゼーションともよばれる。

② シロセット加工（図5-11）

　毛に半永久的な折り目（プリーツ）を与える加工である。毛はケラチンというたんぱく質であり，含硫アミノ酸であるシステインを多く含む。システインの硫黄元素は別のシステインの硫黄元素とシスチン結合（－S－S－，ジスルフィド結合）を形成し立体形状を作っているが，それを還元剤によって切断し，折り目をつけた状態で酸化剤によって再結合させ，化学的に形態を固定する。スラックスのセンタープレスには必須である。

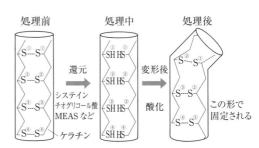

図5-11　シロセット加工の原理

③ アルカリ減量加工

ポリエステルが強アルカリ性下で徐々に加水分解されて繊維表面から緩やかに水に溶解していく性質を利用し，繊維を20％ほど溶かして細くする加工である。製織後に施すが，布地が薄くなり，糸の自由度も増すため，しなやかでドレープ性に優れた織物が得られる。また，単繊維表面が凹凸になるため，光沢も穏やかになる。今やポリエステルには欠かせない加工だが，日本で最初に行われたとされている。

④ はっ水加工

毛のように未加工でもいくらかのはっ水性をもつ素材もあるが，綿はもとより，疎水性の合成繊維織物でも通常ははっ水性が低い。それらの織物に撥水性を与えるためにシリコーンやフッ素系の疎水性樹脂を布に塗布して熱固着させると，水の接触角が大きくなり，水滴が流れ落ちやすくなる。アウトドアウェアや傘などには必須であるが，後加工による撥水性は永続性がなく徐々に効果が低下していく。なお，フッ素系のはっ水・はつ油剤としてこれまではC8テロマーが一般的であったが，C8テロマーから微量に生成するパーフルオロオクタン酸(PFOA)等は環境残存性が高く健康への影響の不安があるとの情報が2000年に米国環境保護庁より出された。そこで，主要な加工剤生産企業・団体，またそれを使用する染色加工業や最終製品メーカーは2015年を目処にC6テロマーや非フッ素系加工剤などへの転換を進めている。しかし，C6テロマーは耐久性に劣り，非フッ素系は，はつ油性が劣るなど，従来のC8テロマーと同等の性能は得られないとされる。

⑤ 防炎，難燃加工

セルロースなどの有機高分子からなる繊維は高温で分解し，炭化水素ガスになって酸素と混じり，燃える。不特定多数の人が利用する公共施設，ホテルなどのカーペット，カーテンなどでは防炎製品の使用が義務づけられているが，家庭でも特に高齢者が調理時に袖口からこんろの火が引火するなどの事故が後を絶たない。毛羽の多い綿製品では，表面フラッシュという現象も引き起こす。繊維を燃えにくくするためには，酸素の供給を遮断するか，ガスの発生を抑えることである。そこで，難燃剤を繊維内部や繊維表面に吸着させたり，燃焼時に不燃性のハロゲンガスを発生させて酸素の供給を絶つバリアとしたり，リン系化合物の触媒が高温下セルロースを炭素の水に分解して温度上昇を抑えたりする方法がある。

⑥ 抗菌・防臭加工

第4級アンモニウム塩，キチン・キトサン，銀や銅イオンなどを繊維に固着させておくことで，菌の繁殖を抑えることができる。要求される抗菌性は，一般用途(家庭)と特殊用途(病院など)では異なるが，一般用途では抗菌によって防臭効果を得る目的が強い。なぜなら，繊維製品から発せられる悪臭は，皮脂などの汚れが菌によって分解され，その代謝物としてアミンや低級および中鎖脂肪酸が発生することによることが多いためである。見た目では効果を実感しにくい加工であるため，認証制度として一般社団法人繊維評価技術協議会が認証するSEKマーク(S：清潔，E：衛生，K：快適の意味) (図5-12)がある。

図5-12 SEKマーク

⑦ 紫外線遮へい加工（UVカット加工）

　繊維や染料はある程度の紫外線を吸収する。セルロースよりもポリエステルの方が紫外線は通しにくく，一般に濃色のもの（あるいは短波長光を吸収する黄色系のもの）は紫外線が吸収されやすい。この加工には，紫外線吸収剤となる芳香族化合物（サリチル酸系，ベンゾフェノン系など）で紫外線を吸収する，酸化チタンや酸化亜鉛などの白色粉末を混入させて紫外線を反射散乱させることがある。加工ではないが，芯鞘繊維で芯にセラミックスを入れる方法もある。

⑧ 樹脂加工

　防しわ性や寸法安定性，硬さ，光沢，あるいは立体的な模様の固定などを目的として行われる。主に熱硬化性樹脂が使われ，樹脂を製品に含浸させてから熱処理（キュアリング）して，樹脂を固める。半永久的な糊付けのようなものであるが，生地の強度が低下することや樹脂の種類によっては遊離ホルマリンによる健康トラブル発生の危険性がある。

⑨ 形態安定加工（W&W加工，PP加工）

　縫製された製品の立体的な形態を安定させる加工である。液体アンモニア（−34℃）による液安加工（シルケット加工に近い効果が得られるが，均一性やドレープ性，形態安定性において優れる）と樹脂加工を併用して，ワイシャツなどを洗濯・乾燥後にアイロンしなくてもすぐに着用できることを目指したW&W加工（ウォッシュ&ウェア加工）がある。現在ではほとんどのワイシャツに施されている。しわが全くできないわけではないので，実際には多少のアイロンがけを必要とすることが多いが，それでもアイロンがけの手間は大きく軽減された。これが普及する以前は，ワイシャツのしわを除去することは大変な作業で，しわも復活しやすいものであったため，糊付けが家庭でもごく普通に行われていた。

　同様の原理で綿製品でも洗濯耐久性のあるひだ（プリーツ）の付与や，しわの発生を防ぐパーマネントプレス加工（PP加工）がある。また，気相状の樹脂を製品の繊維内部まで浸透させるVP加工を施した形状記憶加工もある。

⑩ 擬麻加工

　綿織物に亜麻（リネン）のような硬くしゃり感のある風合いをもたせる加工である。硫酸を用いた処理（オーガンジー加工，パーチメント加工）や−15℃程度の低温でシルケット加工を施す方法などがある。

⑪ 毛の防縮加工

　毛表面には先端方向に向かってスケールが存在するため，異方性の抵抗をもつ。スケールは湿潤状態では開きやすくなり，その状態で摩擦されるとスケールが絡まり合って不可逆的なフェルト収縮が生じる。そこで，スケールをプラズマ処理やコロナ放電，塩素系の薬品などで除去したり，樹脂で覆ったりして，フェルト化しなくする加工である（図5-13）。これによって毛が本来もつはっ水性が失われることもある。

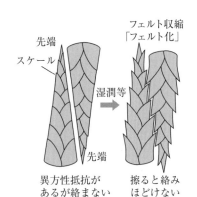

図5-13　フェルト収縮の原理

⑫　帯電防止加工
　　疎水性合成繊維は摩擦により帯電を生じやすい。放電時の不快感，埃の付着，衣服のまとわりつきなどの害があり，ポリエステル，アクリル等においては重要な加工である。最も簡単な方法は界面活性剤を吸着させる方法で，家庭洗濯における柔軟剤（陽イオン界面活性剤）も同様の効果が期待できるが耐久性はない。耐久性を持たせた帯電防止加工は，繊維に静電性物質を入れ込む方法である。一般的には静電性有機化合物を混合する方法が多いが，低湿時は効果が弱い。さらに強い帯電防止性が必要な場合はカーボンブラックの黒色粉末が混入される。繊維が白色ではなくなるが，導電性繊維ともよばれる程の高い効果が得られる。

3-3　ファッション性に関する後加工
①　濃色化加工
　　繊維は水に濡れると色が濃く見える。これを濡れ色という。水は乾くとなくなるが，半永久的に残る樹脂を塗布して，半永久的に濡れ色を見せるものである。ただし，ドライクリーニングにより徐々に脱落する。
②　オパール加工
　　経糸と緯糸で異なる繊維の布地に，一方の繊維のみを溶解する薬品でプリントして溶かし，透けたような透明効果を出す加工である。「レーヨンと絹」，「綿とポリエステル」，「レーヨンとナイロン」では，いずれも前者が硫酸等の強酸で溶け，後者の糸のみが残る。
③　フロック加工
　　織物に綿，ナイロン，レーヨンなどによる毛羽を主に電気植毛法で固着させ，毛皮やビロードのような織物を作る加工である。樹脂で植毛する場合もあるが，ドライクリーニングで取れてしまうトラブルもある。
④　しわ加工
　　しわもおしゃれの一つであるという消費者のファッションの嗜好に合わせ，1980年代半ば以降に登場した。樹脂を塗布した後，機械でしわくちゃにするものである。
⑤　オイルコーティング
　　布にポリウレタンやシリコーン樹脂などを厚く塗布し，樹脂感を前面に出したものである。織物と合成皮革の中間的な存在となり，例えば，灰色の綿布にポリエチレン樹脂を塗布すれば，まるで金属箔のような銀色の布も作られる。
⑥　デニムの中古感を出す加工
　　デニムは経糸にインジゴ染め糸，緯糸に白糸を用いた綾織織物である。元々作業着であったため耐久性があり，その耐久性の高さから長くはいたジーンズは格好がよいという価値観が生まれたという。そのため，今では新品でも長期間着用したような中古感を表現した製品が主流となっている。その中古感を出す加工（表5-8）は日本を中心に1970年頃からさまざまなものが登場し，発展してきた。現在も中国地方で盛んに行われている。

表5-8　ジーンズの中古感を出すための主な加工

加工名	登場	概要
ワンウォッシュ	1970	米国からの輸入ジーンズは糊付けされていて風合いが固く，収縮も激しかったため，素肌の上にはけるよう，水洗いして販売した
ブリーチ加工	1975	漂白剤の液に入れ，全体を均等に脱色させる。縫い目付近などは脱色されにくいので，その不均一さが中古感を醸し出す
モンキーウォッシュ（シェービング）	1980	サンドペーパーで擦って，膝やしわなどの部分を白くする加工。職人的に手作業で行われている
ストーンウォッシュ	1982	軽石とともに工業用洗濯機（ワッシャー）に入れ，高温で1時間ほど洗う。石で擦れ，着古し感が出る。風合いもよれた感じが出る
オーバーダイ加工	1982	全体を茶色や蛍光増白剤など他の染料で染め，ムラを強調する
ケミカルウォッシュ	1986	次亜塩素酸ナトリウムをしみ込ませた石とともにワッシャーに入れ，無水で処理する。斑状に脱色される。一時は世界中で爆発的にヒットしたが，模様のコントロールが難しく，生地の脆化のトラブルが多発し，また高級感に欠けることからユーザーに飽きられてしまったという
サンドブラスト（サブレ）	1987	研磨用砂を高圧で吹き付ける。つまり，家庭用の高圧洗浄機から，水ではなく細かい砂が吹き出るようなもの。砂があたった部分はやすりで擦られたように色が抜ける。手作業で行われている
バイオ加工	1988	酵素（セルラーゼ）によって，表面の色を繊維ごと落とし，ストーンウォッシュのような色合いと風合いを得る

4. 繊維自体の高機能化

　化学繊維の開発初期の動機，目標はいかに絹のような繊維を人間の手で作り出せるかであった。20世紀の半ばには強度や耐久性などで天然繊維を凌駕する合成繊維が登場し，絹を目指すこと以外に合成繊維ならではの特徴を活かし独自の発展を歩んできた。

4-1　合成繊維の高機能化の手法

　人間の手で作り出された合成繊維は，その高機能化も科学技術を用いて自在に行える。まず，ポリマー自体を化学的に改質するには，機能性を持つ分子を共重合させる方法があり，ポリエステルにイオン性を持たせたCDPや，アクリルおよびアクリル系繊維（モダクリル繊維）も大抵のものが共重合によってイオン性や難燃性を獲得している。また，機能性を持った分子を放射線など用いて高分子に接ぎ木するように結合させるグラフト重合があり，例えば，高性能な消臭，抗ウイルス繊維がマスク等で実用化されている。また，2011年の福島第一原発の事故で拡散した放射性物質を効果的に回収する繊維（セシウム吸着繊維など）も開発されている。

　一方で物理的な方法として，単繊維の形，つまり断面や側面，あるいは全体の形状，細さを変えることができる。また，機能性をもつ粒子を紡糸時に物理的に添加することもできる。また，異なる性質をもった繊維を貼り合わせた複合繊維（コンジュゲート繊維）では，例えば，熱などに対する収縮性の差異を利用して捲縮糸や，嵩高素材が得られる。また，

鉛筆のように芯と鞘で異なる素材で構成された芯鞘繊維も複合繊維に入り，光ファイバーもその一種である。

4－2　異形断面繊維

化学繊維は，液化した高分子を細孔（ノズル）から吐出し，何らかの方法で固化して作る。例えば，ポリエステルやナイロンは高温で溶融した高分子がノズルから押し出され，冷えて固まる溶融紡糸で作られる。その際，ノズルの孔の形状を円形以外のものに変えることで，繊維の断面形状も円形ではないさまざまなものが作られる。この方法で作られたさまざまな断面形状をもつ繊維を異形断面繊維という（図5-15）。

（1）　シルクライク

絹のフィブロインは不定形状の三角形断面をもつ。それが優雅な光沢の一因であるため，ポリエステル等の化学繊維を三角形の断面にし，絹のような優雅な光沢をもたせようとしたものである。また，布の風合いもさらっとする。

（2）　中空繊維

竹輪のように芯部を空洞とした繊維である。ちなみに，綿もルーメンという中空をもった繊維である（図5-14）。これにより，見た目の比重が小さくなるため軽くなる，繊維に比べて熱伝導性の低い空気によって保温性が高まる，中空部に水が入るため吸水性が高まる，などの効果がある。繊維断面表面にも小さな孔（ボイド）を多数作ることでさらに高い吸水性が得られ，そうして作られたポリエステルニットの吸水性は非常に優れる。ポリエステルは疎水性繊維で吸湿性が非常に低いため濡れても乾きやすく，吸汗速乾素材として今ではスポーツウェアに欠かせなくなっている（図5-15）。

図5-14　異形断面かつ中空のポリエステル

出典：繊維学会誌，70，p.794（2014）

写真提供：帝人ファイバー「オクタ」

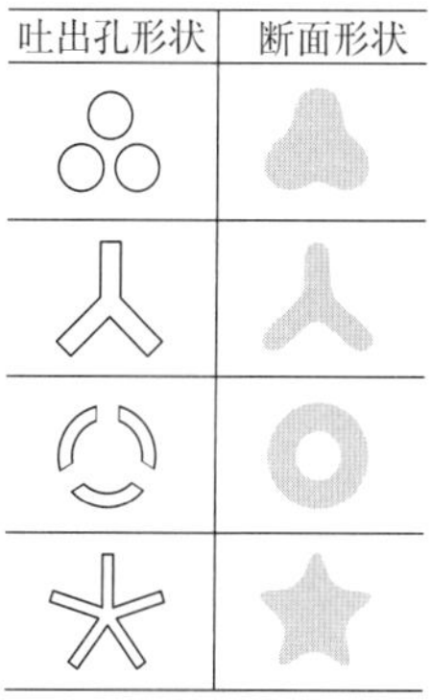

図5-15　さまざまな異形断面繊維

筆者作成

4－3　極細繊維

1本の生糸から2本のフィブロイン繊維が得られるが，フィブロイン繊維1本の太さがおよそ1dtexである。その10分の1の0.1dtex以下の繊維を極細繊維，0.01dtex以下の繊維を超極細繊維といい，繊維径が数μmのためマイクロファイバーともよばれる。通常の紡糸法ではノズルを小さくすることに限界があり極細繊維は作れないが，繊維と別成分を複合させた繊維を紡糸し，紡糸後に分割して作られる。分割の原理によって，海島型（海成分を溶解除去して島成分を残す）と分割型に分けられる。

さらなる細さを追求し，直径20～700nmというnmオーダーの繊維が作られた。マイクロファイバーに対して，ナノファイバーとよばれる。エレクトロスピニングという紡糸

技術が実用化されたことにより，2008年頃から本格生産が始まった。

　一方で，これらの繊維は表面積が多く光の反射が強いため，染色しても濃色に見えにくい短所がある。そこで，繊維表面にプラズマ処理やアルカリ減量加工などによって微細な凹凸(400～700 nm)をつけ，光の乱反射を抑えることで，深い色に見えるようにした超ミクロレーター繊維がある。

(1) ワイピングクロス

　疎水性繊維で作られた極細繊維は大きな表面積をもった糸の内部に疎水性物質である油や埃を吸着する。めがね・液晶画面拭きなどに使われている。

(2) これまでにない風合いをもった繊維

　極細繊維による織物表面を針布などで毛羽立て，ピーチスキン(桃の皮)のような独特の肌触りをもたせたものがある。

(3) マイクロアクリル

　アクリル繊維は比重が1.14程度で小さいため，元々軽い繊維である。また，かさ高で保温性に優れる繊維である。薄さと軽さと保温性を兼ね備えた冬用の機能性インナーなどが作られている。

(4) 透湿防水織物

　ポリエステル等疎水性繊維の超極細繊維で高密度織物を作ると，「水の水滴は通さないが，水蒸気は通す」という透湿防水布が得られる。平滑表面に多数の微細な孔があいている構造で，水の接触角が大きくなるためである。撥水加工とは異なり，半永久的な効果があるが，透湿防水フィルム(ポリウレタンやフッ素系の多孔質の樹脂)を使ったものよりは効果が弱い。

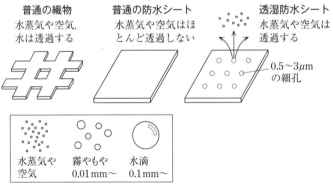

図5-16　透湿防水の仕組み

(5) 人工皮革

　1960年代に登場した合成皮革は天然皮革の表革を真似たもので，ポリエステル，綿等の織物にポリウレタンなどの樹脂を塗布して作られるが，天然皮革とは質感が大きく異なる。また，それよりも歴史の古い塩ビレザーも同様である。それに対し，人工皮革は従来の合成皮革とは全く別のもので，超極細繊維のナイロンやポリエステルなどの厚みのある

不織布を基布に用い、ポリウレタン樹脂を含浸させた後に多孔質を形成させて固め、基布と樹脂の接着状態も制御することで、通気性や柔軟性、スエードの表情をもたせたものなども作れる多様性をもった素材である。

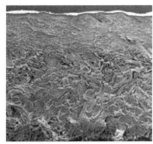
天然皮革の断面

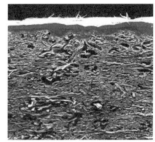
〈ロベニカ〉の断面

図5-17　クラレの人工皮革ロベニカの断面

写真提供：(株)クラレ

4−4　特殊な性能をもった高分子による繊維

産業用繊維まで目を拡げると、スーパー繊維とよばれる高強度、高弾性等の繊維がさまざまなところで活躍している。特に、鉄筋コンクリートのごとく、繊維強化プラスチック(FRP)というものは、プラスチックの内部に高強度の繊維の芯材を入れておくことで、プラスチックの軽さを保ちつつ金属をも凌ぐ高強度をもたせた素材で電気製品の回路の基板や建造物、航空機の機体など実にさまざまなところで活躍している。炭素繊維によるもの(CFRP)がよく使われるが、炭素繊維はアクリル長繊維を原料とするPAN系と、石油や石炭等の精製残渣物を用いたピッチ系に分けられる。アクリル繊維は日本の合成繊維メーカーが得意としていたもので、その技術やプラントを活かしてPAN系炭素繊維の製造で世界をリードしている。

以下に、産業用以外でも活躍するハイテクな繊維を紹介する。

(1)　超高分子量ポリエチレン

ポリエチレンは、レジ袋など樹脂としては多用されているが、耐熱性が乏しく染色も困難なため、衣料用繊維にはほとんど使われない。しかし、通常の10〜100倍の分子量(300万以上)をもつポリエチレンは、超高分子量ポリエチレン(Ultra High Molecular Weight Polyethylene；UHMWPE)とよばれ、ポリエステルの5〜8倍程度の引っ張り強度をもつ繊維となる。ポリエチレンが本来もつ軽量性や耐候性、耐薬品性ももつが、耐熱性は低い。この繊維は熱伝導率が非常に高く、接触冷感素材として酷暑時の作業着や夏用寝装素材に用いられている。

(2)　ポリビニルアルコール繊維(クラレ「クラロンK-Ⅱ」)

ポリビニルアルコール繊維であるビニロンは日本で発明(1939年、京都大学の櫻田一郎ら)された親水性の合成繊維として知られ、かつては主に綿の代替用途で使われてきた。しかし、しわの発生や収縮、スキン・コア構造によって鮮明色が得られないなどの欠点があり、現在では衣料用途にはほとんど使われなくなった。しかし、クラレはジメチルスルホキシド(DMSO)を溶媒としてメタノール中で紡糸することで、高強度をもったビニロン

や，20℃の水にも溶解する水溶性ビニロンを，クラロンK-Ⅱとして開発し，1998年から生産を開始した。このうち水溶性ビニロンは，羊毛や綿などと混紡した糸で布や衣服を作った後，ビニロンを水に溶かして除去することで，軽量性，かさ高性，弱い伸縮性などを得たものである。ビニロンは水で溶解して残らないので，最終製品のタグの組成表示には現れない。

溶解前　　　　　　　　　　　溶解後
図5-18　ウール／クラロンK-Ⅱ混紡糸の断面写真

写真提供：(株)クラレ

(3) 消防服

消防隊員を炎や熱から守る防火衣は最先端の繊維の集合体といえる。古くはゴム引きやアルミコーティング，そして20世紀後半になってアラミド繊維やザプロ加工ウールが使われたが，現在は表-5-9のようなさらに多様な繊維に，さらに透湿防水加工を施したものなどが使われている。

なお，かつて不燃性の繊維としてアスベスト(石綿)が使われたことがあったが，有害性が知られるようになり用いられなくなった。

(4) きわめて親水性の高い繊維

天然繊維や再生繊維などは親水性が高いが，それを凌ぐ高い親水性をもった繊維が開発されている。親水性が高いと吸湿性が高くなり，吸湿時に形成される水素結合の結合熱が

表5-9　消防服に使われる高機能繊維

繊維名	主な商標	LOI[注]	特　徴
メタ系アラミド繊維	ノーメックスコーネックス	29〜32	パラ系アラミド繊維よりも強度は劣るが，耐熱性と難燃性に優れた繊維である。200℃で1,000時間放置しても85〜90％の強度が保持されている
ポリアミドイミド繊維	ケルメル	30〜32	難燃性に加え，熱伝導率が低いため断熱性ももっている
パラ系アラミド繊維	ケブラーテクノーラトワロン	25〜29	非常に高い強度と耐熱性，高弾性を併せもつ繊維である。スーパー繊維の中でも最初期に登場した
PBI繊維ポリベンズイミダゾール		30〜33	耐熱性と断熱性を併せもつ
PBO繊維ポリパラフェニレンベンゾビスオキサゾール	ザイロン	68	圧倒的な強度をもち，耐熱性，難燃性も大変優れている。比重1.54でやや重い

注〕LOI (Limited Oxygen Index)：限界酸素指数。燃焼を続けるために必要な酸素濃度のこと

発生する。不感蒸散の水蒸気によって皮膚に面する部分では発熱する吸湿発熱素材として，冬用の保温素材に用いられている。

また，繊維の親水性官能基であるカルボキシ基はアンモニア等も吸着するため，消臭素材にも使われている。さらに，親水性が高いことにより，疎水性汚れが吸着されにくく，油性の汚れが洗剤なしの水だけである程度脱落することを謳った製品もある。

① ポリアクリレート系繊維

アクリル酸エステルなどを付加重合させた合成繊維である。親水基を多くもつことに加え，高分子中の非結晶領域を増やし，綿の3～4倍の吸湿性を獲得している。

② 超親水化セルロース

綿のセルロースは多数の水酸基をもつために親水性が大きいが，水酸基よりもさらに水分吸着性の大きな官能基(カルボキシ基，アミノ基，スルホ基など)をもつモノマーをセルロースにグラフト重合させることで，綿の吸湿性を25％程度高めたものがある。

4－5　その他の高機能素材

(1)　構造色を発現させた繊維

構造色とは，白色光が当たる物体の物理構造が複雑であるために，光の干渉や回折，散乱等の作用で，角度によって異なる色が見えたり，青色など特定波長の色が強く見えたりすることである。CDの記録面やシャボン玉の色も構造色である。

南米に生息するモルフォ蝶は青い金属光沢を放つ美しい蝶であるが，この青色は構造色である。その蝶の発色の仕組みを模倣した繊維が1994年に開発された。数十nmのポリエステルとナイロンをミルフィーユ状に多数重ね合わせ，各層で光の反射，屈折が生じて干渉を起こし，見る角度によって色が変わる。このように生物のもつ構造を模倣することをバイオミメティクス(biomimetics)という。

(2)　くもの糸

くもの糸は，絹と比べても強度が大きく，切れにくく，弾性をもち，もしも糸にすることができれば，物理的性質が大変優れたものになる。しかし，くもは蚕のように決まった時に大量の糸を吐き出すことはなく，肉食で共食いを引き起こすため，家畜化してくもの糸を集めることは不可能であった。

そこで，蚕にくもの糸の遺伝子を組み入れてくもの糸に近い性質の絹(スパイダーシルク)を吐かせる技術や，微生物にくもの糸のたんぱく質を産生させた後に紡糸する技術(微生物産生繊維)などがあり，注目を浴びている。

(3)　セルロースナノファイバー(CNF)

綿はセルロースを主成分とするが，単繊維の直径は12～28 μm で極細繊維ではない。

一方，パルプなどを徹底的に微細化すると4～100 nm 程度のセルロース単繊維(ミクロフィブリル)が得られる。これが軽くて強く，かつ自然界に無限に存在する素材として，繊維強化プラスチック(FRP)用途などに大きな期待をかけられ，研究が進められている。

4-6　今後の発展に寄せる期待

　本書で挙げた繊維の高機能化繊維は一例に過ぎない。高機能素材，加工を複合してインテリジェントファイバーとよばれるような温湿度で通気性が変化する素材なども開発されている。また，電子機械技術と融合して，ウェアラブルコンピューターとよばれるような製品の研究も進んでおり，健康状態をモニタリングする衣服なども作られている。人工血管，手術の縫合糸など，医療の分野においても高機能繊維は活躍している。そして，9章で詳しく述べるが，環境問題から避けられなくなった現代社会において，環境対応の繊維は大変重要である。

　製造産業や染色加工業が土地や人件費の安い国に移行していくなか，日本はこれまでに培った高い技術力を活かし，高機能な繊維や加工，染色技術を開発してきた。そのような高付加価値のものは価格も高くなりがちなため，なかなか普及しにくいものが多いが，今後も最先端の繊維の開発で世界をリードしてほしいものである。そして，消費者は溢れる情報から正確な内容を判断する眼を養い，これらの高機能繊維や加工を用途に応じて適切に選び，より快適で健康的な衣生活を送るために活かしたいものである。

参考文献　＊　＊　＊　＊　＊

1) 安部田貞治：「合成染料工業の歴史」，繊維社(2013)
2) 瀧本 浩：染料技術発展の系統化調査，国立科学博物館 技術の系統化調査報告 第16集(2011)
3) 住化ケムテックス技術資料 染料総論・各論，http://www.chemtex.co.jp/seihin/senryo/technology/
4) 上甲恭平：「「染色」って何？―やさしい染色の化学」，繊維社(2012)
5) 福原 基忠：衣料用ポリエステル繊維技術の系統化調査，国立科学博物館 技術の系統化調査報告 第7集(2007)
6) (社)繊維学会編：「新しい衣料素材―基礎データと試料―」，文化出版局(1984)
7) (社)繊維学会編：「新しい衣料素材―基礎データと試料―天然繊維編」，文化出版局(1986)
8) (社)繊維学会編：「最新の衣料素材―基礎データと試料―化学繊維編」，文化出版局(1993)

6章　衣服の管理と機能保持

健康で快適な衣生活を営むうえで，洗濯をはじめとする衣服の性能維持は不可欠である。衣服はいろいろな原因によって汚れが生じたり，美観が損なわれたり，臭いが発生したりする。また，汚染された衣服は衛生的な性能が低下して着心地も悪くなる。

衣服の特性をふまえた正しい手入れを行うことで，衣服の機能を長く保持することが可能になる。適切な衣服管理のあり方について考える。

1. 着用に起因する衣服の機能変化

衣服を着用すると，汚れの付着，型崩れやしわ，折り目の消失，風合いの低下，吸湿などが生じる。これらは美的外観を損なうばかりでなく，衣服素材の諸性能に悪影響を与えて衣服の機能を低下させる。

1-1　衣服の汚染

衣服の汚れを分類し，それらが衣服素材に付着する機構や付着状態について述べる。

(1) 汚れの種類

「汚れ(soil)とは，繊維の表面に外部から付着したものもので，繊維の美観，品質の保持に好ましくなく，また衛生上有害なために除去されなければならない異物である」と定義されている。汚れの由来は，人体からの汚れと生活環境からの汚れに大別できる。

① 人体からの汚れ

人体の生理現象によるもので，汗，皮脂，血液，尿などの人体の分泌物や皮膚の老廃物あか(垢)などが挙げられる。これらの汚れは着用の部位，着用者の年齢や性別，生活環境，季節などさまざまな要因によって異なるが，主に肌着に付着する。汗腺から分泌される汗と皮脂腺から分泌される皮脂は，ほとんどの場合，複合した状態で衣服に付着している。汗腺には体表面のほとんどの部分に分布しているエクリン腺と腋窩部など身体の限られた部分にのみ分布し，性ホルモンとともに発達するアポクリン腺がある(図1-7参照)。

汗の成分を表6-1に示す。汗は約99％が水分であるが，塩化ナトリウム，アンモニアなどの無機成分と尿素，乳酸などの有機成分を含み，水分蒸発後にこれらが汚れとして衣服に残留する。皮脂の成分を表6-2に示す。皮脂はトリグリセリドを多く含み，表皮に分泌される過程で酵素の作用で分解されるため，衣服にはその分解生成物であるジグリセリド，モノグリセリド，遊離脂肪酸が多く見いだされる。

部位別・季節別の汚れ成分の相違の一例を表6-3に示す。季節ごとに着用した肌シャツおよび襟に付着した汚れを分析した結果である。一般に天然汚れ成分は有機質80～90％，無機質10～20％の組成からなっており，脂肪酸，コレステロールエステル，トリグリセリド，含窒素化合物および塩化ナトリウム含有量が多いことが認められる。汚れの付着量は季節によって変化する。夏では汗の成分である塩化ナトリウムや含窒素化合物の付着量

が増加し，皮脂の成分であるトリグリセリドは減少している。冬は反対の状態を示している。また，肌シャツの汚れ成分としては，塩化ナトリウムや含窒素化合物が高く，襟の汚れ成分としては脂肪酸が高いなど，着用部位により汚れ方が異なることがわかる。

表6-1 汗の成分

成　分	含有量
塩　素	320
ナトリウム	200
カリウム	20
カルシウム	2
マグネシウム	1
尿素の窒素	15
アミノ酸の窒素	1
アンモニア	5
クレアチン	0.3
ブドウ糖	2
乳酸	35

(単位：mg/汗100g)
出典：久野寧：「汗の話」，p.84，光生館(1963)

表6-2 着用した衣服の皮脂の成分

成　分	含有量
トリグリセリド	30〜50
モノおよびジグリセリド	5〜10
遊離脂肪酸	15〜30
コレステロールおよび他のステロール類	1〜3
コレステロールの脂肪酸エステル	1〜3
脂肪族アルコールの脂肪酸エステル	12〜16
スクアレン	10〜12
脂肪族炭化水素	1〜3

(単位：w/w%)
出典：W. C. Powe: "Detergency Theory and Test Methods" Part I, p.31, Dekker (1972)

表6-3　天然汚れ成分の季節による相違(%)

汚れ成分＼汚れ季節	肌シャツ 4〜5月	7〜8月	9〜10月	2〜3月	襟 4〜5月	7〜8月	9〜10月	2〜3月
有機質汚れ	85.6	73.0	78.1	89.2	86.7	78.1	83.2	90.4
脂肪酸	12.8	11.5	15.8	18.3	20.2	21.9	20.5	18.9
パラフィン	0.4	0.6	1.1	0.5	1.0	0.9	1.0	1.2
スクアレン	1.6	2.2	4.4	2.2	3.9	3.8	4.1	5.0
コレステロールエステル	12.1	6.4	12.3	9.3	13.0	10.2	12.5	17.1
コレステロール	1.8	1.4	3.4	2.0	1.5	1.4	1.8	2.0
トリグリセリド	24.0	6.9	14.4	28.1	19.9	7.9	19.4	24.6
含窒素化合物	17.6	36.6	16.4	15.2	9.0	19.0	11.4	8.5
モノグリセリド，ジグリセリド，アルコール，その他	15.3	7.4	10.3	13.6	18.2	12.9	12.5	13.1
無機質汚れ	14.4	27.0	21.9	10.8	13.3	21.9	16.8	9.6
灰　分	3.2	2.9	2.7	4.3	3.9	2.9	3.2	5.1
塩化ナトリウム	11.2	24.1	19.2	6.5	9.4	19.0	13.6	4.5
汚れ付着量(% o.w.f.)	1.3	1.5	1.5	2.1	—	—	—	—

出典：柏一郎ら：油化学19，1095(1970)

② 生活環境からの汚れ

生活環境からの汚れには，空気中に浮遊する塵埃や煤煙，土砂，泥などのほか，食品，

化粧品，機械油などの生活物資が挙げられる。塵埃を分析すると灰分，炭素成分，シリカ（SiO_2），酸化鉄（Fe_2O_3），CaOなどの金属酸化物が見いだされる。

(2) 性状からみた汚れの種類

汚れの成分を性状および洗浄液への溶解性の見地から分類すると，水溶性汚れ，油性汚れ，固体粒子汚れ，たんぱく質の汚れ，特殊な汚れの5種に分けられる。

① 水溶性汚れ

水に溶解することのできる汚れである。汗，尿の成分(塩化ナトリウム，尿素)や食品成分(でんぷん，砂糖，果汁類)である。汗はそのほとんどが水分であるから，代表的な水溶性汚れであり，水洗いするだけで容易に除去することができる。

② 油性汚れ

水には溶解せず，有機溶剤に溶解する汚れである。水洗いだけでは除去することができないため，ドライクリーニングのような溶剤によって除去するか，洗剤の働きが必要である。主に皮脂，塵埃中の油脂成分，機械油，化粧品，食品油脂などである。繊維の親油性との関係が大きく合成繊維は，天然繊維および再生繊維よりも油性汚れを付着しやすい。

③ 固体粒子汚れ

煤煙，土砂，粘土，鉄粉，繊維くずなどの空気中の塵埃成分に含まれる固体の微粒子で，水にも有機溶剤にもほとんど溶解しない。$3.3\mu m$以下が大部分で，$0.1〜0.2\mu m$ぐらいの粒子汚れも多い。固体粒子汚れは単独で存在していることは少なく，油性成分が含まれていることが多いので除去されにくい。

④ たんぱく質の汚れ

たんぱく質汚れは，皮膚の老廃物(剥離した表皮最外層の細胞片)，血液，乳汁や食品中に含まれる。たんぱく質の中には付着時には水溶性のものも，時間の経過とともに変性して水の不溶性になることが多く，除去が困難になる。高分子物質であるたんぱく質に対しては，適した酵素を作用させて水に溶けやすい低分子物資へと分解することによって除去しやすくすることができる。

⑤ 特殊汚れ

特殊汚れには，細菌，カビなどの微生物，農薬，ダイオキシンなどの有害大気汚染物質および放射性物質などがある。微生物汚れの特徴は，布上で増殖あるいは死滅し，汚れが経時変化する。微生物の栄養源であるたんぱく質，脂質などの他の汚れや環境の温湿度条件の影響を受ける。

1-2 汚れの付着機構・付着量・付着状態

(1) 汚れの付着機構

汚れの種類も多く，種々の繊維に対する付着も複雑である。付着機構について代表的なものを挙げる。他にも化学結合や多価金属イオンの凝集作用による結合などがある。

① 機械的付着

汚れ粒子が重力や風力によって布や糸の凹凸へひっかかって付着する場合で，織物や編物の組織間，糸の撚りの間などがその場所と考えられる。粒子径は比較的大きく，機械的

にたたいたり，ブラッシングするだけで大半は落ちてしまう。

② 分子間相互作用による付着

一般に分子の間にはファンデルワールス力(van der Waals force)とよばれる分子間引力が働くが，分子間の距離の7乗に逆比例して小さくなるので分子間の距離が少し離れると力は働かない。汚れが微細粒子になると，汚れと繊維との間にファンデルワールス力が働き，衣服への汚れの付着にも大きく関与していると考えられる。

③ 静電気による付着

繊維と汚れが異符号の静電気をもっていると，粒子は繊維上に引き付けられる。空気中に浮遊している粒子は，正に帯電しているものもあれば，負に帯電しているものもあり，無帯電のものなど雑多であるが，布が帯電すれば同符号の帯電粒子以外は布に引きよせられ，静電気の生じない布に比べて，はるかに多くの粒子が付着することになる。疎水性繊維や冬季の乾燥時は帯電量が大きくなり，付着しやすい。

④ 油脂結合

油類のような表面張力の低い液体は糸や編織布上で広がり，よく濡らす。合成繊維のような疎水性の布上では，水はその高い表面張力で球状になるため広がりにくいが，油は広がり浸み込む。繊維と油との親和性が高いからである。固体粒子は一般に油の薄膜を介して繊維上に付着している場合が多く，この結合を油脂結合(oil bonding)という。

(2) 付着量

汚れの付着量も同様に，種々の要因によって影響される。汚染布を採取する身体部位により，脂質汚れ(皮脂，塵埃中の油性物質を含む)とたんぱく質汚れの付着量は異なるが，1～3日着用すると対繊維重量で5%もの汚れが付着する。

(3) 付着状態

図6-1は綿布への汚れの付着状態を観察したものである。着用した肌シャツでは，固化した汗や皮脂の成分と表皮細胞片が混ざり合って塊状や膜状となり，繊維表面や繊維間隙

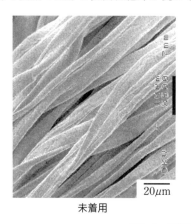

未着用　　　　　　　　　1日着用

図6-1　繊維表面の汚れの付着状態

綿肌シャツの走査型電子顕微鏡による観察
出典：ライオン(株)提供

に付着しているのがわかる。汚れの付着状態は繊維の種類によって異なる。

　繊維は親水性繊維(綿，麻，羊毛などの天然繊維やレーヨン)と疎水性繊維(アクリル，ポリエステル，ポリプロピレンなどの合成繊維やトリアセテート(付表p.216参照))に分けられる。一般に親水性繊維は水溶性汚れを付着しやすく，ついてもとれやすい。疎水性繊維は油性汚れを付着しやすい。特に疎水性の強いポリエステルやポリプロピレンは油性汚れに対する親和性が大きく，付着しやすくとれにくい。ポリエステルなどは油とともにカーボンブラックのような固体粒子が繊維内部に浸透するために，汚れの除去は一層困難になる。また，洗濯時に衣類からとれた汚れがポリエステル等には再付着しやすいため，特に白物衣料は黒ずみやすい。油脂結合がさらに進み，疎水性繊維への油性汚れの溶け込みの灰色化現象をグレーイングという。

　また，繊維表面の形態も汚れや洗浄性に影響する。例えば，レーヨン，アセテートなど不規則な表面形態をもつ繊維では，平滑表面形態を持つ繊維に比べて微細な汚れを多く吸着しやすく，汚れは除去されにくい。長繊維織物は短繊維織物に比べて汚れがつきにくいといわれている。

　衣服に汚れが付くことは避けられないが，汚れを付きにくくしたり，落ちやすくする加工を施すことは可能であり，防汚加工といわれる。繊維表面の化学的特性は，加工剤によって変えられるので，汚れのつき方も当然変わってくる。木綿，レーヨンなどの防縮加工では，樹脂により繊維表面は疎水化されることになる。

1−3　衣服素材の汚染による性能の変化

　衣服に汚れが付着すると黄ばみや黒ずみ，しみとなって外観を損なうばかりでなく，素材内の空隙が汚れや汗でふさがれて機能が低下してしまい，悪影響を及ぼす。表6-4に衣服素材の汚染に伴う性能変化を示した。繊維間あるいは糸間のすき間が汚れでふさがれることによって，水分の吸収が妨げられ，特に綿やレーヨンでは吸水高さは減少している。汗の吸着も抑えられてしまうことになる。通気度についても素材内の空隙が汚れでふさがれることによって，かなり減少している。汚れが付くと繊維間に保持されている空気が汚れに置き換わってしまうことから含気率が低下し，保温性が悪くなる。

表6−4　衣服素材の汚染に伴う性能変化

試　料		吸水高さ(cm)	通気度(ml/cm^2/s)	含気率(%)
綿	原　布	5.71	15.44	64.2
	汚染布	3.61	8.69	61.9
レーヨン	原　布	3.64	116.59	72.3
	汚染布	2.23	78.45	68.9
羊　毛	原　布	0.12	102.55	70.7
	汚染布	0.70	64.78	69.9
ナイロン	原　布	1.18	4.47	48.1
	汚染布	1.05	3.23	44.5

出典：中橋美智子：家政学雑誌18, p.24, 1967(抜粋)

　汚れを放置すると汚れ成分が変質し，黄変したりして洗濯の除去も困難になったりする。油性汚れの付着した綿を放置すると黄変が生じ，洗濯しても元の白さが回復しにくくなる。皮脂に含まれるスクアレンのような不飽和脂肪酸は酸化されやすく，放置による黄ばみが見られる。さらに汚れを長期間放置すると，カビや細菌の繁殖により繊維が劣化して強度が低下したり，虫害の原因になったりして，衣服の価値は著しく変化する。

1-4 衣服の疲労

衣服を長時間着用すると，汚れが付着する以外にも，身体の動作に伴って布に負荷がかかるため，しわが生じたり伸びたりして形態が崩れ外観を損なう。回復しないうちに同じ負荷が繰り返しかかると，その変形が固定する。また，長時間着用した衣服は，身体から放散される水分も吸湿している。着用後の衣服は形態を整え，適切な環境下で放湿させる必要がある。

2. 衣服の洗浄・洗濯

洗濯とは，衣服に付着した汚れをすみやかに引き離し，かつ汚れを再び衣服に付着させないようにする操作である。このために液体(媒体)，洗剤，および機械作用の3つを必要とする。付着している汚れの種類や状態，衣服の特性を考慮して洗濯しなければならない。そのためには，汚れを落とす仕組みを洗浄作用として理解する必要がある。

2-1 家庭洗濯と商業洗濯

衣服の洗濯は，家庭で行うか，専門業者に委託する。使用する媒体で洗濯の方式で分けると，水を用いる水系洗浄(湿式洗濯)と，有機溶剤を用いる非水系洗浄(乾式洗濯)がある。家庭洗濯では水系洗浄を行い，商業洗濯では，対象とする繊維製品に応じて水系洗浄(ランドリー，ウエットクリーニング)または非水系洗浄(ドライクリーニング)を行う。洗濯時には，衣服の取り扱い絵表示を確認することが大切である。

(1) 家庭洗濯

取扱い絵表示を参考に，家庭洗濯が可能かどうかを判断し，適切な洗濯法を選ぶことが重要である。家庭では一般に，生活用水をそのままか加温して用い，洗剤を加えて洗浴とし，家庭用洗濯機により洗濯を行う。家庭洗濯では水溶性汚れは容易に除去されるが，水に不溶の油性汚れや固体粒子汚れの除去は，洗剤に配合される各種成分の働きによるところが大きい。水洗いによって収縮・型崩れ・色落ちなどが懸念される製品には適さない。家庭洗濯に関わる水，洗剤，洗濯機，洗浄作用などについては，2-2以降で詳しく述べる。

(2) 商業洗濯(水系洗浄)

商業的に行う水系洗浄にはランドリー，ウエットクリーニングがある。

① ランドリー

ランドリーは，せっけんと合成洗剤とアルカリ剤を用いてワッシャーとよばれる機械で洗う方式である。白度の要求される綿製品などを対象とする。家庭洗濯とランドリーの主な違いは，ランドリーは洗濯温度が高いこと，アルカリ剤を使うこと，洗浄と同時に漂白をおこなうことが多いことなどである。工程中に，漂白，乾燥が行われることにより，殺菌，消毒も併せて行う。

② ウエットクリーニング

ランドリーよりも低温で機械力を弱めて湿式洗濯し，仕上げ技術を要するデリケートな衣服などを対象とする。水を用いて行う風合い重視の洗濯法で，ドライクリーニングと同

等の仕上がりが求められる。本来ドライクリーニングで洗濯するべき被洗物に水溶性の汚れが多量に付着している場合などに，やむを得ず40℃以下のぬるま湯で中性洗剤を用いて，衣類を傷めないように穏やかな条件で洗う方法である。

(3) ドライクリーニング（非水系洗浄）

商業的に行う非水系洗浄には，有機溶剤を用いるドライクリーニングがあり，油性汚れを除去しやすい，収縮，型崩れ，色落ちなどが生じにくいといった長所がある。一方，溶剤単独では水溶性汚れや固体粒子汚れの除去は容易ではない。汗汚れの多く付着した衣料には不向きである。他にも再汚染が生じやすい，家庭洗濯に比べてコストが高いといった短所もある。また，溶剤による衣服素材の損傷は，主たる素材だけではなく，芯地・裏地などの副素材やボタンなどの付属品にも起こることがある。洗濯後の乾燥が十分でないと衣服に溶剤が残留し，接触皮膚炎（化学やけど）の原因となることもある。チャージシステムという方式がある。ドライクリーニング溶剤に油溶性界面活性剤を1〜4％程度加え，親水基を内側に向けたミセル（逆ミセル）を形成させる。ミセル内部に少量の水を可溶化させて，水溶性汚れなどを除去する方法である。

① ドライクリーニング溶剤

2種の溶剤が近年使用されている。石油系溶剤は，沸点150〜210℃の炭化水素混合物で，洗浄力が穏やかで衣服素材への影響が少ないため，デリケートな衣類の洗浄に適している。溶剤の引火点（40℃）は低く，可燃性であるため，火災に対する管理が必要である。塩素系溶剤であるテトラクロロエチレン（パークロロエチレン）は，油脂に対する溶解度が大きく，優れた洗浄力を発揮するが，毒性があり衣服素材を損傷させやすい。ドライクリーニングでは大量の溶剤を使用し管理するため，溶剤の危険性（毒性，可燃性）や環境負荷（水質汚濁，土壌汚染，大気汚染）も重要な問題である。ドライクリーニング溶剤による環境汚染が深刻な問題となり，これまでに溶剤の使用禁止や使用規制の法的措置が次々ととられてきた。

② ドライクリーニング工程

ドライクリーニングの工程は，窓口で受け付けた衣類を素材，色，汚れなどで分類した後，ドライクリーニング用洗剤が配合された溶剤で洗浄する。浴比を1：6程度とし，洗浄温度はいずれの溶剤も20〜30℃で，洗浄時間は石油系が約20分，テトラクロロエチレンでは約7分である。すすぎは再汚染を防止するためにも行われる。洗浄，すすぎが終了した衣類は，脱液後乾燥中の温風（60℃）によって溶剤を揮発させる。

③ ドライクリーニング事故

最近は，衣服素材の多様化などにより，ドライクリーニングによる衣料品の事故も多くなっている。クリーニング事故の内容は，変退色，移染，しみ，黄変などの色の変化に関するもの，穴あき，剥離，収縮など損傷や形態変化に関するものがある。繊維素材や加工によってはドライクリーニングに適さないものもあり，使用溶剤や乾燥時の加熱による溶解・収縮・変形などの衣類の損傷を招くこともある。まず衣料購入時に繊維素材などの品質を確認することが大切である。事故の原因としては，クリーニング業者，アパレルメーカーに問題があるばかりでなく，消費者に責任のある場合も多い。ドライクリーニングを

依頼するときは，繊維素材をクリーニング業者に知らせること，溶解・変形の恐れのある付属品を取りはずしておくこと，しみや破損箇所・ポケットの中身の点検を行うなどの注意が必要である。クリーニング後の衣類を受け取るときには，汚れの落ちや仕上がり具合を調べ，さらに湿り気や溶剤臭を除くために風乾するのがよい。なお，クリーニング事故に対しては，衣類の耐用年数や使用期間などを勘案した賠償基準が定められている。

2-2 洗濯用水

天然の水に含まれている物質で洗濯に害のあるものは，Ca, Mg, Fe イオンなどである。Ca, Mg などの多価金属イオンを比較的多く含んでいる水を硬水，そうでない水を軟水という。その量を硬度(hardness)という単位で表す。硬度の表し方は国によって異なるが，わが国ではドイツ硬度(°DH)とアメリカ硬度(mg/L または ppm)が用いられている。ドイツ硬度は，水 100 mL 中に含まれる硬度成分を酸化カルシウム CaO に換算した mg 数で示す。アメリカ硬度は，水 1 L 中に含まれる硬度成分を炭酸カルシウム $CaCO_3$ に換算した mg 数で示す。

基準の液量や基準物質の違いにより，ドイツ硬度(°DH)とアメリカ硬度(ppm)の換算は，次式を用いる。

図6-2 生活用水の硬度分布

出典：(社)日本水道協会，水道統計，浄水(給水栓等)の水質(2006)より作成

$$°DH = CaCO_3(ppm) \times 0.056$$

一般に 100 ppm(5.6°DH)以下を軟水，それ以上を硬水という。水道水の硬度は水源の種類に大きく影響され，地域によって生活用水の硬度は大きく異なる。欧米のように石灰質の地域を長い時間かけて通ってくる水の硬度は高く，日本のように地中での滞留時間や河川全長が短い場合は低めとなる。わが国の生活用水は沖縄(現在は沖縄でも浄水場の施設改善により，硬度は以前に比べ低下している)を除き，ほとんどの地域は軟水である(図6-2)。

硬水を洗濯用水として使用すると，一般的に悪影響を与える。硬度成分は，洗剤の主成分である陰イオン界面活性剤と結合しやすく，結合した界面活性剤は洗浄作用に寄与しなくなるために，硬水を洗濯用水に用いた場合には洗浄力は低下する。特にせっけんの場合には，不溶性の金属せっけん(脂肪酸の金属塩)が形成され，布に付着して風合いを損ない，黄ばみを生じたりする。

硬水中からカルシウムイオン Ca^{2+}，マグネシウムイオン Mg^{2+} を除去すると軟化することができる。

硬水の軟化法には以下の方法がある。
①煮沸することによって軟化することができる(一時硬水)。
②水酸化ナトリウム，炭酸ナトリウムなどで不溶性の化合物として沈殿させるアルカリ法

③イオン交換樹脂，アルミノけい酸塩などによってイオン交換で除去するイオン交換法
④エチレンジアミンテトラ酢酸(EDTA)などによって水溶性錯塩を形成し，Ca^{2+}，Mg^{2+}を不活性化するイオン封鎖法などがある。

2-3 洗　剤

　家庭洗濯では，衣服に付着した汚れのうち，水に不溶の汚れを効果的に除去することが重要であり，そのために洗剤(detergent)は欠かせないものである。主として家庭用の衣料用洗剤について述べる。洗剤は，汚れを落とす働きを担う界面活性剤(surfactant)を主成分とし，洗浄効果を高めるために各種の洗浄補助剤(ビルダー)とその他の添加物を配合したものである。

(1) 洗剤の起源

　今日，さまざまなせっけんや家庭用合成洗剤が市販され広く活用されている。せっけんの歴史は古く，ローマ時代初期，サポーの丘で神にささげるため，獣肉が焼かれ，したたれ落ちた脂と薪灰のアルカリが混じり合い，水が加わってせっけんが生み出され，しみこんだ土が洗濯物の汚れをよく落としたという。このことがサポー(sapo)が soap の語源になった所以であるといわれている。化学合成による最初の界面活性剤が1916年に開発され，合成洗剤としては1933年にアメリカで，毛・絹用中性洗剤が市販された。

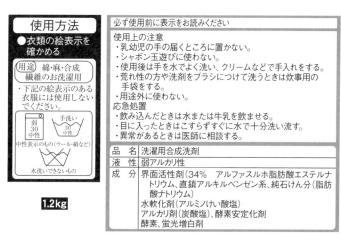

図6-3　市販洗濯用洗剤の表示例

(2) 洗剤の種類と表示

洗剤は家庭用品品質表示法の雑貨工業品の部門に属し，含有する界面活性剤の種類と割合よって「合成洗剤」（主たる洗浄作用が純せっけん分以外の界面活性剤による），「せっけん」（主たる洗浄作用が純せっけん分による），「複合せっけん」（界面活性剤として純せっけん分と界面活性剤からなる洗剤で，70％以上が純せっけん分）の3種に分類される。洗剤の形状としては，粉末，液体，固形などがある。中性洗剤は，アルカリに弱いたんぱく質系繊維やデリケートな風合いの素材のものに用い，軽質洗剤(light duty detergent)とよばれる。

その他，弱アルカリ性洗剤は洗浄力を重視した洗濯機用の一般的な洗剤で，重質洗剤(heavy duty detergent)とよばれる。

市販洗剤の表示は家庭用品品質表示法の品質表示規定に基づいて，「品名」，「用途」，「液性」，「成分」，「正味量」，「使用量の目安」，「使用上の注意」，「表示者と連絡先」などの表示が義務づけられている。図6-3に洗剤の表示例を示す。洗剤を購入する段階では，品名，液性，成分，用途，正味量を確認し，使用する段階では，使用量の目安，使用方法，使用上の注意をよく理解したうえで使用しなければならない。

(3) 環境問題

洗剤は，洗濯後汚れとともに洗濯廃水として環境に放出されるため，水質問題として常に考えていかなければならない。またドライクリーニング用有機溶剤についても環境負荷が大きいため，環境への影響を考慮しなければならない。詳細は9章で述べる。

2-4 界面活性剤と洗浄補助剤

界面活性剤は，1分子中に水に溶けやすい親水基と水に溶けにくい疎水基（親油基）とをもち，水にも油にも親和性をもつ油水両親和性物質である（図6-4）。界面活性剤は，親水性部分の水溶液中でのイオン性によって陰イオン（アニオン）界面活性剤，陽イオン（カチオン）界面活性剤，両性イオン界面活性剤，非イオン（ノニオン）界面活性剤の4種に分類され，衣料用洗剤には陰イオン界面活性剤と非イオン界面活性剤とが用いられている。陽イオン界面活性剤は液体の柔軟剤の主成分である。

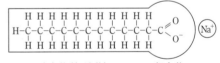

図6-4 せっけんの分子構造模式図

(1) 界面活性剤

●陰イオン界面活性剤の分類

陰イオン（アニオン）界面活性剤(anionic surfactant)は，陰イオンとなる官能基をもち，これまで洗剤として最も多く用いられてきた。しかし，カルシウムなどの陽イオンと結合しやすく，一般に耐硬水性はよくない。せっけんをはじめとして，界面活性剤として，種々のものが開発されている（表6-5）。

① 脂肪酸塩（せっけん）

せっけんは高級脂肪酸塩の総称で，天然油脂を原料とする飽和または不飽和脂肪酸（炭素数12～18）のナトリウム塩やカリウム塩である。せっけんの原料として牛脂，ヤシ油，

表6-5　洗剤に配合される主な界面活性剤

分　類	系　別	種　類	化学構造
陰イオン界面活性剤	脂肪酸系	脂肪酸塩(せっけん)	$R\text{-}COO^-M^+$
		アルファスルホ脂肪酸エステル塩(MES)	$R\text{-}CHCOOCH_3$ 　　$\mid$ 　　$SO_3^-M^+$
	直鎖アルキルベンゼン系	直鎖アルキルベンゼンスルホン酸塩(LAS)	$R\text{-}C_6H_4\text{-}SO_3^-M^+$
	高級アルコール系	アルキル硫酸エステル塩(AS)	$R\text{-}OSO_3^-M^+$
		アルキルエーテル硫酸エステル塩(AES)	$R\text{-}O(CH_2CH_2O)nSO_3^-M^+$
	アルファオレフィン系	アルファオレフィンスルホン酸塩(AOS)	$R\text{-}CH=CH(CH_2)nSO_3^-M^+$ $R\text{-}CH_2CH(CH_2)nSO_3^-M^+$ 　　　　$\mid$ 　　　　OH
非イオン界面活性剤	高級アルコール系	ポリオキシエチレンアルキルエーテル(AE)	$R\text{-}O(CH_2CH_2O)nH$

$M^+=Na^+$ または K^+

パーム油，米ぬか油，大豆油などが使用されている。各原料に含まれる脂肪酸の種類，その組成によってせっけんの性質が異なる。

　油脂を水酸化ナトリウム水溶液中で加熱しながらかき混ぜると，けん化反応が起こりせっけんとグリセリンができる。これに塩化ナトリウムの濃厚溶液を加えるとせっけんが塩析されて水の上に浮くので，これを取り出して，種々のせっけんに精製加工される。

　水溶液は弱アルカリ性で優れた洗浄力を示すが，低温では溶解しにくい。せっけんを硬水中で使用すると，Ca^{2+}，Mg^{2+} と結合して水に不溶性の金属せっけんになる。洗浄力の低下や「せっけんかす」として布上に付着し，黄ばみの原因となる。

　せっけん分子の疎水基部分は直鎖構造であるため，生分解性(微生物による分解性)に優れている。

② 直鎖アルキルベンゼンスルホン酸塩(LAS)

　LAS(Linear Alkylbenzene Sulfonate)は，石油を原料とし，アルキル基の炭素数10～14のものが用いられる。直鎖状のアルキル基にベンゼン環が結合したものであり，親水基はスルホン酸塩である。冷水にも溶解し，高起泡性である。油性汚れに対する洗浄力が大きいこと，酸やアルカリに対して比較的安定であること，安価であるなどの利点をもつ。耐硬水性は脂肪酸塩よりは優れているが，硬水中では洗浄力は低下する。生分解性は分枝型アルキルベンゼンスルホン酸塩(ABS)より優れている。ABSは自然環境で発泡し河川を泡だらけにしたり，下水処理を不能にさせたりする発泡公害を引き起こしたので，日本では1968年頃からABSの代わりにLASが使用されるようになった。主要な界面活性剤の一つであり，他の陰イオン・非イオン界面活性剤と併用できるなどの利点があり，合成洗剤の主要な界面活性剤となっている。

③ アルキル硫酸エステル塩(AS)

　AS(Alkyl Sulfates)は，水溶液中で中性を示す。炭素数12～18の高級アルコールを中間体とするため高級アルコール系ともいわれる。洗浄力，泡立ちに優れ，硬水，酸，アルカ

リにも安定で生分解性(微生物による分解性)がよい。毛・絹・綿・各種合成繊維用洗剤，化粧品，シャンプー，歯磨き剤などに使用される。

④　アルキルエーテル硫酸エステル塩(AES)

　AESは，ポリオキシエチレンエーテル型非イオン界面活性剤(AE)を硫酸化して得られる。耐硬水性で，低温溶解性に富む。水への溶解性と起泡性に優れ，皮膚や目に対する刺激が少ない。毛，絹，綿，各種合成繊維用洗剤，シャンプー，身体用洗剤，台所用洗剤などに使用される。

⑤　アルファオレフィンスルホン酸塩(AOS)

　AOSは，α-オレフィンに無水硫酸(SO_3)を反応させて，アルカリ(NaOH)で加水分解してつくられる。炭素数15〜19の炭化水素鎖に二重結合を1個もつものが洗剤に有効であり，多く使用されている。酸，アルカリに安定で，耐硬水性が大きい。洗浄力に優れ，皮膚刺激性も少ない。生分解性もよく，価格も安い。LASやASと併用して洗濯用洗剤とするほか，シャンプーや台所用洗剤などにも利用される。

● 陽イオン界面活性剤

　陽イオン界面活性剤(cationic surfactant)には，アルキルアミン塩や第4級アンモニウム塩などがあるが，前者はアルカリ性でイオン性が消失するのに対し，後者は常にイオン性をもつため，多く使用されるのは，第4級アンモニウム塩である。せっけんとは逆のイオン性であるので，"逆性せっけん"ともよばれる。洗浄性は乏しいが，繊維など負に帯電した表面に吸着し，柔軟性，殺菌性，帯電防止性などの作用を発揮するため，柔軟剤，ヘアリンス剤などに広く使われている。

● 両性イオン界面活性剤

　水に溶かすと，親水基はアルカリ性水溶液中で陰イオンに，酸性水溶液中では陽イオンとなる。皮膚・眼粘膜への刺激性が少なく，生分解性がよい。他の界面活性剤との共用が可能で，特に陰イオン界面活性剤と混合して用いられることが多い。

● 非イオン界面活性剤

　水中でイオンに解離せず，親水基であるオキシエチレン基($-CH_2CH_2O-$)によって水に溶解する。疎水基の炭素数が8〜9で，オキシエチレン基が8個ぐらいのものが洗剤に適している。水への溶解は，ポリオキシエチレン鎖中のエーテル酸素への水分子の水和によるが，この水素結合による水和は温度上昇とともに弱まり，一定の温度以上になると溶解性が急激に低下して白濁する。この温度を曇点という。イオン性の界面活性剤と異なり親水基同士の反発がないので低濃度からミセルを形成する。優れた洗浄力をもつが，起泡性は低い。酸，アルカリに対して安定であり，硬度成分の影響は受けない。陰イオンまたは陽イオン界面活性剤それぞれと併用することができる。洗濯用洗剤のほか，台所用洗剤，化粧品用乳化剤，食品添加物などに多く用いられている。

> **Column　HLB**　界面活性剤としての機能には，親水基と疎水基の大きさのバランスが重要である。HLBの概念は，もともとアメリカのグリフィン(Griffin)により非イオン界面活性剤の親水性部分と疎水性部分との分子量に着目して，その親水性の程度を数値化した。グリフィンによるとHLBの値は，1〜20に数値化されている。洗剤にはHLB 13〜15のものが適する。

(2) 洗浄補助剤（ビルダー）

　界面活性剤の洗浄性能を向上させる物質を洗浄補助剤（ビルダー）という。主なものを表6-6に示す。アルカリ剤は，洗浴の液性を洗浄作用に有利なアルカリ側に保つ。アルミノケイ酸塩はゼオライト（zeolite）ともよばれ，水に不溶の白色結晶で，微粉末として洗剤に配合される。化学構造中のナトリウムイオンが水中のカルシウムイオンやマグネシウムイオンとイオン交換を行うことによってこれらを捕捉し，水を軟化する。硫酸塩は，界面活性剤の臨界ミセル濃度（cmc）を低下させる作用や粉末洗剤の固化防止効果もある。

(3) その他の添加物

　仕上がりの効果向上や付加価値を高めるために添加剤が用いられる。洗濯しても取れない汚れによる布の白度低下を抑えるために，漂白剤や蛍光増白剤が配合されている。漂白剤には，汚れに含まれる色素を酸化して無色の物質にする働きがある。低温で漂白活性を示す過炭酸ナトリウムなどが配合されることが多い。蛍光増白剤は，紫外線を吸収して青～青紫色の蛍光を発する染料で，黄ばんだ布の白さを回復する。再付着の防止にはCMC（カルボキシメチルセルロース）などの再付着防止剤が用いられる。水中で負に荷電する高分子電解質である。汚れのとれた繊維表面や汚れ粒子にCMCがそれぞれ吸着し，負の電位を増大させ，繊維-汚れ間の反発力を強め，再汚染を防止する。他にも柔軟剤や香料など，泡制御のための増泡剤，制泡剤，泡安定剤などが配合されている（表6-6参照）。

　表6-7に洗剤に配合される主な酵素を示す。それぞれの汚れに対して基質特異性を示す加水分解酵素が配合される。セルロース分解酵素セルラーゼは，綿繊維の中空部分に取り込まれた汚れの除去を容易にする効果がある。酵素活性は温度やpHなどの影響が大きいため，標準的な家庭洗濯の条件下で酵素活性を示すような酵素が配合される。淡色や生成りの製品では蛍光増白剤が染着して本来の色調が損なわれることもあり，用途に応じて蛍光増白剤無配合の洗剤も市販されている。

表6-6　洗剤に配合される主な洗浄補助剤

洗浄補助剤	主な機能	機能名[注]
炭酸塩 （炭酸ナトリウム・炭酸水素ナトリウムなど）	アルカリ緩衝 硬水軟化	アルカリ剤
ケイ酸塩 （メタケイ酸ナトリウムなど）	アルカリ緩衝 硬水軟化 分散作用	アルカリ剤
硫酸塩 （硫酸ナトリウム）	界面活性増進	工程剤
アルミノケイ酸塩 （ゼオライト）	硬水軟化 アルカリ緩衝	水軟化剤
カルボキシメチルセルロース（CMC）	再汚染防止	再付着防止剤

注] 市販洗剤において表示される機能の名称

表6-7　洗剤に配合される主な酵素

酵素	基質	分解される汚れなど
プロテアーゼ	たんぱく質	表皮細胞片，血液，食品由来のたんぱく質
リパーゼ	トリ，ジ，モノグリセリド	皮脂，食品由来の動植物油脂
アミラーゼ	でんぷん	食品由来のでんぷん
セルラーゼ	セルロース	綿繊維の非晶領域

2-5 洗浄作用

家庭洗濯における汚れの除去機構は複雑で多くの要因に影響される。まず重要な役割を担うのは水と洗剤の界面化学的作用である。ここでは，界面活性剤や界面活性剤水溶液の性質を述べ，さらに汚れの除去にどうのように関与しているかを説明する。

(1) 界面活性剤水溶液の性質

界面活性剤は，水の表面や水と油の界面など，2つの相の界面に集まって界面の性質を変え，湿潤，乳化，分散，可溶化などの諸作用，および洗浄作用を行う。界面の性質を大きく変える現象を界面活性（surface activity）といい，このような性質をもつ物質を界面活性剤（surface active agent, surfactant）とよぶ。

① 表面張力と界面張力

表面張力は，気体-液体間に働く力である。物質を構成している分子は，互いに分子間引力で引っ張り合っている。液体の内部の分子は四方から同じ力で引っ張られている。一方，表面の分子は外側の分子がないので，内側へ引っ張られることになる。表面積を小さくしようと球形をとろうとし，張力が働いているように見える。これを表面張力という。界面張力は，液体-液体間に働く力である。水と油のように互いに不溶性か，わずかに溶け合う液体の界面には，その界面の面積を減少させる方向に力が働いている。この力を界面張力という。

② 界面活性剤のミセル形成

ある濃度以上で界面活性剤分子が疎水基を内側に，親水基を外側に向けて集まり，数十〜数百個の界面活性剤分子からなる球状のミセルが形成される。ミセルができ始める濃度

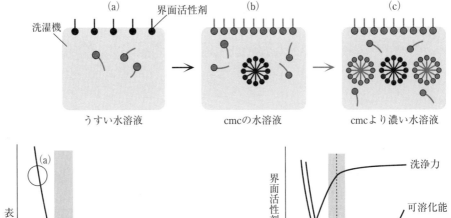

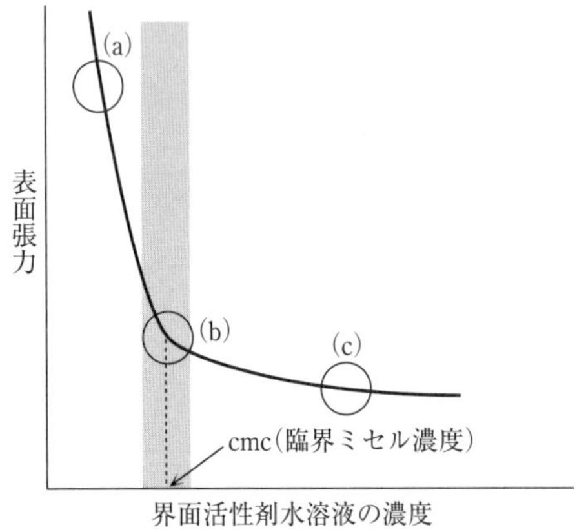

図6-5　界面活性剤の濃度と表面張力の関係

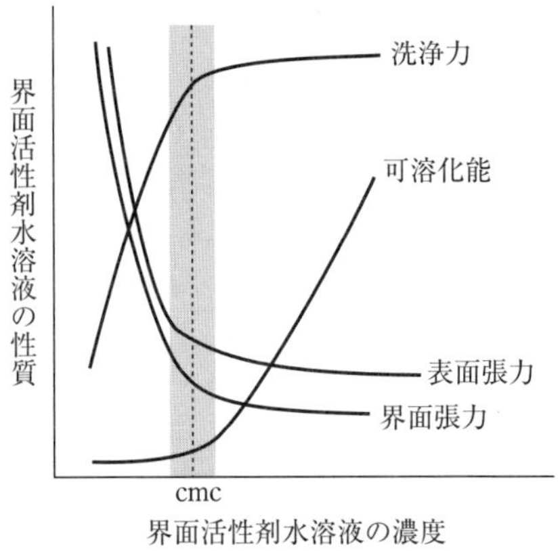

図6-6　界面活性剤水溶液の濃度と物性値の変化

は、臨界ミセル濃度(critical micelle concentration: CMC)という。

③ 界面吸着

界面活性剤は、水溶液と空気、繊維、汚れとの間の境界面(界面)に吸着する。これらの界面では界面活性剤分子が配向することでその諸性質が著しく変化し、表面張力や界面張力の低下が生じる。界面活性剤は、親水基と疎水基(親油基)から構成されている。水に溶かした場合、親水基は水中に溶けようとするが、親油基は水から抜け出ようとする傾向がある。その結果、水の表面に集まろうとし親油基を空気中につきだそうとする。溶液内部の濃度より表面の濃度が高くなり、すなわち、表面への吸着が起こる。水の表面が油の表面の状態に類似し、その結果、表面張力は著しく低下する(図6-5)。界面活性剤の濃度を濃くしていくと、その水溶液の表面張力はだんだん低下していき、ある濃度では一定になる(図6-6)。

(2) 界面活性剤水溶液の作用

① 濡れ(wetting)

着用した衣類に付着した汚れを効果的に除去するには、繊維や汚れが液体によくぬれることが必要である。水だけでは濡れが不十分で、モノをすばやく濡らすことは困難であるが、水に界面活性剤を添加するとモノを濡らしやすくなる。濡れは接触角によっても説明できる。液体表面と固体表面のなす角度として接触角θが用いられる。固体-気体、液体-気体、固体-液体の3つの界面張力を図6-7に示すようにγ_{SA}, γ_{LA}, γ_{SL}とすると、それらと接触角の関係は、ヤング(young)の式といわれる①式が成立する。

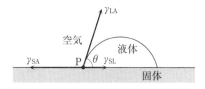

γ_{SA}：固体の表面張力
γ_{LA}：液体の表面張力
γ_{SL}：固体と液体の界面張力
θ：接触角

$$\gamma_{SA} = \gamma_{SL} + \gamma_{LA} \cos\theta \quad \cdots\cdots ①$$

$$\cos\theta = \frac{\gamma_{SA} - \gamma_{SL}}{\gamma_{LA}} \quad \cdots\cdots ②$$

図6-7 平衡状態にある固体表面上の液滴

これを接触角に関する式に書き換えると②式が得られる。液体と固体との界面張力γ_{SL}と液体の表面張力γ_{LA}が小さくなると$\cos\theta$が大きくなり、接触角θが小さくなることがわかる。水に界面活性剤を添加すると、洗浄液と繊維および汚れの界面張力、洗浄液の表面張力が小さくなり接触角θは小さくなる。したがって、洗浄液が繊維や汚れの表面をよく濡れ拡がり、汚れの除去には有利になる。

② 乳化作用

水と油を試験管にとり振ると一時的にエマルションができるが、静置すると水は水、油は油で集まり界面の面積をやはり最小にしようとする傾向がある。この傾向は、界面張力の大きいものほど大きい。いま水に界面活性剤を溶かして油と混ぜて作ったエマルションは、なかなか分離しない。乳化液は牛乳のように水中に小さな油滴が分散している水中油滴型(O/W型)とマーガリンのように油脂中に小さな水滴が分散している(W/O型)とがある。

③ 分散作用

固体が液体中に安定的に存在している状態をサスペンションあるいは分散液という。一

般に，分散液中では固体粒子同士が接触すると凝集体となって沈降するが，これに界面活性剤を加えると界面活性剤が固体の間隙に浸透し，粒子の表面に並んで吸着することによって表面の性質を変えるとともに，電気的な反発力によって粒子の凝集を防ぐ。

④ 可溶化作用

　水に少量の油を混ぜると，水と油は一時乳濁し，のち分離し，いずれにしても溶けないが，cmc以上の濃度の界面活性剤水溶液中には油が少量であれば透明に溶ける。このような現象を可溶化という。cmc以上の界面活性剤水溶液中には，cmc以上の界面活性剤溶液中には，親水基を外側に，疎水基を内側に向けたミセルができて，量は少ないが，水に不溶の油が，このミセルの疎水基の部分に溶解する。

(3) 汚れ除去

① 油性汚れの除去（rolling up，ローリングアップ）

　油滴が洗浴中で繊維の界面にそって押しつけられる現象をローリングアップ（rolling up：巻き上げ）といい，洗浄機構上で重要である。

　洗浴と油と繊維の3つの相に働く，3つの力 $\gamma_{ws}, \gamma_{ow}, \gamma_{os}$ に着目すると，繊維に付着している油がローリングアップによって徐々に接触角 θ を増大させ，油に作用する浮力が次第に付着力に勝るようになって，油が滴状になり繊維から液中に離れていく。

　その後，多少の油が布に残るが，界面活性剤のミセルに可溶化するなどして繊維から除去される。巻き上げは，繊維表面の親水性が強いほど起こりやすい。

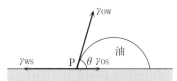

γ_{ws}：洗浴／繊維（固体）の界面張力
γ_{ow}：洗浴／油（液体）の界面張力
γ_{os}：油（液体）／繊維（固体）の界面張力
θ　：洗浴中における油（液体）／繊維（固体）の接触角

（左から右へ進行する）

図6-8　ローリングアップの模式図

② 固体粒子汚れの除去

　綿などの繊維やカーボンブラックなどの固体粒子汚れは，ともに洗濯液中では負に荷電する。その結果，繊維や固体粒子近傍に存在しているイオンのうち正の電荷をもった陽イオンが繊維や固体粒子表面に引きつけられる。この他の陽イオンは熱運動のため，洗浴中に拡散して存在するようになる。このような洗浴中の固体表面周辺の電荷にかかわる構造を電気二重層（図6-9）という。この陽イオンの雲が繊維および固体

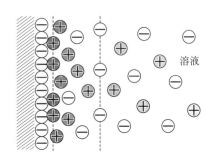

図6-9　電気二重層模式図

粒子の周りにつくられ，雲同士の反発による斥力が生じる。結局，固体粒子の洗浄は繊維と粒子の間に働く斥力を増大させ，外から加える機械力の助力によってファンデルワールス力に打ち勝って繊維から粒子を引き離すことである。アニオン活性剤や適度のアルカリ性の付与，カルシウムなどの多価イオンの封鎖などが有効に働く。

2-6 洗濯機

　家庭洗濯では，水および洗剤の界面化学的作用に加え，機械力を与えることで洗浄作用を促進し，効率的に汚れの除去が行われる。通常の家庭洗濯の条件では，洗浄力における洗剤の化学的作用の寄与と洗濯機の機械作用の寄与は，ほぼ同程度といえる。洗浴中で布が受ける機械力は，摩擦，曲げ，引っ張り，衝突などであり，これらが汚れの除去に有効に働く。その反面，過剰な機械力は，衣服の損傷劣化の原因ともなる。

　機械力を発生させる方式によって洗濯機を分類すると，基本的には3つの型がある（図6-10）。洗濯を含む生活習慣，気候，生活用水の水質などの違いにより，国や地域によって，それぞれ異なる型が発達してきた。

渦巻式：洗濯槽底部の回転翼（パルセータ）が反転回転して水流を発生させる。機械力が大きいため，短時間で効率よく洗濯できるが，洗濯物がからんで布のいたみが生じやすい。洗濯頻度の高い日本や東南アジアで普及している。洗濯と脱水を1つの槽で行っているものには全自動洗濯機，縦型洗濯乾燥機がある。古くからのタイプで洗濯槽と脱水槽が分かれている二槽式洗濯機もある。

撹拌式：アメリカで主流の型で，洗濯槽中央の撹拌羽根（アジテータ）が往復運動する。機械力は比較的おだやかで，渦巻式に比べて布のいたみが少ない。

ドラム式：洗濯槽内のドラムが回転し，洗濯物を持ち上げ落下させる。使用水量が少ないこと，布がいたみにくいことが利点である。加温装置を有し，水の硬度と衛生上の理由から高温洗濯の習慣のあるヨーロッパで，主に用いられてきた。日本でも2000年以降普及しつつあるが，洗濯時間が長いというデメリットがある。

　現在，わが国では，家庭における洗濯機の普及率がほぼ100％に達している。消費者ニーズの変化や多様化を背景とした最近の洗濯機の開発動向をみると，①布のからみ，いたみの軽減，②洗濯コースの多様化，③容量の大型化，④節水など省資源・低環境負荷，⑤低振動・低騒音などが挙げられる。特に大容量化と節水化の傾向である。しかしながら，過度な節水は，洗浄力の低下や洗いムラを引き起こす原因となる。また，節水洗濯では，少量の水に多くの洗濯物を投入するので，布への汚れの再付着や，すすぎ後の衣服への洗

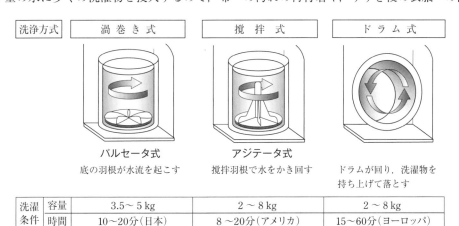

図6-10　洗濯機の洗浄方式

剤の残留が起こりやすくなる。現在，洗濯機の多機能化や付加価値化が進行し，洗いから加熱乾燥まで行える洗濯乾燥機が普及している。性急な商品開発と消費者の理解や使用実態との間にギャップが生じないよう，一層の消費者の視点に立った開発が望まれる。

2-7 洗浄力の評価

　洗剤の洗浄力や洗濯機の洗浄性能評価のためには規格化された試験方法があり，わが国では JIS K 3362「家庭用合成洗剤試験方法」，および JIS C 9606「電気洗濯機」に詳細に定められている。一般に，洗浄力試験において，汚染布・洗剤・洗濯機の選定，洗濯条件の設定，試験結果の評価は次のように行われる。

汚染布：試験に用いる被洗物としては，天然汚染布や人工汚染布がある。

天然汚染布：襟垢布は試験原白布（JIS L 0803）を 110 mm × 130 mm に裁断し，裁断布 2 枚の短辺を縫い代 10 mm で縫い合わせ，襟布（110 mm × 240 mm）を作る。これをブラウスやワイシャツなどの襟の折り目をまたいで固定させる。2～7 日間着用することにより襟垢布を作製する。天然汚染布の作製には，いずれも個人差や季節差，地域差などが影響してバラツキが大きい。

人工汚染布：天然汚染布の欠点を補うため，人工汚染布の開発が進められた。人工汚染布は，原白布（基布）にモデル汚れを均一に付着させたもので，作製が容易で，付着汚れの成分が一定していて再現性がよいことなどが要求される。これまでいくつかの人工汚染布が考案されてきたが，合成洗剤への酵素の配合に伴い，汚れモデルにタンパク質汚れを添加した，水分散タンパク質配合湿式人工汚染布（湿式人工汚染布）が開発された。

　（財）洗濯科学協会製の汚染布は大きさ 5 cm × 5 cm で，汚染布の表面反率は，40 ± 5%になるように調整する。湿式人工汚染布の汚垢組成を表 6-8 に示す。海外でも各種繊維の基布に成分の異なる汚垢を付けた人工汚染布が開発，販売されている（表 6-9）。

表 6-8　湿式人工汚染布の汚垢組成

成　分		配合量（%）	
有機質成分	油性汚垢成分	オレイン酸	28.3
		トリオレイン	15.6
		コレストロールオレート	12.2
		流動パラフィン	2.5
		スクアレン	2.5
		コレステロール	1.6
			69.7
	たんぱく質	ゼラチン	7.0
無機質成分		カーボンブラック	0.5
		赤黄色土	29.8

出典：奥村統，徳山清孝，阪谷武信，鶴田康生：油化学，30，432 (1981)

洗　剤：洗剤の洗浄力を評価する際には，洗浄力判定指標洗剤と試料洗剤とで比較試験を行う。JIS の合成洗剤試験方法では，標準洗剤の洗浄力判定指標洗剤を次のように定めている。直鎖アルキルベンゼンスルホン酸ナトリウム，けい酸ナトリウム，炭酸ナトリウム，カルボキシメチルセルロースナトリウム，および硫酸ナトリウムを 15：5：7：1：55 の重量比で混合して粉末にし，この粉末とゼオライトを 83：17 の割合で混合する。

洗濯機：JIS の家庭電気洗濯機の性能測定方法では標準洗濯機（JIS C 9606）を設定し，標準洗濯機と比較することにより洗濯機の洗浄性を調べている。JIS の合成洗剤試験方法では，撹拌式洗浄力試験機としてターゴトメーター（Terg-O-Tometer）を挙げているが，その他の洗浄力試験機としてラウンダオメーター（Launder-O-meter）もある。

表6-9 海外の人工汚染布の一例

製造メーカー(website)	記号	汚垢成分
EMPA Testmaterials www. swissatest	101, 104, 107 105(test, strips) 108(test, strips)	カーボンブラック，オリーブ油 カーボンブラック，鉱油，血液，ココア，赤ワイン カーボンブラック，鉱油，血液，ココア，赤ワイン，顔料，皮脂
Center For Testmaterials BV(CFT) (www. cftbv. nl)	01 13 09 12	すす，鉱油 チョコレート，ミルク，すす 顔料，油 植物油，顔料，ミルク
wfk Testgewebe Gmbh (www. Testgewebe. de)	017 MF 031 LI 053 RM 063 PB	ミルク，ココア 赤ワイン すす，鉱油 血液

洗濯用水：JIS の家庭用電気洗濯機の性能測定方法では，硬度($CaCO_3$)が 80 ppm 以下の水を使用水として用いることが示されている。また JIS の合成洗剤試験方法では，塩化カルシウム二水和物 133 mg を純水に溶かして全量 1,000 mL とした水を用いる。

洗濯の条件：洗剤の配合成分・濃度，洗濯温度，洗濯時間，浴比，洗濯用水の硬度，脱水・すすぎ・乾燥などの諸条件は，標準的な家庭洗濯に相当する設定が行われる。洗濯物と洗濯液の液量との重量比を浴比という。洗濯物 1 kg 当たりの洗濯液の L 数で示す。

洗浄効果の判定：洗濯前後の汚染布の汚染の程度を比較して判定する。試験布の表面反射率の測定をもとに評価する方法は，化学的定量法に比べて簡便であるため汎用されている。表面反射率からクベルカムンクの式を用いて算出される K/S 値は，汚れの付着量との相関がより高いため，これを用いて洗浄効率を算出する方法が広く採用されている。

洗浄効率の算出式：

$$D(\%) = \frac{(K/S)_s - (K/S)_w}{(K/S)_s - (K/S)_0} \times 100 \qquad K/S = \frac{(1-R/100)^2}{2R/100} \quad (\text{クベルカムンクの式})$$

D：洗浄効率（％）
R：表面反射率（％）
$_0$：原白布，s：汚染布，w：洗浄布

2-8 取扱い絵表示（ケアラベル）

繊維製品を中心とする衣服の取扱い絵表示は，家庭用品品質表示法の中の繊維製品品質表示規程によって定められている。洗い方，塩素漂白の可否，アイロンの掛け方，ドライクリーニング，絞り方，干し方が記載された洗濯の絵表示のラベルが縫い付けられ，家庭洗濯等取扱い方法の表示は，「繊維製品の取扱いに関する表示記号及びその表示方法」(JIS L 0217：1995)に規定する記号を用いて表示してきた。衣料のグローバル化や洗濯方法の変化に対応すべく，絵表示の国際規格である ISO 3758 との整合化が求められていたため，JIS の改正(JIS L 0001：2014)を行った。家庭用品品質表示法(消費者庁)の改正も経て，新しい表示のラベルが付くことになり，表6-10に，洗濯表示記号を示した。

表 6-10　洗濯表示記号

洗濯処理

番号	記号	記号の意味
190	(桶 95)	・液温は95℃を限度とし，洗濯機で洗濯処理ができる
170	(桶 70)	・液温は70℃を限度とし，洗濯機で洗濯処理ができる
160	(桶 60)	・液温は60℃を限度とし，洗濯機で洗濯処理ができる
161	(桶 60 下線)	・液温は60℃を限度とし，洗濯機で弱い洗濯処理ができる
150	(桶 50)	・液温は50℃を限度とし，洗濯機で洗濯処理ができる
151	(桶 50 下線)	・液温は50℃を限度とし，洗濯機で弱い洗濯処理ができる
140	(桶 40)	・液温は40℃を限度とし，洗濯機で洗濯処理ができる
141	(桶 40 下線)	・液温は40℃を限度とし，洗濯機で弱い洗濯処理ができる
142	(桶 40 二重下線)	・液温は40℃を限度とし，洗濯機で非常に弱い洗濯処理ができる
130	(桶 30)	・液温は30℃を限度とし，洗濯機で洗濯処理ができる
131	(桶 30 下線)	・液温は30℃を限度とし，洗濯機で弱い洗濯処理ができる
132	(桶 30 二重下線)	・液温は30℃を限度とし，洗濯機で非常に弱い洗濯処理ができる
110	(桶に手)	・液温は40℃を限度とし，手洗いができる
100	(桶に×)	・家庭での洗濯禁止

タンブル乾燥

番号	記号	記号の意味
320	(□に◉◉)	・タンブル乾燥ができる（排気温度上限80℃）
310	(□に◉)	・低い温度でのタンブル乾燥ができる（排気温度上限60℃）
300	(□に×)	・タンブル乾燥禁止

自然乾燥※

番号	記号	記号の意味
440	(□に縦線)	・つり干しがよい
445	(□に斜線と縦線)	・日陰のつり干しがよい
430	(□に縦二重線)	・ぬれつり干しがよい
435	(□に斜線と縦二重線)	・日陰のぬれつり干しがよい
420	(□に横線)	・平干しがよい
425	(□に斜線と横線)	・日陰の平干しがよい
410	(□に横二重線)	・ぬれ平干しがよい
415	(□に斜線と横二重線)	・日陰のぬれ平干しがよい

※ぬれ干しとは，洗濯機による脱水や，手でねじり絞りをしないで干すことです。

ドライクリーニング

番号	記号	記号の意味
620	(○にP)	・パークロロエチレン及び石油系溶剤によるドライクリーニングができる
621	(○にP 下線)	・パークロロエチレン及び石油系溶剤による弱いドライクリーニングができる
610	(○にF)	・石油系溶剤によるドライクリーニングができる
611	(○にF 下線)	・石油系溶剤による弱いドライクリーニングができる
600	(○に×)	・ドライクリーニング禁止

ウェットクリーニング※

番号	記号	記号の意味
710	(○にW)	・ウェットクリーニングができる
711	(○にW 下線)	・弱い操作によるウェットクリーニングができる
712	(○にW 二重下線)	・非常に弱い操作によるウェットクリーニングができる
700	(○にW×)	・ウェットクリーニング禁止

※ウェットクリーニングとは，クリーニング店が特殊な技術で行うプロの水洗いと仕上げまで含む洗濯です。

漂白処理

番号	記号	記号の意味
220	(△)	・塩素系及び酸素系の漂白剤を使用して漂白処理ができる
210	(△に斜線)	・酸素系漂白剤の使用はできるが，塩素系漂白剤は使用禁止
200	(△に×)	・塩素系及び酸素系漂白剤の使用禁止

アイロン仕上げ

番号	記号	記号の意味
530	(アイロン ・・・)	・底面温度200℃を限度としてアイロン仕上げができる
520	(アイロン ・・)	・底面温度150℃を限度としてアイロン仕上げができる
510	(アイロン ・)	・底面温度110℃を限度としてスチームなしでアイロン仕上げができる
500	(アイロンに×)	・アイロン仕上げ禁止

【付記用語について】

記号で表せない取扱情報は，必要に応じて，記号を並べて表示した近くに用語や文章で付記されます。（事業者の任意表示）

考えられる付記用語の例：「**洗濯ネット使用**」「**裏返しにして洗う**」「**弱く絞る**」「**あて布使用**」など

3. 衣服の仕上げ

　着用により低下した衣服の機能は，洗濯によって汚れを除去するだけでは十分回復できないことがある。着用・洗濯の繰り返しによって損なわれた白さ，風合い，形態などを回復させるには，洗濯に加え，仕上がり効果を高めるための処理が必要である。

3-1　漂　白

　衣服の白さを回復するには，漂白処理が効果的である。漂白とは，汚れに含まれる色素を酸化または還元して無色にすることである。市販漂白剤の主成分は酸化剤または還元剤であり，衣料や汚れの種類により漂白剤を使い分けることが重要である。漂白剤の種類を表6-11に示す。酸化漂白剤は，汚れの無色化に用いられる。塩素を含む塩素系と塩素を含まない酸素系に大別できる。塩素系漂白剤は漂白剤が強く，染料まで脱色してしまうので，一般には色・柄物に使用することはできない。綿，麻，レーヨンやポリエステル，アクリル，ビニロンなどの白物の漂白をする。一方，酸素系は幅広い衣料に使用でき，染料を脱色することがないので色・柄物にも使うことができる。酸素系の代表的な漂白剤としては過炭酸ナトリウムと過酸化水素が挙げられ，いずれも作用は穏やかである。過炭酸ナトリウムは白色，粒状で，水によく溶け，常温で毛・絹以外の繊維に用いることができる。過酸化水素は，すべての繊維に用いることができるが，漂白効果は過炭酸ナトリウムより小さい。還元漂白剤は，鉄さびによる布の黄変，および樹脂加工品に塩素系漂白剤を使用したために生じた黄変の回復に用いる。

表6-11　漂白剤の種類

漂白剤の種類	酸化漂白剤		還元漂白剤
	塩素系漂白剤	酸素系漂白剤	
主成分	次亜塩素酸ナトリウム	過炭酸ナトリウム	過酸化水素水	二酸化チオ尿素
液性	アルカリ性	弱アルカリ性	弱酸性	弱アルカリ性
性状	液状	粒状	液状	粒状
処理温度	常温	常温〜40℃	常温〜40℃	40℃
処理時間	30分程度			
使用できない衣料	毛，絹，ナイロン，アセテート，ポリウレタン，色柄物，金属製の付属品がついたもの，樹脂加工品	毛，絹，金属製の付属品がついたもの，含金染料で染色したもの	金属製の付属品がついたもの，含金染料で染色したもの	色柄物

出典：日本石鹸洗剤工業会，家庭用製品一覧データ(2014)を一部改変

3-2　仕上げ

(1)　柔軟処理

　購入直後の衣類は肌触りもよく，柔らかく着心地感も良好である。着用・洗濯を繰り返すことによって，硬くなり肌触りも悪くなってくる。最初ついていた柔軟剤がとれてしまい，繊維が脆化することによる。柔軟剤は衣類を柔らかく仕上げ，繊維の風合いの劣化も防ぎ，静電気の発生の防止にも有効である。柔軟剤の主成分は陽イオン（カチオン）界面活

性剤である。マイナスの電荷を帯びている繊維にプラスの電荷を帯びた親水基が引き合って吸着し、疎水基を外側に向けて繊維表面に並ぶ(図6-11)。繊維表面は、潤滑油の働きをする保護膜に覆われる状態になり、繊維どうしが滑りやすくなるため、柔らかくふんわりとした風合いが得られる。親水基は水分子が吸着しやすく、静電気が発生しても電気を流しやすい。静電気は摩擦によって発生しやすいが、柔軟剤は摩擦を減らすため、静電気そのものも抑えられる。最近の柔軟剤は、多種多様の香り付けがされている。

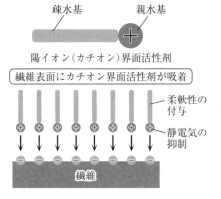

図6-11 柔軟処理のメカニズム

(2) 糊づけ

布に適度な硬さや張りを与え、毛羽を押えて光沢や肌触りをよくしたりする。防汚性や洗浄性を向上させる効果もある。糊剤には高分子物質が使われ、天然糊と化学糊がある(表6-12)。糊液は繊維に浸透しやすく、柔軟で強く、布表面に膜を形成する必要がある。洗濯のすすぎ後に布全体を浸漬するものとアイロンがけ時に部分的に使用するスプレータイプのものがある。糊剤の種類によって効果は異なり、また好みによっても濃度を加減する。

表6-12 糊剤の種類

分類	天然糊	化学糊				
		半合成糊		合成糊		
種類	でんぷん	加工デンプン	カルボキシメチルセルロース	酢酸ビニル(ポリマー)	ポリビニルアルコール(PVA)	耐熱性ポリマー
性状	粉末ペースト状	スプレーボトル	粉末粘液状	液状	液体	液状スプレーボトル
特徴	・ハリが強く、シャキッと仕上がる ・変質しやすい	・アイロン時に必要な部分だけ糊づけできる ・糊落ちがよい	・汚れ落ちがよくなる ・色柄ものはむらになる	・洗たく機で糊づけできる ・糊落ちが悪い	・防しわ性に優れている ・どんな繊維にも使える	・アイロン時に必要な部分だけ糊づけできる

出典：日本石鹸洗剤工業会，家庭用製品一覧データ(2014)を一部改変

(3) しみ抜き

衣服に部分的についた汚れをしみといい、衣服全体を洗濯しないで部分的にしみを除去することをしみ抜きという。しみは付着直後には落ちやすいが、時間とともに変質し繊維内部まで浸透するので、除去が困難になる。しみがついたらできるだけ早く除去することが大切であり、ティッシュペーパーなどでしみを押さえて処理するのもよい。一般的には水、洗剤液、市販しみ抜き剤、有機溶剤を用いる。しみ抜きの手法は、しみの付いた布の裏面からブラシや綿棒でたたき、下敷き布にしみ汚れを移すことである。しみ抜き剤が残らないよう水によるたたき出しも十分行う。しみの成分、付着状態に応じて行うが、繊維や染色の損傷を防ぐためには、できるだけ穏やかな手法を選ぶのが望ましい。

(4) 乾　燥

　屋外または屋内での自然乾燥と，乾燥機による人工乾燥がある。天日による乾燥では，紫外線照射により殺菌効果も期待できる。一方直射日光，特に紫外線は，繊維の脆化や黄変，染色物の変退色も引き起こすおそれがある。乾燥機の高熱もまた，殺菌に効果がある。乾燥過程で受ける熱や機械力により収縮，しわ，型くずれなど衣服の損傷劣化が起こることもあり，温度や時間の設定を適切に行うことが必要である。

(5) アイロン仕上げ

　アイロンは，衣服の外観や形態を整えるのに有効である。着用や洗濯・脱水・乾燥によって生じたしわを伸ばしたり，型くずれを直したり，折り目やプリーツを復元したりする。アイロンの効果は，熱，水分，圧力を加えることによる。熱は繊維分子の可塑性を高め変形しやすくする。アイロンの温度は，取扱い表示では「高温」(180～210℃)，「中温」(140～160℃)，「低温」(80～120℃)の3段階とされている。繊維の軟化，溶融，ガラス転移に関わる耐熱性や加工の有無に応じて適温を選択する。また，あて布を用いると温度や圧力を加減し，布表面の外観を損なうのを防ぐのに効果がある。

4. 衣服の長期的保管

　保管中に衣服を損傷劣化させる要因をふまえ，衣服を損なわないための適切な保管の方法について述べる。

4-1 保管に伴う衣服の損傷劣化

(1) 湿度の影響

　保管法が適切でないと型くずれ，変退色，カビの害，虫害などをひき起こす。これらは湿度の影響が大きい。これらを防ぐための基本は，保管前の汚れと水分の除去が大切である。収納スペースの湿気を抑えるために，乾燥剤やすのこを利用する方法もある。

(2) カビの害

　カビは糸状菌ともいい，胞子によって増殖する。低温低湿の環境でも死滅することは少なく胞子の状態で存在しているので，その胞子は空気中に飛び交っている。高温多湿を好み適当な温度，湿度，栄養源があれば，急速に繁殖する。保管状態では温度20～35℃，湿度75％RH以上で増殖しやすい。繊維自身も十分栄養源になりうるほか，汚れ，汗，糊料，仕上げ剤などもカビの一因となり，カビによって繊維が脆化したり，着色したり，カビ臭が発生したりする。

(3) 虫　害

　衣服は保管中に衣料害虫に食害されることがある。羊毛，絹などの獣毛繊維や毛皮製品を好む。蛾類に属するイガ，コイガ，甲虫類に属するカツオブシムシ，ヒメカツオブシムシなどが挙げられる（図6-12）。いずれも5～10mm程度の小さな蛾や甲虫で，幼虫期に

食害する。高温多湿の季節の6～8月が最も被害が大きい。乾燥した動物性たんぱく質を食害し，ケラチンを消化，吸収して成長する。羊毛中のいくつかのアミノ酸の混合された臭いを特異的に好むといわれている。そのため，羊毛が最も食害され，絹の食害は羊毛に比べると小さい。綿や合成繊維は，付着した食べこぼし，汗，あか（垢），でんぷん糊などに起因して食害する。環境条件の影響では温度25～30℃，湿度50%RH前後で特に顕著になる。虫害防止のためには，成虫や卵を持ち込まないことがまず肝要である。汚れを除去して収納し，防虫剤の種類や期間，湿度に気をつけて保管しなければならない。

図6-12 衣料害虫

写真提供：エステー化学（株）

(4) 防虫剤と防虫加工

羊毛や絹などの動物繊維は，虫害を受けやすいため，防虫剤を入れて保管したほうがよい（表6-13）。防虫剤は固体であるが，昇華性をもち，ガス化し，害虫の忌避効果や殺虫効果を発揮する。防虫剤のガスは空気より重いので，防虫剤は衣服の上に置くのが効果的である。従来，洋服にはパラジクロルベンゼン，和服には樟脳が用いられてきたが，最近では無臭のピレスロイド系が多用されている。防虫加工は，害虫がなめるか食害することにより殺虫され，防虫性を与える加工処理である。防虫加工剤としては，オイラン類，ミチン類が防虫加工剤として利用されている。無色無臭で殺虫効果をもつ酸性染料に類似の薬剤で人体には比較的安全性が高い。

表6-13 衣料用防虫剤の種類

名 称	パラジクロルベンゼン	ナフタリン	樟脳	エムペントリン（ピレスロイド系）
性 質	昇華性 即効性	昇華性 持続性	昇華性	常温揮散性
臭 い	有	有	有	無
使用上の注意	ピレスロイド系以外の防虫剤との併用不可 塩化ビニル製品やスチロール製品に使用不可 50度以上になると溶けてしみになることもある	ピレスロイド系以外の防虫剤との併用不可 塩化ビニル製品に使用不可	ピレスロイド系以外の防虫剤との併用不可 全ての衣類の使用可 金糸，銀糸，金箔には直接触れないように使用	他の防虫剤と併用可能 銅を含む金属製品（真ちゅうのボタンなど）に使用不可

京都府ホームページより作成

4-2 繊維の名称

繊維の組成表示では，繊維の名称を指定用語で表記する。表6-14に示す。

表6-14 繊維の指定用語

繊維の名称		指定用語
綿		綿
		コットン
		COTTON
毛	羊毛	毛
		羊毛
		ウール
		WOOL
	アンゴラ	毛
		アンゴラ
	カシミヤ	毛
		カシミヤ
	モヘヤ	毛
		モヘヤ
	らくだ	毛
		らくだ
		キャメル
	アルパカ	毛
		アルパカ
	その他のもの	毛
絹		絹
		シルク
		SILK

繊維の名称		指定用語
麻（亜麻および苧麻に限る）		麻
ビスコース繊維	平均重合度が450以上のもの	レーヨン
		RAYON
		ポリノジック
	その他のもの	レーヨン
		RAYON
銅アンモニア繊維		キュプラ
アセテート繊維	水酸基の92％以上が酢酸化されているもの	アセテート
		ACETATE
		トリアセテート
	その他のもの	アセテート
		ACETATE
プロミックス繊維		プロミックス
ナイロン繊維		ナイロン
		NYLON
アラミド繊維		アラミド
ビニロン繊維		ビニロン
ポリ塩化ビニリデン系合成繊維		ビニリデン
ポリ塩化ビニル系合成繊維		ポリ塩化ビニル
ポリエステル系合成繊維		ポリエステル
		POLYESTER

繊維の名称		指定用語
ポリアクリルニトリル系合成繊維	アクリルニトリルの質量割合が85％以上のもの	アクリル
	その他のもの	アクリル系
ポリエチレン系合成繊維		ポリエチレン
ポリプロピレン系合成繊維		ポリプロピレン
ポリウレタン系合成繊維		ポリウレタン
ポリクラール繊維		ポリクラール
ポリ乳酸繊維		ポリ乳酸
ガラス繊維		ガラス
炭素繊維		炭素繊維
金属繊維		金属繊維
羽毛	ダウン	ダウン
	その他の羽毛	フェザー
		その他の羽毛
前各項目に掲げる繊維以外の繊維		「指定外繊維」の用語にその繊維の名称を示す用語または商標を括弧を付して付記したもの（ただし，括弧内に用いることのできる繊維の名称を示す用語または商標は1種類に限る）

出典：消費者庁，家庭用品品質表示法(2014)

参考文献　＊　＊　＊　＊　＊

1) 谷田貝麻美子，間瀬清美編著：「衣生活の科学」，アイ・ケイコーポレーション(2007)
2) 奥山春彦，水梨サワ子監修：「被服整理学」，相川書房(1988)
3) 片山倫子編：「衣服管理の科学」，建帛社(2008)
4) 社団法人日本衣料管理協会刊行委員会：「被服生理学」，日本衣料管理協会(2008)
5) 菅井清美，諸岡晴美編著：「衣生活概論」，井上書院(2013)
6) 皆川基，藤井富美子，大矢勝編集：「洗剤・洗浄百科事典」，朝倉書店(2004)

7章　衣生活とファッションビジネス

　私たちが普段，購入し，着用している衣服は，どのような仕組みのなかで企画され，どういった流通を経て，店頭に並んでいるのだろう。ファッションビジネスは，私たちの身近な産業である。その概要を学ぶことは，ファッションビジネスへの理解に留まらず，生活者として豊かな衣生活を営むことにもつながっていく。
　本章では衣服のマーケットを理解したうえで，日本のファッションビジネスの概要，その経営戦略の核となるマーケティング戦略について解説をする。

1．衣服のマーケット

　ここでいうマーケット（以下，市場）とは，財貨やサービスが売買される場についての抽象的な概念を意味する。市場は，さまざまな切り口により細分化される。企業は自らの戦略に基づき，細分化された市場のなかから，重点市場を設定し，市場攻略を図っている。

1－1　市場の捉え方

　企業が市場攻略を考える際に，漠然と市場を設定していては，成功はおぼつかない。激しく変化する市場のなかで，自社の価値を最大限に発揮できる重点市場を設定することが，重要である。市場細分化の切り口としては，主に次の5つの考え方が挙げられる。

　① 商品を基準とした細分化　……　スーツ市場，スカート市場，下着市場等
　② 消費者を基準とした細分化　……　幼児市場，シルバー市場，中高校生市場等
　③ 小売業態を基準とした細分化　……　百貨店市場，専門店市場，ネット市場等
　④ 地域，国を基準とした細分化　……　東南アジア市場，ベトナム市場，東京市場等
　⑤ 価格を基準とした細分化　……　低価格市場，中価格市場，高価格市場等

　市場状況を捉える場合には，細分化された市場別に分析をする。しかし実際に市場戦略を策定する場合，これらの切り口をさらに複合させることによって，より細分化した市場を設定することが多い。具体的にいえば「来年度のA社の重点市場は，中国の百貨店における20～40歳代向け高価格帯メンズスーツ市場」といった設定が例となるだろう。

　次に細分化した市場を市場規模と市場成長率によって，図7-1のようにグループ分けをする。成熟市場は，大きな成長が見込めないため，コスト，利益重視の競争となる。花形市場は，市場が大きくかつ成長しており，魅力的だが，その分競争は激しい。成長市場

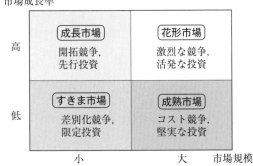

図7-1　市場の考え方と企業の戦略

は，将来性を見込み，当面は赤字であっても，投資を先行させた企業が市場拡大したときに優位に立てる。小さくて成長率も低いすきま市場は，大手が展開しづらいため，差別化が図れれば，中小企業でも安定して存続できる。どの市場を攻略するか，自社と市場の状況を考慮した重点市場の選定が重要である。

1-2 日本の衣服市場

こうした企業の市場分析手法を基に，日本の衣服市場を分析する。衣服の出荷や販売のまとまった統計資料は少ないため，継続して市場調査を行っている繊研新聞社の調査データ(図7-2)を参考にする。まず，金額ベースで日本の衣服市場の規模は，2012年時点で約9兆円である。ピーク時の1995，6年頃には約11～12兆円の市場規模があったと推定されるため，市場は縮小傾向にある。ただし，直近の動きでは，やや回復傾向がみられる。一方，数量ベースでは，2006年以降は，頭打ちの状況にあるが，拡大傾向が続いている。つまり，衣服の需要が減ったわけではなく，むしろ消費者一人当たりの購買点数は増えており，一点当たりの平均単価が下がる，低価格化が顕著になっていることがわかる。長期化する景気低迷，消費の多様化による衣料品支出の減少，低価格訴求のグローバル企業進出等，さまざまな要因が重なる中，消費者の低価格志向に，ファッションビジネス業界が対応してきた結果といえる。

したがって，価格帯別には高価格市場は堅調，消費者ニーズに対応した低価格市場が市場拡大を遂げるなか，従来大きな構成比を占めていた中価格市場が，縮小する状況が続いている。ただし直近では行き過ぎた低価格化への反動もあって，消費者側からも，価格と

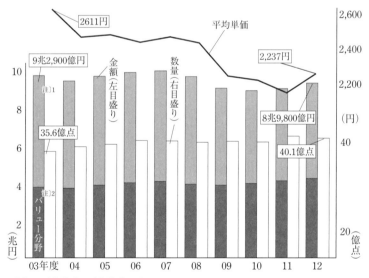

注］1 中価格帯，高価格帯の分野
　　2 図中のバリュー分野とは，それまでよりも低価格，あるいはリーズナブルな価格帯で購入できる衣料品のカテゴリーを意味する。

図7-2 日本の衣料品消費市場の規模と平均単価推移

出典：金額は，日本百貨店協会「全国百貨店売上概況」，日本チェーンストア協会「販売統計」，日本通信販売協会「通販市場売上高調査」，繊研新聞社の専門店業績調査から算出，数量は経済産業省の繊維統計，財務省の通関統計を元に算出

1．衣服のマーケット　153

品質のバランスがとれた商品・ブランドへのニーズが顕在化してきている。

次に，商品を基準とした細分化市場の状況をみる。大分類別で一番大きな市場は，婦人服で，全体市場の約6割を占める。次いで紳士服が約3割，ベビー・子ども服が約1割の構成比となるが，いずれも停滞傾向にあり，企業間の競争は激化している。

小売業態を基準とした細分化市場の状況はどうだろう。日本のファッションビジネスは，百貨店がリードし，大衆化の中で，総合スーパーが市場規模の拡大に貢献してきた。しかしこの20年ほど，両者は漸減傾向が続いている。一方で，大きく成長してきているのが，アパレル専門店であり，これらを集積したショッピングセンターである。

日本の衣服市場は，国別では米国，中国につぐ第3位の市場規模を有している。そのため，日本企業の多くは，日本市場に特化したビジネス展開が可能だった。しかし，日本の人口は，減少傾向に転じており，年代分布も大きく変化している。特にファッション市場を常にリードしてきた20代女性人口は，2013年現在，730万人ほどであり，団塊世代（1947～49年生）や団塊ジュニア世代（1971～74年生）が20代の頃に比べ，8割程度に減少している。

企業は，拡大する高年齢層市場向け対策とともに，若年層市場の活性化にも取り組まねばならない。さらに良質で規模の大きい日本市場は，海外企業から注目を浴びており，外資ブランドの日本市場参入も活発である。今後も大きな市場成長が望めないなか，日本市場での競争は厳しさを増し，大手企業は，世界を市場としたファッションビジネスの展開が避けられない状況になっている。

1-3 世界の衣服市場

（1）世界の衣服市場の現状

世界の衣服市場は，人口増と開発途上国の経済成長に伴い，年々拡大している。特に，ラグジュアリーブランドとよばれる高付加価値訴求の高価格市場とボリュームゾーン対応の低価格市場の二極が伸びている。国・地域別には，先進国は総じて成熟市場化しており，開発途上国の市場成長が著しい。また，需給対応については，先進国は，国内生産以外に開発途上国からの輸入に依存しているのが現状である。主要国のアパレル輸出入額を表7-1に示した。輸出に関しては，中国が香港を含めると，全世界計の40％を越えており，世界の衣服需要の多くは，中国の生産に支えられていることがわかる。また，表には記載していないが，中国の人件費が高騰する中，中国への一極集中を避け，生産の分散化を図るため，先進国の委託が，バングラデシュ，インド，ベトナム等アジアの国々に広がり，これらの国々も年々

表7-1 世界主要国のアパレル輸出入額(2011年)

（億ドル・％）

	輸出(A)		輸入(B)		差(A)-(B)
	額	構成比	額	構成比	額
世界計	4,124.6	100.0	4,124.6	100.0	0.0
日本	6.0	0.1	329.3	8.0	-323.3
中国	1,537.8	37.3	40.1	1.0	1,497.7
香港	245.1	5.9	172.5	4.2	72.6
韓国	18.4	0.4	61.1	1.5	-42.7
米国	52.2	1.3	885.9	21.5	-833.7
EU27か国	1,162.4	28.2	1,890.5	45.8	-728.1

出典：「繊維ハンドブック」，日本化学繊維協会(2014)

輸出額を増やしている。一方，日本，韓国，米国といった先進国は，輸入が輸出を大きく上回っている。特に，日本の場合，輸出入の差が極端に大きい。これは，日本企業の多くが，自社で企画した商品の生産を中国に委託し，完成品を国内販売向けに輸入している結果である。いまや，日本の衣類の輸入浸透率[注]は，数量ベースで96%を越えている。単純に考えれば，日本の市場に流通している衣服100枚の内，96枚は外国製，なかでも中国製が80枚を占めていることになる(2012年実績)。先進国のなかで，EUは，輸入額のシェアも世界の半分弱を占めるが，輸出額でも30%弱のシェアをもっている。これはフランス，イタリアといったファッション産業を基幹産業としている国が，高価格品の輸出によって，貢献しているためである。特にイタリアは，先進国のなかで唯一，輸出額が輸入額を上回っている。

[注] 輸入浸透率＝輸入数量／国内供給量(生産数量－輸出数量＋輸入数量)

(2) 今後の世界の衣服市場

今後，世界の衣服市場は，先進国が伸び悩むなか，開発途上国が大きく市場を成長させていくと予測される。図7-3は，経済産業省が行った調査報告からの抜粋であるが，2020年には，BRICs(ブラジル，ロシア，インド，中国)は，日本を超える市場規模に成長すると予測される。なかでも，中国は米国を抜き，圧倒的な世界一の衣服市場となるだろう。まさに中国は，「世界の工場」から「世界の市場」に変貌を遂げていくのである。

このような状況下，日本のファッションビジネスが再活性化を図り，成長をするためには，現在，具現化が図られている「クールジャパン戦略」の推進が不可欠となる。

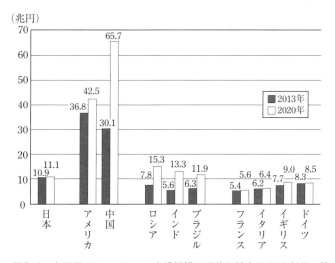

図7-3 主要国のファッション市場規模の現状と将来予測(衣料品・靴)
出典：「平成25年度クールジャパンの芽の発掘・連携促進事業調査報告書」経済産業省(2014.3.31)

1-4 クールジャパン戦略

クールジャパンとは，日本独自の文化が海外で評価を受けている現象，またはその日本文化を指す言葉である。クールジャパン戦略は，国際的に評価されている日本の文化産業(アニメ，漫画，和食等)を戦略産業分野と捉え，積極的に海外に発信していこうとする日

本の政策であり，ファッションもその重要な産業の一つに挙げられている。クールジャパン戦略における戦略的海外展開は，次の3つが骨子となっている。

① 日本ブーム創出 〜日本の魅力の効果的発信〜

　現在海外で評価されている日本文化は，個別の活動や自然発生的に現出しているものが多い。日本に対する興味・関心を高める機会を戦略的に創出し，海外において日本ブームを意識的に興すため，こうした情報発信活動を進める企業や組織を支援する。

② 現地で稼ぐ 〜現地で稼ぐためのプラットフォーム構築〜

　海外でのファッションビジネスを志向し，評価されるべき技術や製品を保持していても，中小企業のなかには，海外拠点や連携先がない，資金調達が困難，人材やノウハウがない等の理由によって，海外展開が困難な企業が多い。クリエイターやデザイナー等も同様である。こうした状況を打開するため，海外におけるビジネス展開の基盤を構築し，継続的なビジネス展開を支援する。

③ 日本で消費 〜日本に呼び込み，大きく消費を促す〜

　日本を訪れる外国人旅行者(観光・ビジネス等)の数は，東日本大震災の影響を受け，一次的に減少したものの，その後，回復基調を遂げ，2013年には，1,036万人と初めて1,000万人を突破した。2014年も順調に増加し，前年を上回るのは，確実な状況にある。外国人旅行客の日本における買い物では，ファッション商品が大きな比率を占めており，東京の百貨店等では，既に重要な顧客となっている。上記情報発信と海外展開の推進により，日本への関心を引き起こし，外国人旅行者による国内の需要拡大を図る。

　成熟化する日本の衣服市場において，苦戦を強いられている日本企業が，停滞を打開していくには，クールジャパン戦略に沿った海外展開が重要な鍵となる。ただし，すべての企業がリスクも大きい海外市場に進出しなければならない，ということではない。市場をグローバルに捉え，そのなかでの自社の価値を明確にすることが重要である。日本市場にあっても，真に価値ある企業や商品にとって，市場のグローバル化は，危機よりも大きな機会となるだろう。

2. ファッションビジネス

　ファッションとはなんだろうか。一般に「流行」と訳される。また狭義には，「服飾の流行」と捉えることもある。例えば，「この夏のリゾートファッションは……」というような場合である。ただし，現代におけるファッションの概念は大きく広がっており，単なる流行ではなく，ライフスタイル全般に関わる「生活文化の反映」としても解釈されている。ファッションビジネスは，ライフスタイルの変化に伴う消費者の潜在的ニーズを具現化していく「生活文化産業」といえる。

2-1　ファッションビジネスの定義と範囲

　ファッションビジネスを定義づければ，「消費者のニーズに対応し，ファッション商品を供給する企業，およびその経済活動」となる。ただし，前述のように，ファッションの概念が大きく広がっている今日，ファッションビジネスの範囲を明確に示すことは難しい。

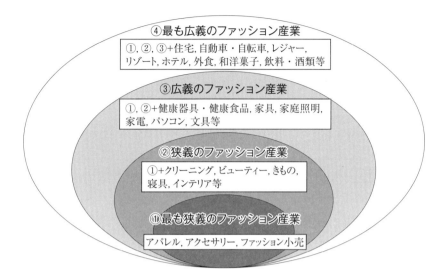

図7-4　ファッションビジネスの範囲

(表7-2から著者作成)

　参考として，ファッション産業の範囲について，「四つの皮膚論」という考え方に基づき，狭義から広義までファッション産業を分類したものを表7-2に挙げた。
　表7-2をもとに，ファッションビジネスの範囲を図にすると図7-4のようになる。
　アパレル製品を企画・製造するアパレル産業，それを販売するファッション小売産業は，どのように範囲を解釈しても，ファッションビジネスの中核となる産業である。アパレル産業は，ファッションビジネス全体に大きな影響を与えている。また，ファッション小売産業は衣服の販売だけではなく，さまざまなライフスタイル提案を軸とした価値訴求を志向している。そのため，取扱商品もアパレルを中心に広範囲にわたっていく。百貨店がその代表例である。セレクトショップやアパレルショップが，自らのコンセプトに基づき，靴，バッグから，化粧品やインテリア用品といった商品にまで取扱いを拡大する例もある。
　一方，一見ファッションと関係が薄く感じられる，「最も広義のファッション産業」にのみ属する企業も，ファッションという視点から自らのビジネスを見直すと，新たなビジネスチャンスが生まれてくる。事実，住宅，自動車といった大型の耐久消費財から，飲料，加工食品といった日用消費財，また，モノだけではなく，レジャーやホテルといったサービス産業に至るまで，ファッションを軸に価値訴求をして，成功した事例は数多くある。
　成熟する日本市場において，各産業の枠に留まらないファッションビジネスの発想と展開は，新たな市場活性化に貢献する大きな力をもっている。

表7-2 「4つの皮膚論」によるファッション産業の範囲

ファッション産業の範囲		4大分類	産業別の中分類	
最も広義のファッション産業	広義のファッション産業	第1の皮膚系「ヘルシー&ビューティー」の皮膚	●健康器具・健康食品産業 ●スポーツ器具産業	
		健康と身だしなみのニーズ	●クリーニング産業 ●ビューティー産業(化粧品,香水,理美容,エステティック等)	
		狭義のファッション産業 第2の皮膚系「ワードローブ」の皮膚 着こなしのニーズ	┌最も狭義のファッション産業┐ │ ●アパレル産業 │ │ ●アクセサリー産業 │ │ ●ファッション小売産業 │ └─────────────┘ ●アパレル素材産業(テキスタイル産業,染色整理業を含む) ●その他素材産業 ●きもの産業 ●ファッションソフト産業(デザインアトリエ,ファッションジャーナリズム等)	●ファッション関連産業 ・加工業界 ・副資材業界 ・関連機器業界 ・陳列器具業界 ・照明器具業界 ・店舗設計施工業界 ・その他関連産業 ●ファッション産業関連機関 ・学会 ・教育機関 ・繊維関連試験所 ・産業団体,官庁
			●寝具産業 ●インテリア産業	
		第3の皮膚系「インテリア」の皮膚 暮らしごこちのニーズ	●インテリア小物産業 ●家具産業 ●家庭照明器具産業 ●家電・パソコン・AV産業 ●DIY産業 ●玩具産業 ●ステーショナリー産業 ●カメラ産業 ●花・グリーン産業	
		第4の皮膚系「コミュニティー」の皮膚 住まいごこちのニーズ	●住宅産業 ●エクステリア産業 ●スポーツ施設産業 ●自動車・自転車産業 ●レジャー産業 ●リゾート産業 ●ホテル産業 ●外食・レストラン産業 ●和洋菓子産業 ●飲料・酒類産業 ●加工食品産業 ●出版・CD産業 ●広告産業 ●美術館,博物館	

備考 ① 一般にファッション産業というときは,「アパレル産業,アクセサリー産業,ファッション小売産業」,つまり"最も狭義のファッション産業"を指すのが通常である。
② 「アパレル素材産業」には,繊維素材産業,テキスタイル産業,染色整理産業が含まれる。
③ 「その他の素材産業」とは,毛皮,皮革,ビニールフィルム,紙,ゴムなどの産業を意味する。
④ 「きもの産業」は,ファッション産業に含まないとする解釈もあるが,今後は包含していくべきであると考えられる。

出典：小山田道弥：「ファッションビジネス論」,p.44,日本衣料管理協会(2003)

2−2　衣服に関わる産業の仕組みと変遷

　時代の変遷のなかで，衣服に関わる産業も大きく変化している。ここでは，実際に衣服が製造され，私たちの手元に届くまでの大きな流れと，時代とともに変化してきた衣服関連産業の変遷を概説する。

(1) 衣服に関わる産業の分類

　衣服に関係する産業の構造を生産段階によって分類すると，図7-5のようになる。大きく分けて，アパレルの素材を生産する繊維素材，生地産業，衣服を企画し，生産するアパレル産業，衣服を消費者に販売するファッション小売産業に分類される。また，この産業ごとの位置づけを川の流れに例えて，「川上・川中・川下」とよぶことがある。どこで，区分するかは，各産業の立場によって解釈が異なるが，本項ではアパレル産業の立場に立った解釈により区分している。

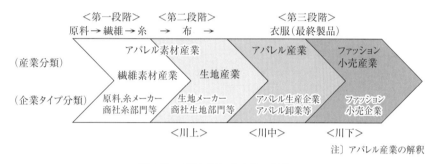

図7-5　衣服に関わる産業の分類

　繊維素材産業は，原料から糸に至るまでの生産にかかわる企業群を指す。繊維は大きくは，天然繊維（綿・絹等）と，化学繊維（レーヨン等の再生繊維，およびナイロン，ポリエステル等の合成繊維）に分けられ，これらを材料として，さまざまな糸が生産される。糸の卸販売をする糸商や商社の糸部門もここに含まれる。生地産業は，糸から織物，編物等の布地を生産する企業群が該当する。テキスタイル産業ともよばれる。またレースや不織布などの生産企業も含む。布地への染色や防水といった加工段階を担当する企業群や生地を卸販売する生地商，商社の生地部門もここに区分される。

　アパレル産業は，衣服を生産するアパレル生産企業と，最終製品としての衣服を小売業に販売するアパレル卸業を指す。アパレル卸業は，さらに衣服の商品企画機能をもったアパレルメーカーと，商品を仕入れ，小売業や他の卸業に販売するアパレル卸商に分けられる。なお卸売とは製造業と小売業の中間に位置する業種を指し，広義では，商社もここに含まれる。商社には原料から最終製品に至るまで，それぞれの段階にかかわる部門があり，これらは部門ごとに各段階の産業に属する。

　最後に，ファッション小売業は，消費者に直接，衣料品を販売する，百貨店，スーパー，専門店といった企業群である。専門店の場合，アパレル小売業と呼称してもよいが，他の企業は，衣料品のみを扱っているわけではないため，ここではファッション小売業と総称する。

(2) 衣服関連産業の主役の変化

アパレル素材産業は，明治維新後の近代化のなかで，いち早く工業化が進み，良質で安価な製品の生産が可能になったため，国際競争力を有することができた。アパレル素材は，輸出の主要品として，外貨獲得の牽引車となり，日本の経済発展に大きく貢献をしていく。成長したアパレル素材産業は，衣服関連のみならず，日本の産業界全体をリードしていった。一方，第二次世界大戦以前は，洋装は，まだ大衆化しきっていないため，アパレル産業の存在は小さかった。当時，ファッション小売業は，富裕層を対象にした百貨店が和装と輸入品を主に，小売産業の中核となっていた。第二次世界大戦後も復興期から高度成長期の初めは，天然繊維から化学繊維へといった製品の変化はあっても，素材産業が衣服関連産業をリードしてきた時代である。

しかし，高度経済成長期以降，人件費の上昇や為替変動等に加え，発展途上国の追い上げにより，国際競争力が急速に低下し，国内での生産量は大きく減少していった。その一方で，生活が豊かになり，洋装が定着していくなか，国内の需要は急速に拡大していく。この段階で主導権を握ったのは，シーズンごとに新しい流行，装いを提案するアパレルメーカーである。その後，アパレル産業は，日本独自の流通の仕組みを作り上げ，発展していった。

昭和50年代後半に入ると，百貨店，総合スーパーといったファッション小売業が業界全体をリードしていくようになる。小売業の大規模化，広域化といったことも一因ではあるが，一番の要因は，情報化が進む社会にあって，消費者からの情報を直接入手し，川上に向けて発信できる位置に存在していたことにある。前述の川の流れに例えれば，川上の産業が全体を動かしていた時代から，経済が発展し，社会が成熟化していくなかで，主役は川下へと段階的に移行し，消費者が主役の時代，川下の嗜好・情報が，川中・川上を動かす時代になったといえよう。

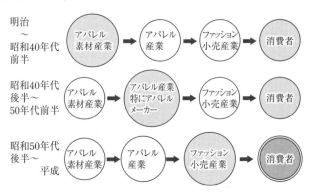

図7-6　衣服関連産業の主役の変化

(3) ファッション小売業の業態

小売業は消費者の変化・多様化に対応して，いろいろな営業形態を開発している。この営業形態のことを「業態」とよぶ。衣服を扱う小売業には，さまざまな業態があるが，図7-7に，その主なものを挙げ，概説する。

百貨店は，江戸時代から続く呉服系(三越，高島屋，伊勢丹，大丸等)，自社路線の基盤

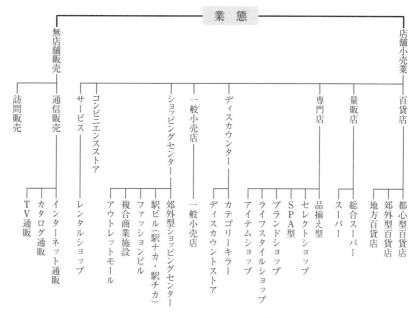

図7-7 衣服を扱う主な小売業態

強化を目的とした電鉄系(東急，西武，阪急，阪神等)の二系統を主に，高価格品を中心として，ファッション小売業全体をリードしていった。また，総合スーパー(イトーヨーカドー，イオン等)は，1970年代以降，セルフサービスによる低価格品の大量販売を推進し，売り上げを急拡大させていった。1990年代まで，ファッション小売業の売上高上位企業は，百貨店，総合スーパーによって占められていた。しかし，バブル経済崩壊後，デフレやグローバル化等の影響によって，消費者の価値観が変化し，シビアになっていくなかで，百貨店，総合スーパーは売り上げが低迷していく。一方，消費者の変化にいち早く対応していった専門店や，専門店の集積を中心としたショッピングセンターが若年層を中心に顧客の支持を受け，台頭してくる。また，2000年代以降，通信販売，特にインターネット通販が衣服の分野でも売り上げを伸ばし，年々市場を拡大してきている。

2-3 新たなビジネスモデル

(1) SPA

　消費者や市場の変化に対応し，他企業との差別化を図るため，ファッションビジネスにおいても，新たなビジネスモデルが構築されている。SPA (Speciality store retailer of Private label Apparel)は，1987年にGAP社の会長が，自社の業態を定義して説明したのが，初出である。商品企画から販売までを一貫して行う業態を意味し，日本語では製造小売業と訳される。アパレル商品は，従来，図7-8に示すように，アパレルメーカーが企画した商品をアパレル生産企業が生産し，ファッション小売業が販売するといった分業体制が中心であった。これに対し，1990年代頃から，アパレルメーカーとファッション小売業の機能を兼ね備えた企業が急成長してくる。世界的にも前述のGAP，スペインのインディテックス(主力ブランド：ZARA)，スウェーデンのH&Mといった売上高上位企業は，SPA企業であり，日本の衣料品売上高で，他を大きく引き離しトップに立っているユニク

2. ファッションビジネス　　161

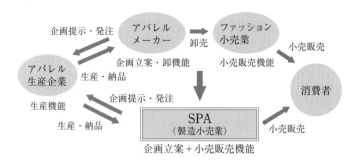

図7-8 SPAの基本的な流れ

ロもSPAの代表的な企業である。SPAには，ファッション小売業が企画立案機能を具備していく場合と，アパレルメーカーが小売販売機能を有して自らのブランドを小売展開していく場合の二つのパターンがあり，いずれも，従来のファッション小売業とアパレルメーカーの両方の機能が必要となる。SPAが業界の主流となりつつある今日，多くの企業が全面的あるいは部分的にSPAを展開している。

確かに，SPAには，自ら企画した独自の商品により，顧客に直接，価値訴求ができる，中間流通段階を省けるため，コストダウンが可能となるなどのメリットがある。しかし，独自の企画〜販売商品のため，販売予測を下回った場合，在庫負担・処分等のリスクも大きい。安易なSPA志向は，経営の悪化につながる危険性も考慮しなければならない。

(2) ファストファッション

ファストファッションとは，2000年代半ば頃から，使われるようになった造語であり，「安くて早い」ファストフードになぞらえ，最新の流行を取り入れ，低価格の衣料品を高回転サイクルで提供するファッションブランドやその業態を指す。世界的な市場環境変化のなかで，ファストファッションは，多くの国の消費者にその価値を受け入れられており，急成長を遂げている。日本でも2008年にH&Mが，ついで2009年にFOREVER 21が相次いで出店し，開店時には行列のできるブームを起こした。2014年現在も両ブランドは，順調に日本での店舗数と売り上げを伸ばしている。ただしファストファッションには，まだ，明確に統一された定義はなく，該当するブランドや企業についても，研究者によって意見が分かれる。例えば，ユニクロをファストファッションの代表例として，取り上げる記事や書物は多いが，筆者は，やや異なる見解をもつ。注)また，前述のSPAとファストファッションが混同されることもある。確かに，ファストファッションは，低価格での販売を可能とするため，SPAの形態をとることが多いが，前述の通り，両者の意味するところは異なる。

図7-9 世界的SPAブランドとファストファッションの関係

注) ユニクロ自身は，自社の新聞広告のなかで，自らをファストファッションの範ちゅうから外している。（2010年9月6日：繊研新聞掲載）

図7-9は，筆者の見解に基づき，価格と志向性の2軸を用いて，世界の代表的なSPAブランドとファストファッションの関係をイメージ図として，示したものである。

(3) 今後のファッションビジネス

市場が大きく流動し，将来予測が難しい今日，ファッションビジネスは，どのように変化していくだろう。消費者の価値観の多様化，市場のグローバル化の進行していくなか，企業の経営者は，厳しい決断を迫られている。ただ，このような状況下でも存続していくには，企業・ブランド・商品は，確実に他社と差別化できる固有の価値をもっていなければならない。万人に認められる必要はない。その固有の価値を理解してくれる特定の顧客層に，きちんと価値を伝えられる。こうした仕組みを確立した企業だけが，価値観の多様化，グローバル化を大きなビジネスチャンスとすることができる。

3. 衣服とマーケティング

現在の日本の衣服市場は，成熟市場である。多くの人々は，既に一定量の衣服を所有しており，若年層の人口も増えない。したがって，大きな新規需要は望めず，買い替え需要が中心になっている。消費者は，必需品として衣服を買うのではなく，嗜好品として，衣服を買う傾向が強い。また，嗜好品のため，価値も多様化している。このような市場においては，自社の商品に対し，どのような価値を認めてもらえるか，また価値を認めてくれる消費者は，どんな人たちなのかを明らかにしなければ，企業は存続できない。

3-1 ファッションビジネスとマーケティング

マーケティングは一言で表せる的確な日本語訳がないため，外来語として，そのまま使われている。また，その概念や定義も，いろいろな解釈がなされ，時代とともに変化している。そのため，学生，社会人に関わらず，「なんとなく理解しているけれど，うまく説明はできない」という人が多い。本章においては，マーケティングとは「価値提供システム」のことと定義する。

企業は，売上・利益の獲得を目指し，製品やサービスを提供するが，顧客がその価値を認めない限り，売買(価値の交換)は成立しない(図7-10)。衣服を例に挙げれば，同じ5,000円のワンピースでも，嗜好性に違いにより，喜んで購入してくれる人(価値を認めてくれる人)，まったく興味のない人，購入を迷う人，それぞれである。したがって，価

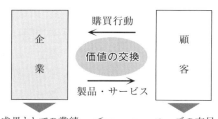

図7-10 企業と顧客の関係

値を認めてくれる顧客を見つけ(あるいは想定し)，その価値を具体化し，伝達する一連の仕組みが必要となる。マーケティングとは，その価値を提供する一連のシステムを作ることであり，商品開発，宣伝広告，販売促進，市場調査，営業・販売といった一般的にマーケティングとしてイメージされる仕事は，すべてこのシステムに組み込まれる。このシス

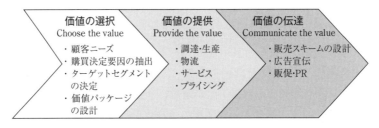

図7-11 価値提供システム(Value Delivery System)
出典：小森哲郎：(株)クラシエ・ホールディングス研修会，講演資料(2007)

テムは，三つの段階に分かれており，図7-11に示したうえで，衣服を例にとって解説する。

　第一段階は，自社商品の価値を認めてもらいたいターゲット顧客層を選択し，その顧客に向け，どのような価値を提供するかを設計する「価値の選択」の段階。ここで，誰のどのような欲求に対し，どんなモノを提供し，欲求の解決を図るかが決まる。例えば，「カジュアル志向の女子大生をターゲットに，来春の流行を取り入れたワンピース」という商品を想定する。

　第二段階は，構想された価値を具現化し，提供するための仕組みを構築する「価値の提供」の段階。ここでは，そのモノをどうやって生産し，顧客に送り届けるか，価格やコストをどう設定するか，といったことが決まっていく。前述のワンピースでいえば，生地や副資材をどこで調達し，どこの国のどの企業に生産を依頼し，どう店舗に届け，いくらで販売するか等である。

　第三段階は，構築された価値を顧客に正確かつ確実に伝達する「価値の伝達」の段階。いくら価値のあるモノが創られても，宣伝広告や販売促進といった活動がなければ，あるいは，直接対応する営業・販売スタッフが価値を伝達できなければ，顧客に価値は伝わらず，購買意欲につながらない。どんなに魅力的なワンピースでも，その存在がターゲットに認知されなければ，購入には至らない。そのために，その商品の価値を端的に顧客に伝えるキャッチコピーや，価値の裏付けとなる商品知識も重要になってくる。

　この三段階からなる一貫性をもったシステムを構築し，効果的かつ持続的に機能させることが，マーケティングである。マーケティングは，マーケティング部や商品企画部といった限られた部門が専門的に行う業務ではない。企業全体が，顧客への価値提供を目的に，それぞれの部門の業務を連動させていくことで，初めてシステムとして確立し，稼働する。言い換えれば，優れた価値提供システムを有し，顧客に価値を十分に伝えることを実現している企業が，マーケティングの優れた企業といえる。

　ファッションビジネスは，感性とスピードが優先し，論理的なシステム構築等は，軽視されるようなイメージがあるが，ファッションビジネスにおいても，優良企業とよばれる企業は，こうしたシステムを内包している。ただし，マーケティングは，客観的かつ合理的なシステムを構築するだけでは，十分に機能しない。顧客の潜在的ニーズを探り当て，顕在化させるためには，優れた感性に基づく，ある種のひらめきや，それを具現化するためのセンスといったものが必要になる。特にファッションビジネスのマーケティングにおいては，経営者や担当責任者が優れた感性を有していることは，重要な差別化要因となる。

なお，衣服を中心としたファッション商品には，以下の特徴があり，マーケティングもその特徴に考慮して展開される。

〈ファッション商品の特徴〉
① 取扱い品種が多く，色・柄・サイズ等を考慮すれば，加工食品や日用雑貨といった他の消費財に比べ，多品種少ロットでの生産・販売が一般的である。
② 四季を中心としたシーズンごとに商品が入れ替えられ，売れ残った商品が翌年のシーズンに再販売されることは，原則として少ない。企業は，シーズンごとの変化を予測し，きめ細かく，次々に商品企画と需要予測を行わなければならない。
③ 買い回り品であり，消費者の購買行動範囲は広く，多くの選択肢のなかから，相対的に価値の高い商品を選択し購入する。
④ 嗜好品であり，デザインや流行といった感性的要素が，消費者の価値観に影響する。価値が認識されれば，高価格設定も受容される。

3-2 ブランド戦略
(1) ブランド戦略の基本

前項で述べたファッション商品の特徴を踏まえた上，ファッションビジネスのマーケティング戦略を展開するにあたり，ブランド戦略が不可欠になってくる。

まず，ブランド戦略全般について解説する。ブランドは，「銘柄」，「商標」等に訳される。企業は競合との差別化を図り，顧客に自社あるいは自社商品の価値を認識してもらうため，宣伝広告や販売促進，PRといったマーケティング活動を推進する。前述の価値提供システムの中で，顧客への価値伝達において重要な役割を果たすのがブランドである。ブランドは，単なる識別名称ではなく，顧客に正しく認識されることによって，企業や商品に付加価値をもたらす。その機能推進を目的に，ブランド戦略が構築される。

ブランドを階層別に分類すると，企業全体で展開される企業ブランド（corporate brand），企業内の一事業で展開される事業ブランド（business brand），いくつかの製品カテゴリー

```
企業ブランド
企業名として展開，訴求し，認知される。
例：「花王」，「トヨタ」，「ユニクロ」

事業ブランド
事業名あるいは店名として展開，訴求し，認知される。
例：「無印良品」，「アースミュージック＆エコロジー」

ファミリーブランド
いくつかの製品カテゴリーにまたがる
ブランドとして展開，訴求し，認知される。
例：「ビオレ」，「ヒートテック」

製品ブランド
単一製品カテゴリーのブランド
として展開，訴求し，認知される。
例：「アタック」，「プリウス」
```

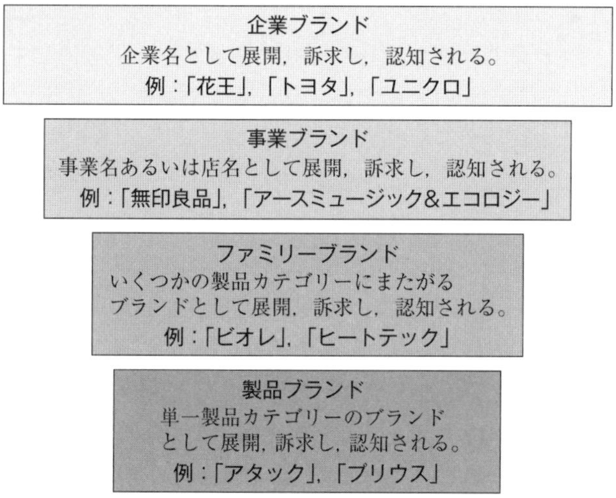

図7-12 ブランドの階層構造

にまたがって展開されるファミリーブランド(family brand)，単一製品カテゴリー内で展開される製品ブランド(product brand)等に分類される(図7-12)。

　日用品や食品等の場合，企業あるいは事業ブランドが，全体的な価値観を訴求し，信頼感を得た上で，ファミリーあるいは製品ブランドで，具体的訴求を図り，購買に結びつける，というケースが多い。例えば，「花王」の「アタック」，「グリコ」の「ポッキー」といった関係である。

　ファッション産業は，一般的に企業ブランドや事業ブランド単位で，マーケティングを展開する。多くはショップ名としても共用されている。例えば，ブランドというと，まず連想される欧米の高級ブランド，シャネルやルイ・ヴィトンといった例がこれにあたる。また，顧客の多様化，細分化に対応するため，企業名を前面に出さず，グループとして，多くの事業ブランドを展開していく場合もある。

　企業は，ブランドのコンセプト(概念)を，宣伝広告や販売員，店舗，商品を通して，ターゲット顧客層に訴求する。顧客がブランドコンセプト[注]1に共感してくれれば，競合との差別化が可能になり，商品の購入が期待できる。コンセプトが支持され，ブランドへの信頼や満足度が高まると，顧客のブランドロイヤルティ[注]2が醸成される。「このブランドの世界観が好き，このブランドなら，安心できる」といった感情である。この顧客との関係性をベースに，シーズンごとにブランドコンセプトを外さずに，流行性を加味した新商品を継続投入し，顧客の固定化，増加を図る。これがファッションブランドの基本戦略である。また著名なブランドやイメージの高いブランドは，存在そのものが価値となるため，企業，顧客の双方にとって，貴重な財産となる。

　　[注] 1. コンセプトとは概念の意味。ブランドが本質的に顧客に伝えたい価値や考え方を凝縮したもの。
　　　　 2. ロイヤルティとは，愛着心，忠誠心の意味。ブランドロイヤルティの高い顧客は，価格や流行に左右されず，継続的顧客になってくれる可能性が高い。

(2) ラグジュアリーブランド

　ラグジュアリーとは「贅沢な」「豪華な」といった意味をもち，いわゆる高級ブランドの呼称として使われる。ハイブランド，プレステージブランドもほぼ同じ意味である。日本において，ブランドの概念は1980年代に高級ブランドを通じて一般に広まっていったため，今でも，「ブランド」といえば，シャネルやルイ・ヴィトンといったラグジュアリーブランドをイメージする人が大半である。確かにラグジュアリーブランド戦略は，ブランド戦略の典型的な例といえるだろう。特にヨーロッパ発祥のラグジュアリーブランドは，富裕層をターゲットに長い歴史と伝統を兼ね備えているものが多く，そのコンセプトと名声は，世界中の顧客から支持を受け，あこがれの対象となっている。製品分野としては，装飾品(皮革製品，靴，帽子等)アパレル(高級注文服，高級既製服)，化粧品(香水等)，宝飾品・時計等が代表的であり，品質を重点に製品群をしぼった集中戦略をとるブランドと，世界観を重点にさまざまな製品群へのライン拡大戦略をとるブランドに分かれる。

　ラグジュアリーブランドは，創業者，あるいは創業期のデザイナーの力により発展，確立されていることが多い。そのため，その創造力の衰えや，世代交代の影響により，ブランドとしての価値が損なわれ，ビジネスとしての継続性・採算性が危惧されるケースがあ

る。また，優秀なデザイナーは必ずしも優秀な経営者とは限らない。一方，ファッションビジネスの展開を志向する経営者にとって，良質なラグジュアリーブランドを保有することは，重要な意味がある。しかし，よいブランドは一朝一夕ではできない。この両者のニーズを補うため，ラグジュアリーブランド企業は，合併・吸収が盛んに行われている。

　図7-13に，ファッション業界における代表的な企業グループと傘下の主なラグジュアリーブランドを示した。なかでも，LVMH（モエヘネシー，ルイヴィトン）は，世界最大のファッション企業グループとして，60以上のラグジュアリーブランドをその傘下に収めている。同グループを中心に，今後もブランドの合併・吸収は，グローバルレベルで活発に行われていくだろう。

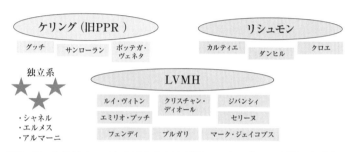

図7-13　企業グループと傘下の主なラグジュアリーブランド（2014年現在）

3-3　マーチャンダイジング
（1）マーチャンダイジングの定義と重要性

　マーチャンダイジングという言葉は，流通・小売業界では一般的であり，特に，ファッションビジネスにおいては，アパレルメーカー，ファッション小売業の双方でよく使われる用語である。企業のマーケティング活動の一部を指し，「商品計画」等に訳されている。語源としては，マーチャンダイズ（merchandise：商う）に由来するといわれ，ing をつけて動名詞化したものがマーチャンダイジングと考えると，マーチャンダイジングは，商活動となる。そこから，流通・小売段階での営業活動という意味でマーチャンダイジングという言葉がそのまま使われるようになった。

　したがって，もともとは流通・小売業界において商品計画や実行を意味していた言葉が，商品化，製品化という意味に拡がりをもち，アパレルメーカーでも使われるようになったと考えられる。なお，マーチャンダイジングの業務範囲や担当部署，職名は，各企業によってまちまちだが，通常，マーチャンダイジングの中心的な業務をしている職種の人間をマーチャンダイザーと呼称する。マーチャンダイジング，マーチャンダイザー，両方の意味として，MD という略称が用いられている。

　マーチャンダイジングの定義について，1948年に AMA（アメリカマーケティング協会）は，以下の通りに規定している。

The planning involved in marketing the right merchandise or service at the right place, at the right time, in the right quantities, and at the right price.

　「マーケティング活動における，最適な商品，サービスを，最適な場所と時期に，最適な数量と価格で取り扱うことに関する計画」

以上のことから抽出されたマーチャンダイジングの基本要素を「5適(five rights)」とよぶ。

表7-3 マーチャンダイジングの基本要素「5適(five rights)」

①	適 品	right merchandise	顧客の欲求に応じた適正な商品の提案
②	適 所	right place	顧客にとって適正な売り場の提供
③	適 時	right time	顧客に合わせた最適な時期での供給
④	適 量	right quantities	顧客の欲求に応じた適正な量の供給
⑤	適 価	right price	顧客の感じる価値に対応した価格

　マーチャンダイジングについては，時代の変遷とともに，多くの研究者によって，さまざまな定義がなされており，AMAの定義も，時代を追って改訂されている。ただ現在でもここに挙げられている5適は，マーチャンダイジングの基本的要素と考えられている。
　マーチャンダイジングの業務は，5適を基本にブランドコンセプトに基づいた商品計画を推進することである。この5適はそれぞれが重要な要素であり，深く関わり合っているため，バランスを考慮した全体最適化が重要となる。
　変化が激しく，スピードと的確な対応が必要とされるファッションビジネスのマーケティングにおいては，マーチャンダイジングの優劣が企業業績に直結するといっても，過言ではない。

(2) マーチャンダイジングの役割と位置付け

　次にブランド戦略におけるマーチャンダイジングの役割と位置づけについて述べる。ブランド戦略は，前項で述べた通り，ファッションビジネスにとって，経営戦略，マーケティング戦略の根幹を成す重要な戦略である。ブランドは顧客に価値を認められ，支持を得られれば，企業に安定した収益をもたらす。ブランドの創造〜育成には，商品や店舗を介したブランドコンセプトの継続的な訴求が欠かせない。その具現化を推進することがマーチャンダイジングの大きな役割である。
　マーチャンダイジングは，従来アパレルメーカーが自社ブランドを開発し，展開するブランドマーチャンダイジング(商品化計画)とファッション小売業が展開するリテールマーチャンダイジング(品揃え計画)に大別されていた。前者はブランドコンセプトに基づき，商品企画から生産までを担当し，消費者への販売は原則として小売業に委ねる，後者は自社のブランドコンセプトに適合した商品を仕入れ，品揃えを図る，という棲み分けがされていた。ただし，近年では，単にモノを創る，モノを売るといった考え方から顧客を中心としたトータルマーチャンダイジングへ概念が広がっているため，両者の違いは，少なくなってきている。特に，今日では，SPAの隆盛により，SPA型マーチャンダイジングが新しい潮流として，注目を集めている。SPAは，商品企画から販売までを一貫して行う業態であり，マーチャンダイジングについても，アパレルメーカーとファッション小売業の両方を融合した機能が必要になる。つまり，ブランドコンセプトに基づき，自社の顧客と店頭を具体的に想定したうえでの，商品企画が求められることになる。

4. 衣服の消費者調査

ファッションビジネスのマーケティングにおいて，最も重要なことは，自社の商品・ブランド・店舗等に対し，価値を認めてくれるターゲット顧客層を選定することである。顧客を選定するには，消費者の実態や意識を理解した上で，各層のニーズを明確にし，最も適合するターゲット層を探し当てなければならない。このために，欠かせないものが消費者調査である。

4-1 消費者調査とは
(1) 消費者調査の概要

消費者調査とは，消費者のさまざまな行動や意識を調べ，分析するものである。調査に際しては極力，実態に迫ること，消費者の本音を探り出すことが重要であり，さまざまな情報収集が必要となる。情報の種類は事実，知識，意見の3種類に大別できる。表7-4に，衣服に関する情報の種類を消費の4段階別に区分した例を示す。

事実調査は，消費者が行った事実を調査する。知識調査は，消費者がどの程度知識をもっているかを調査する。また意見調査は，消費者の考え方，好き嫌いや，価値観等を探査する。消費者は，意見と違う行動をとることも多い。例えば，きものを着たいと思っている女子大生は多いが(意見)，実際に定期的に着用している人は少ない(事実)。きものを着ない理由のなかには，購入判断や着付けの知識がないから(知識)，といった点も挙げられる。このように，この3つの情報を関連付けながら，消費者調査を行うことにより，調査漏れや誤認を防ぎ，実態に迫る調査設計や分析が可能になる。

表7-4 消費者調査の例

消費の4段階	事実調査	知識調査	意見調査
購　買	家計調査 来店頻度	繊維の性質 ファッション動向	購買動機 ブランド選好度
使　用	服種別着用日数 コーディネート	取扱い表示 色彩調和(配色)	流行を気にするか 自分に似合う衣服
維　持 (保存)	洗濯頻度 クリーニング支出	洗剤・仕上剤 防虫剤	清潔感 整理整頓
廃　棄	衣服の廃棄方法 衣服のリサイクル	ごみ分別のルール 繊維製品の再資源化	環境問題の認識度 衣服廃棄の抵抗感

出典：「新版 消費者調査法」p.1，日本衣料管理協会(2004)を一部修正

(2) 消費者調査の方法

消費者調査を行うにあたっては，その目的と状況に応じて，いくつかの方法がとられる。ここでは，代表的な調査方法を解説する。

① 質問紙調査法

一連の質問項目が文章化されている調査票(質問紙)について，調査対象者から回答を収集する。企業，学校，公的機関等で広く頻繁に行われている消費者調査法である。一般的にはアンケート(仏語由来)調査とよばれることが多い。英語の同じ意味から，サーベイ法

ともよぶ。質問紙調査法の主なものについて以下に述べる。

● 質問紙面接調査法

調査員が調査対象者を自宅や勤務先などに訪問し，質問紙どおりに口頭で質問し，聞きとった回答を調査員が記入する方法である。

長所：調査員が説明をしながら質問するので，複雑な質問も可能であり，調査票の回収率も高く，正確で精度も高い。

短所：1票の調査票を回収するのに時間がかかるため，多人数の訓練を受けた調査員を必要とし，費用負担が大きく，調査にも時間を要する。

● 配表調査法（留置調査法，配表留置法）

調査員が調査対象者を自宅や勤務先などに訪問し，調査票を渡して回答記入を依頼し，後日，再訪問のうえ，回収する方法である。国勢調査は主にこの方法を用いる。

長所：調査対象者が時間をかけて回答でき，回収時に調査員がチェックもできるので，回収率，精度も高く，質問紙面接調査法より効率がよい。

短所：配布時，回収時に不在が多いと効率が悪くなる。また，調査員を介して説明，配布，回収を行うため，質問紙面接調査法ほどではないが，費用は多くかかる。

● 郵送調査法

調査票を調査対象者に郵送し，記入後，返送してもらう方法である。

長所：広範囲かつ多数の調査対象者を調査することができ，時間や経費も軽減できる。

短所：一般に回収率が低いため，必要な回答数を集めるには，より多くの送付が必要となる。例えば，回収率20％と仮定すると，100名の回答を集めるには，500名への送付が必要となる。また，記入もれや記入ミスのチェックはできない。

● 電話調査法

調査対象者に調査員が電話で質問し，聞きとった回答を調査員が記入する方法である。対象者の選定に際し，コンピューターで無作為に発生させた番号に電話をかけるランダムデジットダイヤリング（RDD）法が用いられる場合もある。

長所：短期間で情報を集めることができるため，新聞社やテレビ番組といった調査結果の迅速性が求められる調査には適している。

短所：電話による調査のため，複雑な質問は難しく，短時間ですます必要がある。また，近年は家庭電話の普及が低下しており，かつ不在や着信拒否，回答拒否も多い。

● 集合調査法

調査対象者を所定の場所に集めて，調査員が調査票を説明して配布し，その場で回答をしてもらう方法である。学校の授業や講演会等，あらかじめ何らかの目的で集合している人を対象に調査をする場合もある。大学の授業評価調査も，多くはこの方法である。

長所：効率的に多人数の回答を集められ，回収率も高い。費用も節減が可能である。

短所：別目的で集合している集団を調査対象とする場合，調査範囲が限られているため，特定の層の人に偏ってしまう場合がある。

● インターネット調査法

インターネットを介して調査票の送付，回答をする方法である。調査会社がもつインターネット会員ネットワークを利用し，調査対象者を募集して調査する場合と，ホーム

ページやブログ等を通じて独自に調査をするケースがある。

長所：広範囲の調査対象者から回答を得ることができ，画像情報等も活用できる。双方向の情報伝達も容易である。回答の回収が早いうえに，調査集計がシステム化されている場合が多く，自動集計も可能なため，迅速性に優れている。他の調査法と比較した場合，多人数の調査でも，1票当たりの費用は大きく軽減できる。

短所：独自調査の場合，回答者が特定の層に偏ることがある。また，会員ネットワーク利用の場合，会員は，1回答ごとに特典が得られるため，多くの調査に回答する常連回答者が調査結果に影響を与えることが危惧される。また調査対象者本人の回答かは確認しにくい。

　以上述べてきたように，質問紙調査法の各方法には，それぞれ長所と短所があり，目的や期限，使える費用等に応じて，最も適した方法を選択する必要がある。

② 観察法

　消費者の購買行動や着装行動など，あるがままの姿を調査員が観察して情報を収集，分析する方法である。観察は目視による場合もあるが，記録をするため，ビデオ，カメラ等の機器を利用することも多い。しかし，その場合は，個人のプライバシーを侵害する懸念があるので，データの取扱いには，十分注意しなければならない。観察法の長所は，基本的に調査対象者と直接，接触をするわけではないので，調査設計の自由度が高いこと，費用があまりかからないことが挙げられる。短所としては，観察のみによる調査のため，事実は把握できるが，なぜこの服を着用しているのだろう，といった着用理由等は，推測するしかない。これを補完するために，調査対象者の一部に対し，街頭での面接による意見調査を併用する場合もある。

　ファッションビジネスにとって，消費者の行動変化を自らの目で確認するため，定期的な観察は重要である。正確な観察法の形をとらなくとも，店頭や街頭で独自の場所（定点）や時間（定時）を決めたうえで，今消費者はどのような購買行動をとっているのか，人々の着装行動に変化はないか，といった視点をもって観察を行い，その気づきをビジネスに活かしているファッションビジネス関係者は数多い。

③ 面接調査法

　調査対象者と面接をすることによって，直接的に調査する方法である。本来は，心理学分野で開発された方法のため，治療や研究目的に用いられることが多いが，本章では，ビジネスでの活用を主に解説する。調査の性質上，質問紙調査法のように，多数の調査対象者から量的に把握できる情報を収集するのではなく，少数でも，数量化できない質的な情報を重視する。ある程度の時間をかけ，調査対象者から分析に必要な情報を聞き出すため，調査員は面接に必要な話術や心理学の知識を有し，訓練を経ていることが望ましい。例えば，ヒールの高い靴を好む女子大生は，どのような心理的要因に基づいて購買や選択をしているのだろう，といった調査テーマを設定し，さまざまな角度から要因を探る。得られた情報分析に関しても，調査員のスキルや素養に依拠するところが大きい。主な面接調査法について，以下に述べる。

● 自由面接法

　一定のテーマを設定し，質問を行い，情報を収集する。一般的には，インタビュー法と

よばれる。調査員が，簡単な質問項目は用意するが，形式にとらわれず，自由に質問することによって，調査対象者の多様な回答を導き出す方法である。

● 深層面接法

調査員と調査対象者の一対一での面接を基本とする。長時間をかけ，調査対象者の意識の深層を探って，動機や本音を引き出す方法である。デプスインタビューともよばれる[注]。例えば，ファッションに関する調査であれば，調査対象者の自宅を訪問し，1～2時間をかけ，言語による情報だけではなく，所持している服や靴，バッグ，アクセサリー等を実際に見せてもらいながら，必要な情報を深く掘り下げていく。調査員には，訓練された特殊な面接技術が必要となる。

● 集団面接法

あらかじめ募集した数名の集団を対象に一定のテーマを設定し，司会者(調査員)が，質問を行い，情報を収集する。一般的には，グループ・インタビューとよばれる。企業が新製品や新ブランドを開発する際に，消費者の購買動機を把握し，顧客のニーズを探るために実施することが多い。

注〕デプス(depth)とは「深さ」を表す。調査対象者と深く接し，意識を深く掘り下げる意味をもつ。

(3) 消費者調査の設計

例えば，大企業が新製品や新ブランドに関しての消費者調査を実施する場合，ある程度の費用が使えるため，調査の選択肢も広がり，複数かつ大規模の調査も可能である。また，専門的技術をもち，調査対象者を集められる調査会社に委託することもできる。しかし，中小企業や個人商店，あるいは研究者や学生が消費者調査を行う場合は，費用等の制約もあるため，自ら調査を設計し，実施，集計，分析をしなければならず，どうすれば，精度が高く，実現可能な調査を実施できるかを検討する必要がある。

消費者調査設計の要点は，ビジネス文書のまとめ方等でよく使われる「5W2H」を応用して，考えることができる。

① why　　　なぜ，この調査をするのか，問題意識を明確にする。
② what　　何を調査テーマに設定するのか，問題を絞り，仮説を構築する。

この段階があいまいであると，よい調査にはならない。調査には，問題発見型の調査と仮説検証型の調査があるが，ビジネスの世界で行われる消費者調査のほとんどが，仮説検証型調査である。よい仮説が具体的に設定されていれば，その仮説を検証するための調査項目，内容が明確になりしぼり込まれ，過不足のないよい調査票が作成できる。

仮説が構築されたら，これを検証するために，調査票作成と並行して

③ who　　　　誰を調査対象者とし，どうやって，募集をするか。
④ how　　　　どんな調査方法を選び，どうやって実施するか。
⑤ when　　　いつ，どんなスケジュールで実施するか。
⑥ where　　　どこで，調査を実施するか。
⑦ how much　費用はどれくらいかかり，捻出可能か。

を検討することにより，具体的な調査設計が可能となる。

(4) 企業の消費者調査

「消費者調査は重要だと思うが，費用と時間がかかるので，なかなか実施できない。」という話を企業のマーケティング担当者からよく聞く。確かに，精度の高い正確な調査を実施しようとすれば，ある程度の時間と費用が必要である。また，ファッション商品は，流行の影響を受け，一シーズン限りの販売，かつ多品種少量生産品が多いため，商品別調査は，現実問題として，負担が大きく難しい。しかし，仮説を検証せずに，マーケティング戦略を実行に移すことは，経営的に大きなリスクを伴う。このため，多くの企業は前述したさまざまな消費者調査法のなかから，自社の仮説検証に適し，より効率的な方法を模索している。例えば，企業が調査会社に委託する質問紙調査は，1990年代までは，質問紙面接調査法が最も一般的であり，次いで郵送調査，集合調査，電話調査が行われていた。しかし，2000年代に入ってパソコンの普及とともに，インターネット調査が開始されるようになると，その迅速性，簡便性と低コストが受け入れられ，急速に広がり，現在では企業における消費者調査の50％以上がインターネット調査となっている。また，企業のみならず，公的機関，学校から個人に至るまで，インターネット調査は普及しており，その利便性は否定できない。今後もますます，消費者調査の主流となっていくであろう。ただし，消費者調査の目的は，テーマに合わせた仮説を検証することであり，消費者の本音を探り出すことである。方法論だけではなく，その本質を理解し，調査に当たることが最も重要な視点である。

Column クールビズは，2005年にスタートし，既に10年を越え，夏場のビジネススタイルとして，すっかり定着している。では，「ノーネクタイ・ノー上着」のクールビズスタイルは，どれぐらいの割合を占めているのだろうか？ 下のグラフは，街を歩くビジネスマンの服装を以下の4タイプに分類し，観察法によって，調査したものである。

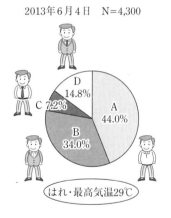
2013年6月4日　N＝4,300
はれ・最高気温29℃

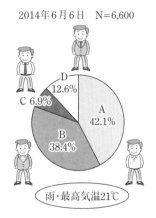
2014年6月6日　N＝6,600
雨・最高気温21℃

（2013.6.4，調査対象者：4,300人，2014.6.6，調査対象者：6,600人，いずれも関東地区）

A．上着なし，ネクタイなし　　B．上着あり，ネクタイなし
　（いわゆるクールビズスタイル）
C．上着なし，ネクタイあり　　D．上着あり，ネクタイあり

クールビズは，5月からスタートしている企業も多く，6月は導入している企業のほぼ全社が実施をしている。天候の影響による変動もあるが，40％以上の人がAタイプであった。また，80％前後の人はノーネクタイであり，夏場の服装基準として，ノーネクタイが定着したことが伺える。当然7，8月には，Aタイプの割合は増し，ネクタイ着用者は，10％にも満たなくなる。一方，上着着用者は，50％前後と意外に多い。真夏でも，上着を着用，もしくは抱えているビジネスマンは，20％近く存在する。暑さからいえば，ネクタイより上着の方が増すと思うが，携帯品収納の利便性，営業職や管理職として公式な場面への備え等を考えると，ビジネスウェアとして上着は，なかなか手放しにくいものかもしれない。

　クールビズの浸透と定着は，ファッションビジネスにも大きな影響を及ぼした。ネクタイの売り上げは激減し，代わってノーネクタイでもビジネスシーンに適するよう，襟のしっかりしたクールビズ対応型シャツ等が新たな市場を形成してきた。変化の少ない紳士服市場では，この10年のなかで，最も顕著な変化といえるだろう。

参考文献　　＊　＊　＊　＊　＊

1) 「アパレル産業白書2013」，矢野経済研究所(2013)
2) 「ファッションビジネスガイド2013」，繊研新聞社(2012)
3) 日本化学繊維協会編：「繊維ハンドブック2014」，日本化学繊維協会(2013)
4) 「クールジャパン政策について」，経済産業省　商務情報政策局(2014)
5) 「平成25年度クールジャパンの芽の発掘・連携促進事業調査報告書」，経済産業省　商務情報政策局(2014)
6) 小山田道弥：「ファッションビジネス論」，p.44，日本衣料管理協会(2003)
7) 吉村誠一：「ファッション大辞典」，繊研新聞社(2010)
8) 長沢伸也：「シャネルの戦略」，東洋経済新報社(2011)
9) 山村貴敬「増補新版　アパレルマーチャンダイザー」2013
10) 「新版　消費者調査法」日本衣料管理協会2004

8章　衣生活と福祉

　人は衣服を着ることによって，寒さや暑さから身を守り自分の周囲に快適な環境を作り出す。そして，衣服のもつ表現力を通して自分らしさを演出し，装いを楽しみながら毎日を過ごす。この2つの視点は，人と衣服の関係を考えるうえで欠かせないものである。装うことと快適性の両立は，着る人の年齢や性別，障がいの有無に関係なく，すべての人が衣服に求めるものであり，衣服はその要求を満たすように個々の生活に寄り添っていかなければならない。高齢者や障がいがある人の衣服を考えるうえで大切なことは，残存機能を活かしながら更衣動作の自立を支援し，着用者が自分らしさを楽しみ社会参加するための手立てとなることである。ここでは，高齢者と障がいがある人の身体的特徴と衣生活を理解するための基礎的な知識を学び，個々に応じた衣服のあり方について考える。

1. 高齢者の衣生活

　高齢者とは65歳以上の人を示し，年齢によって75歳までを前期高齢者，75歳以上を後期高齢者と区分する。高齢社会という言葉は，日常生活でよく聞かれるものであるが，総人口に対する高齢者の割合を示す高齢化率に基づき定義され，高齢化率が7％を超えると「高齢化社会」，14％を超えると「高齢社会」，21％を超えると「超高齢社会」となる。日本の高齢化は世界に類のない早さで急速に進み，昭和45(1970)年に「高齢化社会」，平成6(1994)年に「高齢社会」，平成19(2007)年に「超高齢社会」となった。平成47(2035)年には，高齢化率が33.4％となり，3人の1人が高齢者になるという推計もある。この原因には日本の医療・福祉水準が高く，世界有数の長寿国になったことに加えて，出生率低下の勢いが止まらず総人口が減少するなかで相対的に高齢化率が高まったことが考えられる。なかでも後期高齢者の急速な増加が社会に与える影響は大きく，公共施設のエレベーター・エスカレーター設置やスロープ・手すりの普及のように，高齢者の身体機能を配慮した社会施設の整備が求められるようになる。同時に，認知症や寝たきり状態の高齢者の増加が予想され，家庭生活でも高齢者の生活の質を高めるための知識と努力が必要となる。

　加齢による身体の変化は，体型・姿勢の変化だけでなく運動機能や生理機能の低下，生活意欲の低下などさまざまな面に現れる。そのため高齢者の健康状態は個人差が大きく，衣服に要求される内容も個々の身体状況によって異なる。例えば，衣服の着脱動作を考えるならば，自立，一部介助，全介助というように，着脱に対する個々の自立度を考慮しなければならない。そのうえで，できるだけ長く自立した生活を維持していくことを目的に，本人も介護にあたる人も残った機能を生かす工夫が必要となる。

　近年の看護・福祉分野では，高齢者や障がいがある人の日常生活動作(activities of daily living；ADL)を改善するだけでなく，生活の質(quality of life；QOLとする)を向上させることに重きが置かれている。これを衣生活で考えるならば，介護者は排泄行為や更衣動作の介助をするだけでなく，高齢者が家の中に引きこもらず，「自分らしい服装」で誇りを

もって社会生活に参加できるような支援をめざすことになる。着装という表現手段を通して、高齢者が自己を再認識する機会を提供することは、衣服と衣生活に与えられた重要な役割である。高齢者の生きる意欲を高め、老化の進行を妨げるためにも、衣生活の工夫・改善が求められる。本節では、まず高齢者の身体的特性を把握し、機能の低下を補う衣服の改善を考える。さらに衣服に求められる役割を広く考える。

1-1 高齢者の身体特性と衣服

（1） 体型の変化

人の体型は、加齢に伴い身長などの長径項目が減少し、胴囲や腰囲などの周径項目は増大する傾向がある。図8-1は、成人女子の体型を年代ごとに示したものである。体型の変化は、筋力の低下が大きく関与している。例えば、首については、首周辺の筋肉が衰え、首が前傾して顎がでてくる。肩・背中の筋肉が衰え、背中が丸くなってくる。胸周辺は、胸筋が衰え下垂し、脇に流れる。腹筋が衰え、脂肪が付きやすくなり、おなかが出てくる。脚は股関節を支える筋肉が衰え、次第に太ももの筋肉も衰え細くなってくる。本来カロリーを消費するはずの筋肉が弱ってくると、残ったカロリーが脂肪となって沈着し、全身が丸い印象になる。

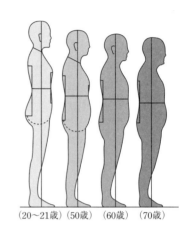

（20～21歳）（50歳）（60歳）（70歳）

図8-1　シルエッターによる平均側面視体型（年代別）

出典：JIS S 0023, p.16

さらに、性別で比較すると男性は加齢に従い、胸囲・腰囲が小さくなり体重の減少が大きくなる。それに対して、女性は体重の減少は少ないが脂肪の増加が大きく、体幹部が太くなる。加齢による体型の変化は、一般的に男性よりも女性のほうが早い年齢から始まり、女性のほうが変化は著しいといわれている。

（2） 姿　勢

姿勢は背中が丸くなる円背へと変化していく。身長の構成主要因である脊柱は歳をとると次第に委縮し、脊柱の周りで姿勢を支えている筋が衰え、彎曲変形し、円背傾向が強まる（図8-2）。同じ円背姿勢でも、重心が前方に移動する前かがみ型と、腰部が前突し背が大きく後方へ突出した弓なり型等がある。姿勢変化が大きくなると、現行の既製服のパターンでは対応できなくなり、衣生活に支障が生じる。また、姿勢にゆがみが生じると、重心のバランスをとるために腰や膝への負担が大きくなり、腰痛や関節痛で日常生活の健全性が損なわれることも多い。

胸椎後弯　腰椎後弯

図8-2　円背姿勢

（3） 加齢による身体機能の変化

① 生理機能の変化

「歳をとると無理がきかなくなる」という表現は、予備能力の低下を示すものである。

身体には運動時や病気のときなどに発揮される最大能力と日常の活動に必要な能力があり，予備能力とは，この2つの能力の差と考えられている。加齢により身体のさまざまな機能が低下して予備能力がなくなると，病気にかかりやすくなり，病気や傷の回復，運動による疲労の回復も遅くなる。

　高齢者は多くの疾患や症状を併せ持っているため，さまざまな身体機能の変化が起こる。一般に健常な成人は，運動の負荷に応じて心拍数や血圧が上昇し，活動筋への酸素補給を行う。しかし，高齢者の場合は，循環機能が低下し心拍数の応答が悪いため，特に運動の初期における酸素摂取量の上昇が遅れやすく，運動をやめた後の回復率の遅延も目立つようになる。図8-3は高齢者と若年者に高さの異なる作業台の上で1kgの物体を前後に繰り返し移動させ，作業後半1分間の安静時に対する心拍数増加量と，作業終了後休息1分間の安静時に対する心拍数増加量を比較したものである。若年者群では作業開始後の心拍数の増加が顕著で対応が速く，作業終了後の回復スピードも速い。一方，高齢者群では心拍数の応答が緩慢で上昇割合も低く，回復速度も遅い。心拍数と血圧は関係が深く，高齢者のように心拍数の反応が悪くなると，最高血圧の増加は著しくなり，負荷が大きくなるに従い高い値になるといわれている。そのため，更衣時の急な姿勢変化や困難な着脱動作，着装時の過度な締め付けや重量負荷は，高齢者の心拍数や血圧の上昇をまねき，息切れや動悸を起こす危険性がある。

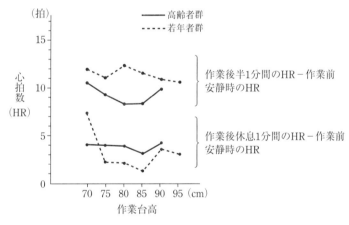

図8-3　心拍数増加量

出典：長町三生編：「生活科学のための人間工学」，p.158，朝倉書店(1997)を一部改変

　その他，衣生活と関わりの深い身体の機能低下として挙げられるのは，泌尿器系の機能の低下である。これは頻尿，失禁などの症状を引き起こし，高齢者の日常生活を困難にするだけでなく，精神面にも大きな痛手を与える。社会生活を送るうえで支障がないように，適切な対処が求められる。

② 運動機能の変化

　加齢による骨，関節，筋肉の衰えは，筋力，敏捷性，持久力，平衡性，柔軟性の低下をまねき，全身協調性といった運動機能を低下させる。そのため，転倒・転落のリスクが高まり，日常生活の支障が慢性化しやすくなる。図8-4は加齢による運動機能の変化を示したものである。すべての項目で加齢による機能低下がみられるが，体前屈，上体起こし，

握力等の低下は、更衣動作に必要な柔軟性や筋力、指先の巧緻性と関わりが深く、ADLへの影響が大きい。

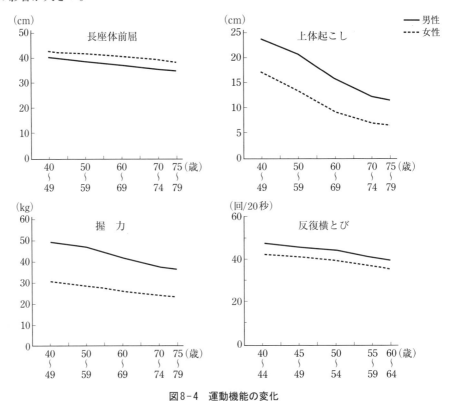

図8-4　運動機能の変化

出典：文部科学省：平成20年体力運動能力調査結果統計表より作成

③ 感覚機能の変化

視覚では、加齢とともに水晶体の弾力がなくなり、近いところのピントが合わせにくくなる（老眼）。また、光に対する鋭敏性がなくなり、羞明、暗順応の低下が起こる。さらに、加齢とともに水晶体が濁ることによって発症する老人性白内障は、75歳以上の人の9割以上にみられることが報告されている。老人性白内障の主な症状は、視力の低下や色の識別能力の低下等である。小さなボタンや、カギホック、ファスナーの溝などが見えにくくなり、色の組み合わせ方によっては色味を認識できなくなる場合もあるため、取り扱い性や安全性に配慮した商品設計が必要になる。また、中年以上に多い緑内障や脳梗塞の後遺症は、視野の一部が欠損した状態で脳が認識することもあるため、書字や食事動作、更衣動作等にも支障が生じやすい。

また、皮膚感覚にも加齢による変化がみられる。高齢者の体温は成人に比べて低く、末端部分である手足の温度はさらに低くなる。さらに、高齢者は体温調節がうまくできないため衣服による体温調節が必要であり、皮膚の温度に対する感受性が低下しているため、低温やけど等への注意も必要となる。高齢者の皮膚は、薄く萎縮して弾力を失っている。そのため、わずかな荷重や圧迫でも血行が損なわれやすい。刺激に対する反応が鈍いため痛みを訴えることも少ないので、疾患や外傷の発見が遅れないように周囲の注意が必要である。

④　精神面の変化

　高齢期は，健康状態や身体機能が低下するだけでなく，記憶力や学習効率，新しい環境への適応力等の精神的機能も減退する。一方，高齢期の生活環境は変化が大きく，退職による社会的役割の縮小，経済的な不安の増加，子どもの独立や配偶者との死別による喪失体験等，精神的不安感が増す時期でもある。環境への適応力の低下は，活動意欲の減退，孤独感，無気力となって現れやすく，身体機能の低下にも影響をおよぼすことが多い。QOLを保持するためのケアは，今後の高齢者福祉において一層重視されるだろう。

1－2　健常者の衣服

　衣生活は自分らしい着装をすることに注目されがちであるが，衣服を購入し，洗濯や補修等の手入れを行い，季節に合わせて保管収納を合わせて行うことも，衣生活の維持には欠かせない。ここでは，一人で衣生活が維持できる健常な高齢者を対象に，求められる衣服の条件を述べる。

①　日常生活のしやすさ

　衣服を購入するときは，衣服を通してさまざまな生活活動を行うことを想定し，サイズが合っているか，身体を動かしやすく着心地がよいか，着脱しやすく更衣動作を妨げないか，排泄が不自由でないか等をよく調べる必要がある。

②　温度調節

　加齢による生理機能の低下に対応できるように，衣服は環境の温度変化に応じてこまめに調節できるものがよい。例えば，カーディガン等のような温度調節が容易にできる衣服の着用が望ましい。襟元，袖口，足首等の開口部からの放熱を防ぐために，スカーフ，マフラー，手袋，靴下等の使用も大切である。ひざ掛け，サポーター等で冷えやすい部位を重点的に保温するのもよい。

③　素　材

　肌につける下着の素材は，肌触りがよく，吸湿・吸水性にも優れ，洗濯・乾燥に耐えられる綿等が好ましい。皮膚の抵抗力が衰えた高齢者の場合は，加工剤等がアレルギー性皮膚障がいの原因となる場合もあるので注意する。一方，上着には伸縮性のあるニット製品等が，身体の動きを妨げにくい点で望ましい。夏季や冬季の環境に合わせて，快適な衣服気候が保持できるような繊維素材を選ぶ必要がある。近年では，吸湿性・保温性等の機能を高めた化学繊維も市場に多くみられるため，着用目的に応じた素材をうまく使った製品を選ぶことも大切である。

④　衛生管理

　汗や汚垢は肌着を汚し，長時間同一衣類を着用することによって特有の臭気を発散し，本人および周囲の者に不快感を与える。衣類の布地に吸収・吸着した汚垢は，布そのものの通気性，吸水性を低下させ衣類の性能を劣化させる（表8-1）。衣服の消費性能の低下は，風邪をひく等健康を損ねる原因にもなるので注意が必要である。また，食べこぼしや尿失禁等が多い場合は，衣服の洗濯回数も増えてくる。日常着は，家庭洗濯ができ，できるだけアイロンがけの不要な素材やデザインが管理しやすい。

表8-1 汚染による被服地の通気性，吸水性の変化

布地	性質	通気性			吸水性(バイレック法)		
		通気性 (mL/cm²·sec)	変化量 (mL/cm²·sec)	変化率 (%)	吸水量[注] (cm)	変化量 (cm)	変化率 (%)
綿	原布	15.44 ± 0.67	-6.75	-43.8	5.71 ± 0.47	-2.10	-36.8
	汚染布	8.69 ± 2.15			3.61 ± 1.05		
レーヨン	原布	116.59 ± 5.36	-38.14	-32.7	3.64 ± 0.60	-1.41	-38.7
	汚染布	78.45 ± 5.42			2.23 ± 0.73		
毛	原布	102.55 ± 7.96	-35.77	-36.8	0.12 ± 0.15	+0.58	+483.3
	汚染布	64.78 ± 13.03			0.70 ± 0.41		
ナイロン	原布	4.47 ± 0.45	-1.24	-27.7	1.18 ± 0.21	-0.13	-1.1
	汚染布	3.23 ± 0.69			1.05 ± 0.31		

注〕 吸水量の最高値を記載
出典：中橋美智子：被服材料の汚れによる性能変化，家政学会誌18(1)，p.24-28(1967)より作成

⑤ 安全性

　ゆとりは着心地や着脱性を確保するうえで欠かせないものであるが，必要以上のゆとりは引っかかったり，踏みつけたり，転倒の原因にもなるため，適度なゆとり量が必要とされる。防炎加工は，上着やエプロンなどに施され，調理等による引火を避けることができる。また，滑り止めのついた靴下や靴を選ぶこと，暗がりでも視認性の高い色の服を着用すること，衣服の一部に反射板をつけること等も，安全性を高めるうえで効果的である。

⑥ 利便性

　上着やズボンのポケットは，ハンカチやティッシュペーパーなどの頻繁に使用するものを入れることができ，利便性が高い。

⑦ 色・デザイン

　人の肌色は加齢に伴い艶がなくなり黒ずむ傾向にあるので，高齢者の衣服を選ぶときは，くすんだ色のものは避け，顔映りのよい明るい色を選ぶよう心がけたい。しかし，高齢者のなかには，歳相応の地味な色を着るほうが落ち着く，という人もみられる。最終的には着用者自身が満足できることを第一とし，その人の生活歴や生活環境にふさわしい衣服を選ぶことが重要である。

⑧ 着装

　近年衣服のコーディネイトや化粧等でおしゃれを楽しむことは，高齢者の気分を高揚させ，生活行動に自信をとり戻す効果があると考えられている。装うということは，季節や出かける場所・場面を考えるだけでなく，自分らしさをみつめ，他人の視線を意識しながらみせたい自分を表現することである。着装への配慮は，高齢者の精神的な自立を促しQOLを高めるために重要な役割をもつ。

1-3 健常者の衣服設計

　高齢者は，背中が丸くなる，おなかが出る，腰が曲がるなどの体型変化が著しいため，上着やスカートの裾線が床と平行にならず，シルエットのバランスがくずれてしまうこと

が多い。通常のシルエットを得るためには，着装時の裾線が床と平行になるように型紙を修正しなければならない。

① 上衣 －背中の曲がっている人－

　加齢とともに脊柱を支える筋力が低下するため，高齢者は背中が曲がり，前かがみの体型になる場合が多い。そのため衣服のシルエットは，図8-5に示すように前着丈が下がり，後ろ着丈が跳ね上がる状態になる。この場合，後ろ着丈を長く，前着丈を短くし，裾が床から平行になるように型紙を修正する。また，背幅を広く，胸幅をやや狭く補正することで，動きやすく，着心地のよい衣服になる。

② 下衣 －おなかの出ている人－

　中年以降，加齢とともに下腹部に皮下脂肪がつきやすくなるため，高齢者はおなかの出ている体型が多い。この場合，スカートを着用すると前丈が跳ね上がり，後ろ丈が下がる状態になる（図8－5）。バランスのよいシルエットにするためには，スカートの前丈を長く，後ろ丈を短くし，裾と床が平行になるように型紙を修正する。さらに，下腹部に厚みが出

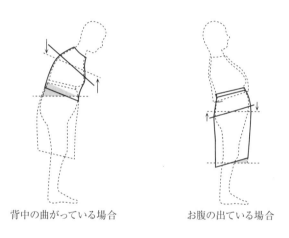

背中の曲がっている場合　　　　お腹の出ている場合

図8-5　上衣と下衣の補正

出典：田中直人，見寺貞子：「ユニバーサルファッション」，p.86，中央法規(2002)を一部改変

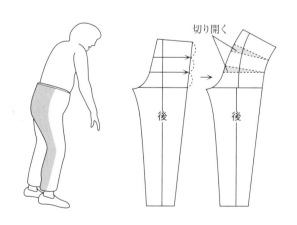

図8-6　背中が曲がっている人の後ズボンの補正例

出典：渡辺總子，大野淑子：ファッションの魅力，日本衣服学会誌56(2)，p.23(2013)より改変

るため，前幅をやや広く，その分後ろ幅を狭くし前後差をつけることで，一層着心地のよいスカートになる。また，ズボンを着用した場合は，前股上丈が不足し，後ろ股上丈が余りやすい。この場合は前股上丈を長く，後ろ股上丈を短くして，適量のゆとり量を加えて補正する。

③ 下衣 ―腰の曲がっている人―

　腰の曲がっている人は，スカートを着用した場合，前丈が下がり後ろ丈が跳ね上がる状態になる。そのため，前丈を短く後ろ丈を長くし，裾と床が平行になるように補正をする必要がある。また，ズボンを着用した場合も，前股上丈が余り，後ろ股上丈が不足するため，ズボンから背中が露出しやすい。動きやすいシルエットにするためには前股上を短く，後ろ股上丈を長くし，ゆとり量を加えて補正する（図8-6）。

1-4 福祉機器使用の人の衣服

　運動機能の低下や病気の後遺症等により，杖，装具，車椅子などの福祉機器を使用する高齢者は多い。障がいの状態は個人差が大きく，腕や足の動く範囲（可動域）やマヒの状態は個々に異なる。障がいがある人の衣服については後節で詳しく述べるが，基本的には個々の障がいの状態や生活環境を考慮し，着脱しやすく着心地がよくなるように衣服を修正することが必要である。例えば，膝から下を安定させるために装具を使用しているのであれば，ズボンの膝下部分にファスナーを付け開口部を作ると，装具の付けはずしが容易になり着脱時間を短縮することができる。ギャザーやタック，ダーツなどでゆとりをもたせ，マジックテープ（ベルクロ）やファスナーなどで開口部を作る方法が一般的である。しかし，機能性を優先しすぎると特殊なデザインになり，着用者が好まない場合もあるので注意が必要である。一人で着脱できる人であれば，残存する機能を自助具（図8-16）で補いながら自立をめざすこともできる。

1-5 要介護高齢者の衣服

　何らかの機能障がいがあって，一人で着脱ができない高齢者は，更衣動作の部分的な介助（一部介助）あるいは全面的な介助（全介助）が必要である。1997年に介護保険法が制定されて以来，日常生活で介助が必要な高齢者を支援し，自立した生活を維持できるようにサポートする体制が整ってきた。介護のレベルは，現在7段階に分類されているが，本章では生活全般に介護を必要とする高齢者を要介護高齢者と表記することにする。要介護高齢者の衣服は，介護者の利便性が重視されがちであるが，着用者本人の好みを尊重し，介護者にとっても身体的負担の少ない衣服の選択を考えていかなければならない。抵抗力の低下のため感染症にもかかりやすい状況なので，衛生管理もきちんと行い，常に清潔を保つよう心がける。

（1）寝衣，家庭着

　ほとんどベッドで寝ている高齢者の場合，寝衣は着用時間の長い衣服となるため，着脱が容易で，排泄物の処理がしやすいことが求められる。また，治療や診察を受ける場合には，検温，点滴，血圧測定等が簡単にできるように，開口部の位置や大きさを工夫したも

のがよい。更衣動作は介護者にとって負担の大きいものであるが、日中家庭着に着替えさせ座位姿勢で過ごすことは、寝たきりの状態にならないために重要である。着替えることによって生活にリズムが生まれ、精神的な刺激を与える効果もある。

① 素 材

寝衣・家庭着の素材は、吸湿・吸水性に優れ、肌触りのよい綿が最も適した素材といえる。動きやすさ・着脱のしやすさからみると、伸縮性の大きいニット素材が適している。自分で寝返りや姿勢の変換ができない人は、体温調節ができないことも多い。そのため、介護者は褥瘡（床ずれ）防止のため姿勢変換をさせるときに発汗量にも注意し、衣服や車椅子のシートの蒸れが、皮膚を刺激しないように配慮することも必要である。

② 形 態

寝衣はゆったりと体を圧迫しないもので、着脱のしやすいものがよい。寝衣や肌着は、前開きタイプのほうが介護者には作業しやすい。褥瘡防止のためには、背中に縫い目・縫い代がなく、しわのよりにくいものが求められる。市販されている寝衣は、和服型、パジャマ型、ネグリジェ型、つなぎ型などさまざまである。着用者の状態に応じて介助しやすい型を決め、着用者の年齢や好み、顔映りのよい色・柄を選ぶとよい。

家庭着は、着用して楽しい色・柄のもので、着脱させやすいものがよい。姿勢が保持できない人は、胸元や足元に着くずれがおきやすいので、ガウンや上着、膝掛けなどを併用することが望ましい。介護者が着脱させやすいのは前開きタイプであるが、認知症などのため上衣のボタンやファスナーを自分で開けてしまう場合には、後ろ開きタイプがよい。後ろ開きにすることによって、着用者の胸元がすっきりしたシルエットになり、腕を通しやすいので介護者の負担も少ない。ただし、褥瘡の心配がある場合は、慎重に検討すべきである。

（2）寝 具

人は眠っているときにも汗をかき、健常な人の場合一晩でおよそ200 mL程度の汗（不感蒸散を含む）が発散されるといわれている。季節や病状によっては、さらに発汗量が増える。汗や不感蒸散の一部は室内に発散されるが、大部分は寝具に吸収されることになる。そのため、寝具の性能には、保温性、透湿性、吸湿性が求められる。1日の大半を寝床で過ごす高齢者にとっては、寝具は睡眠の場だけでなく生活の場としても重要な意味をもつ。寝具の選択には、さまざまな視点からの検討が必要である。

① ベッド

自力で寝床から起き上がることができる人であれば、布団よりもベッドのほうが立ち上がりやすい。ベッドの高さは45 cm前後が主流であるが、約30 cmと低めのものもあるので、膝への負担が少なく安全なものを選択するとよい。一方、介護者がおむつ替えや着替えなどを行う場合は、介護者の腰を痛めないために腰の高さ（60～70 cm）

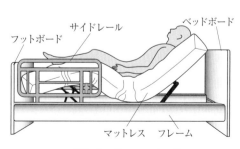

図8-7 ギャッチベッド

を目安に高さを調節する。近年では，上半身部分や脚部を部分的に上げたり，高さ調節のできるギャッチベッド等がある(図8-7)。これらは市町村が福祉用具としてレンタルや貸与，購入の補助を行っているため，一般家庭で利用する人も増えている。褥瘡防止のためには，体圧が分散できるエアーマットやウォーターマット，ウレタンマット等が開発されている。

② 布団

敷布団には寝返りをうちやすい適度な硬さが必要である。敷布団が柔らかいと，からだ全体が沈むため寝返りがうちにくく，反対に硬すぎると肩甲骨と腰に圧力が集中して褥瘡ができやすい。また，頭と背部と臀部の荷重は異なるため，体の沈み方は部分によって異なる。そのため，寝姿勢をコントロールするには，敷布団が各荷重に応じた圧縮特性を備えている必要があると考えられている。

敷布団の中わた素材は，綿とポリエステルの混紡，綿，羊毛が一般的であるが，最近では，高通気性や高弾性の堅わたや，高密度ウレタンフォームなどの新しい商品も開発されている。一方，掛布団の中わた素材は，軽くて肌沿いのよい羽毛やポリエステルが主流である。布団本来の性能を維持するためには，天日干しが適している。天日干しは中わたを乾燥させるだけでなく，紫外線による殺菌効果も期待できる。

③ シーツ

シーツは常に清潔にし，汚れた時は随時交換する。特に抗菌消臭加工を施したものは，病室の臭いを抑える効果が期待できる。また，失禁等で寝具を汚すことを防ぐために，防水シーツを敷くこともある。防水シーツは全体を覆うタイプと，臀部を部分的に覆うものがあるため，状況に応じて使用するとよい。透湿防水素材をラミネート加工したもののほか，表面は肌触りがよく吸水性のある素材とし，中にポリウレタン等の防水シートを挟んだ3層構造のもの，綿パイルとポリウレタンの2層構造のもの等がある。家庭洗濯ができ，できれば乾燥機を使用できるものが使いやすい。

(3) 失禁パンツ，おむつ類

加齢に伴い排泄の自立が困難になったとき，おむつ類は下着の一部として重要な役割を果たす。しかし，おむつの使用は人としての尊厳を傷つけ，自立心を失うことにもつながりやすいので，周囲の人たちが高齢者を理解し，精神的な支えになることが必要である。また，おむつの使用に慣れると緊張感が緩み認知症を進行させる可能性もあるため，軽度の尿漏れの段階ではパッドや失禁パンツを使用し，状況に応じて段階的に導入していくことが望ましい。尿特有の臭いは，本人が不快であるだけでなく，周囲の人に気づかれたくないものである。高齢者の羞恥心を軽減するためにも，抗菌消臭剤の使用等を配慮したい。

① パッド

近年，尿ケア製品の種類は増え，下着につけるライナーやナプキンタイプの薄型パッドから，失禁パンツや紙おむつと併用するものまで，約2〜300ccのさまざまな吸収量のものが販売されている。また，最近では下着につけて用いる薄型の男性用パッドも開発され，目的別用途別に種類も増えている。

② 失禁パンツ

失禁パンツとは，外観は普通のパンツで下着と同様に着用し洗濯できるが，しっかり尿

を保水し,漏れ・蒸れ・臭いが気にならない性能を持ち合わせたものをいう。尿の吸収部は,表生地の他に,肌に濡れ感を感じさせない瞬間吸水性素材や,吸水保水素材,抗菌消臭防水素材などを用い,多層構造にして防水性と肌触りのよさを高めている。失禁量が多い時はパッドを併用して用いる。

③ おむつ

　近年,布おむつはほとんど使用されなくなり,紙おむつが主流となっている(図8-8)。一人で着脱できる人や立位がとれる人には,下着のようにそのまま履くパンツタイプが適している。腹囲部分のシャーリングされたゴムの伸縮によって,からだにフィットする。また,立位がとれず座位で着脱する場合には,排泄のたびにズボンを脱がなくてもおむつ交換ができるように,形状を工夫したものもある。一方,寝たきりの人の場合には,介助者の負担を軽減できる点から,粘着テープの位置でサイズ調整ができるテープタイプが適している。紙おむつは吸水性,透湿性,通気性が必要のうえ,消臭効果の高いものが望まれる。紙おむつにパッドを併用すると,吸収量が増加し汚れの拡散を防げるため,紙おむつ全体を取り換える回数が減り,経済的で利便性も高まる。最近では性能のよい商品が種類多く出回っているので,紙おむつを選ぶ際には,便失禁の有無や1回の尿量,病状,活動の状況,本人の装着感や皮膚への刺激の有無を考慮して決めるとよい。

　紙おむつの問題点は,長時間交換しないでいると蒸れて皮膚を刺激しやすくなることである。尿が冷えると使用者のからだを冷やし,重くなって負担に感じられることもある。また,紙おむつは,洗濯の手間がかからず便利であるが,経済的な負担が大きく,ゴミとして処理するときの環境負荷が大きいことも考えなければならない。

テープ式紙おむつ

パンツ型紙おむつ

尿取りパッド

図8-8　紙おむつとパッド

(4) 介護者の配慮

　着脱に時間がかかるようになると,介護者は着脱を省略するようになり,着たまま,着せたままの状態になりやすい。「寝たきり」の状態は,「寝かせきり」からきているとの指摘もある。あまり意思表示のない要介護高齢者に対しても,着脱時には,介護者は視線を合わせて,低めの声でゆっくりはっきりと声をかけてから更衣動作を行うのがよい。

　近年では衣服の更衣動作をとおして,要介護高齢者の残存機能を引き出し,自立を支援する介護が求められている。衣服を装うことは自分らしさを取り戻すことであり,QOLの向上に大きな役割を担うことが期待されている。しかし,要介護者の更衣動作の介助は,介護者にとって身体的負担が大きいものであり,着用者に苦痛を与えないように気を使う作業でもある。要介護高齢者の衣生活は介助のしやすさが重視されがちであるが,着用者にとっても介護者にとっても快適な衣生活で,着装を楽しむ余裕のあるものでありたい。

2. 障がいがある人の衣生活

　20世紀後半に入ると，先進国での寿命の延長，慢性疾患や障がいを伴う疾患の増加，戦争や災害によって障がいをもつ人の増加が現実となり，あらゆる人に対する人権尊重の意識が高まって，世界的に障がいに対する理解が深まった。世界保健機関(WHO)は1972年以降「国際障がい分類」の制定に取り組み，1980年には「機能障がい・能力障がい・社会的不利の国際分類」(ICIDH)を刊行して，障がいの階層化を試みてきた。階層化とは，疾患が原因となり，機能・形態・障がいが起こり，それから能力障がいが生じ，それが社会的不利を起こすというものである。その後，慎重に検討を重ね，2001年には「生活機能・障がい・健康の国際分類」(ICF)へと改定される。ICFは障がいを3つの階層で把握する点に変わりはないが，障がいだけでなく能力(残存能力)を重視するという点に新しい考え方を示している。近年のリハビリテーション医学では，障がいを機能・形態障がいだけと考えず，「疾患によって起こった生活上の困難・不自由・不利益」と定義し，病気が生活に影響をおよぼし，その正常な運行を妨げている面を指して障がいとよんでいる。

　一方，「障がい者(the disabled)」という言葉は，その人のすべてが障がいに覆い尽くされているという印象を与えやすい。そのため，この言葉を使用することに躊躇する人も多い。障がい者とは，「障がいをもっている人(person with disability)」ということであり，障がいの他に正常な機能やさまざまな能力や個性をもった個人である。すなわち，普通の人が一部に障がいをもっているだけという状態を示す言葉でよぶのが適切であるが，これを短く表記することは難しい。そこで，本章ではそういったすべてを考慮したうえで，障がいがある人という表記を用いている。肢体不自由，視覚障がい，聴覚障がい，内部障がい(内臓器の機能障がい)，知的障がい，精神障がいなど，障がいの状態によってどのような衣服を選びどうやって着るか，洗濯や手入れはどうするかといったように，日常的な衣生活で障がい(障壁)になることは異なる。ここでは運動機能に障がいがある肢体不自由者・児を中心に，動作能力と衣服の問題，そして衣生活の改善について考える。

2-1　肢体不自由がある人の衣生活
(1)　障がいの状態と更衣動作の特徴

　肢体不自由とは，上肢，下肢または体幹に運動機能障がいがあることをいう。出生前に四肢体幹の形成が障がいされる，または出生後の事故などによって四肢等を失うなどで形態的に障がいがある場合と，形態的には大きな障がいはないものの中枢神経系や筋肉の機能が障がいされて起こる場合がある。脳性疾患で最も多くみられる疾患は脳性マヒ，筋原性疾患で多くみられる疾患は筋ジストロフィーである。

　一方，衣服の着脱動作は排泄や入浴と関わりが深いため，リハビリテーション医療では自立をめざした努力がなされる。衣服の着脱を自立して行うためには，次のような条件を満たすことが必要と考えられている。

① **身体的能力**
　　座位や立位の姿勢が安定していること，上肢を持ち上げながらつかむ・つまむ・放すなどの巧緻運動ができること，片手で衣服を固定しながら他方の手で別の作業ができる

ことなど。

② 視覚的・感覚的能力

衣服の開口部の大きさの違い(例えば,袖ぐりと袖口)がわかること,衣服の上下左右や表裏が理解できること,目と手が協調的に動くことなど。

③ 知覚的な能力

例えば衿ぐりと頭,袖ぐりと腕というように,開口部と身体の関係を理解していること,着衣の順番を理解していることなど。

肢体不自由がある人の多くは,姿勢バランスが悪く,手足の可動域が狭い。また,マヒは障がいの部位によって,片マヒ(一方の上肢と同側の下肢にマヒがある),両マヒ(両下肢のマヒが両上肢よりも重い),四肢マヒ(両上下肢の重いマヒ)で大きく分類される。さらに,拘縮[注]をもつ場合もある。複雑で身体的負担の大きい更衣動作は,肢体不自由がある人にとって難易度の高いものといえる。

図8-9は長袖Tシャツを一人で更衣する様子を示している。左右の手の動きを比較し,マヒの強い側を患側,もう一方を健側としたとき,着る際は患側から健側の順に手を通すと患側の負担が少なく,反対に脱ぐ際には,健側から患側の順に脱衣すると負担が少ないと考えられている(脱健着患)。Tシャツはボタンがないため,留め具の苦手な人には好まれるが,マヒの状態によってはかぶり型の衣服は着にくい服種である。特に長袖かぶり型の場合は,肩関節外転や肘関節屈曲などを必要とするため,袖と身頃にゆとり量が多く必要となる。図8-10は介助を必要とする人の着衣の様子である。着用者は四肢マヒで腕の緊張が強いため,肘を曲げたままの状態で袖を通す作業が行われる。更衣動作は,介助者にとっても注意深さと力を要求する精神的・身体的負担の大きい作業である。

注] 拘縮:筋肉などの収縮によって関節の動きが制限された状態

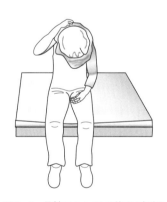

図8-9 長袖Tシャツの着衣(自立)

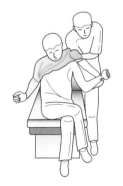

図8-10 長袖Tシャツの着衣(要介助)

図8-11は身体を支えながら一人でズボンの更衣をする様子を示したものである。立位姿勢が不安定なため,ズボンを腰まではき上げる動作は膝立ちで行い,身体を支えながら後ズボンを整えている。さらに障がいの重い人は,足が動かないため腕で足を引き上げてズボンに入れるが,上肢にもマヒがあるため足を入れる動作に困難を感じることが多い。また,ズボンを腰まではき上げる動作は,図8-11(5)のように膝立ち姿勢または図8-12

のように臥位で行う人が多く，上肢の可動域が狭いため背面に手が届かず，後股上を十分に引き上げることが難しい。

一方，介助が必要な人のズボンの更衣動作は，着用者が手すりなどを使ってつかまり立ちができるかどうかで，介助者の身体的負担は大きく異なる。この場合，トイレの個室の広さや手すりの配置といった環境要因も，介助者の身体的負担に影響する。臥位姿勢のままズボンの着衣を行う場合は，介助者の身体的負担はさらに大きくなる。ズボンを腰まではき上げるため臀部を持ち上げる作業は特に困難である。

以上のように，更衣動作は障がいの状態によって個々に異なる。座位バランスが不十分な場合は，身体を支えるために壁や家具の使い方を考える。また装具を使用している場合は，ズボンの更衣手順に装具の着脱動作を加える。補助具の使い方も個人の状態に合わせた調整が必要となる。そのため，更衣動作の手順は，理学療法士が機能検査によって残存機能を測定し，作業療法士が患者や介護者と相談しながら，実際に訓練を行い決定する。着用者の自立を助け，介助者の負担を減らすうえで，障がいの状態に合わせて衣服を修正することへの要望は大きい。

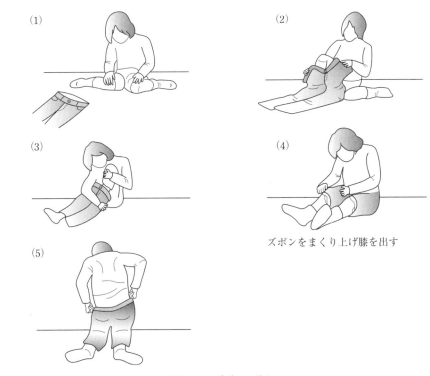

図8-11　ズボンの着衣

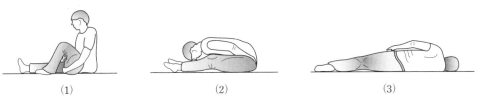

図8-12　ズボンの着衣(臥位)

(2) 障がいの状態と衣服の不具合点

　肢体不自由がある人たちの更衣動作は，健常者のそれとは大きく異なり，着脱に要する時間も長い。着用している衣服のほとんどは既製服であるが，1～2サイズ大きめの服を着用することによって，着脱のしやすさを確保する人が多い。しかし，大きなサイズを着ることによって全体のシルエットがくずれるため，外観が損なわれることに対する不満も強まる。伸縮性が少ない生地やゆとり量が少ないデザインの場合は，着脱のしにくさから着用をあきらめることもあり，おしゃれを楽しみたいという欲求が阻止されることもある。機能性を重視する人は多いが，着脱のしやすさだけを優先した介護服は好まれず，市場にみられる既製服のようにデザイン性と機能性の両立が強く望まれている。

　表8-2は肢体不自由がある成人女性66名（着脱が自立または一部介助41名，要介助25名）を対象に，上肢の動きと衣服の着にくさについてまとめたものである。介助を必要とする人は，座位姿勢を保持することが難しく上肢に障がいのある人が多い。そのため腕を通す動作に着にくさを感じる人が多い。一方，一人で着脱に取り組む人は，座位姿勢が安定しており，少なくとも左右どちらかの上肢の可動域はある程度確保されている。この場合は，袖を通すような動作に問題を感じる人は少なく，指先に力を入れるボタンやカギホックの掛け外しを苦手とする人が多い。ボタンやホックは，両手を協調的に使い指先の巧緻性を必要とするため難易度が高く，特に胸より高い位置や腕を回転させる位置は困難さが増す。

表8-2　着脱時に着にくいと感じることと着脱の自立

着脱時の上肢の動き	着脱時に着にくいと感じること，衣服の不具合な点	着脱の自立状態（人）		
		自立 (n=41)	要介助 (n=25)	合計 (N=66)
袖に腕や肘を通す	1 マヒ側の肘の屈伸ができなくて袖を通しにくい	4	15	19
	2 あとから通す肘の屈伸ができなくて袖を通しにくい	4	9	13
	3 あとから通す袖を手探りで見つけるのが苦手だ	7	5	12
	4 マヒ側の袖を通しても，肩から外れて脱げやすい	5	5	10
腕を胸より高く上げる，または後ろに回す	5 襟の形を整えるのが苦手だ	9	4	13
	6 高い位置にある前ボタンを掛けるのが苦手だ	15	2	17
	7 袖口をまくり上げるのが苦手だ	8	3	11
	8 衣服を脱ぐとき手が後ろに回らず，床に落としてしまうことが多い	4	1	5
指先に力を入れる	9 袖口のボタンをかけることは苦手だ	20	4	24
	10 ブラジャーの後ろホックをかけるのが苦手だ	16	2	18
	11 スカートの脇のカギホックをかけるのが苦手だ	15	2	17

出典：雙田珠己，鳴海多恵子：日本家政学会誌55(12)，p.971(2004)

2-2　障がいがある人の衣服の改善

　すでに述べてきたように，リハビリテーション医療は，残存機能の維持と日常生活での自立をめざし，更衣動作の改善を促すものである．一方，障がいがある人たちは，さまざまな訓練と工夫を積み重ねながら更衣動作を習得していく．あらためて着脱の場面を想起すると，朝晩および入浴前後の着替えや排泄の前後など，日常生活で更衣動作を行う回数は思いのほか多い．障がいがある人の場合，1回当たりの更衣に要する時間は長いため，1日のなかで更衣動作に費やす時間はとても長い．貴重な時間を有効に活用するためにも，着脱がしやすいように衣服を修正することは，自立に必要な衣服側からの支援といえる．また，更衣動作ができない人にとっても，更衣にかかる負担と時間の軽減は大きな支援となる．更衣動作介助における負担軽減は，生活場面の転換に合わせて着替えることを容易にし，気分を一新するゆとりにつながる．

(1) 望まれる衣服の条件

　障がいがある人にとって着心地がよく着脱しやすい(させやすい)衣服の条件は，健常な高齢者および要介護高齢者の衣服の条件とほとんど同じである．素材は伸縮性に富むものが扱いやすく，体温調節ができない人でも快適な衣服気候を保持できるものを選ぶ必要がある．

　形態は，障がいの状態によって異なるが，共通点としては，着脱のためにゆとり量を多めに必要とすることが挙げられる．特に袖付けや腰回りの余裕は必要である．車椅子で自走する人の場合は，身頃の前幅や後幅を大きくし，袖付けに十分なゆとりをもたせて腕の動きを妨げないようにする．反対に，1日のほとんどを臥位，または車椅子に座って過ごし，姿勢変換が困難な人の場合は，褥瘡防止と皮膚障がい防止を十分考慮し，しわや縫いしろの位置にも注意が必要である．また，ゆとり量や丈の長さは，その人の障がいの状態や生活環境を考慮して個々に検討しなければならない．例えば，家庭内では車椅子を使わず，部屋を這って移動する人の場合，ズボンのウエストのゆとり量は，着脱のしやすさだけではなく，這ったときの脱げにくさも併せて考える必要がある．

　色・デザインは，着用者が満足でき，自分らしさを感じられるものがよい．装う楽しさは，性別，年齢，障がいの重さに関係なくすべての人が求めるものである．更衣動作をすべて介助者に委ねている人でも，おしゃれを楽しみたい気持ちは健常者と全く同じである．衣生活を楽しむ自由が肢体不自由によって阻まれているにすぎない．健常者の服と同じようなデザインで，障がいに対する配慮や工夫をされたものが望ましく，社会生活を送る自信となるものがよい．

(2) 障がいに合わせた衣服の修正

　衣服を着脱しやすく修正する方法は，障がいの状態によりさまざまである．しかし，身体の形態に大きな変形がなく，障がいに合わせた特別な着脱動作を必要としないのであれば，いくつかの基本的な修正によって既製服の着脱しやすさを改善することができる．

① 上　衣

　かぶり型のTシャツやポロシャツなどは，袖付け部分(アームホール)を広げることが効果的である．修正方法としては，袖と脇にマチをつける(図8-13)，袖と脇にファス

ナーをつける(図8-14),背中心にファスナーをつけるなどがある。一人で着脱する場合は,マチをつける方法が失敗しにくい。図8-13はマチに伸縮性のある生地を使いシルエットをくずさないように配慮し,色を変えてアクセントとしている。指先のマヒが軽度であれば,脇にコンシールファスナーを使用し,閉じたときに縫い目のように見せて目立たなくする方法もある。背中心にファスナーをつける修正は,介助が必要な四肢マヒの人に有効である。両腕に拘縮があっても通しやすく着衣時間も短縮できる。ただし,臥位で過ごす人や車椅子の背あてを必要とする人は,褥瘡を引き起こす危険があるため注意が必要である。この背中心にファスナーをつける方法は,ジャケットなどフィット性の高い衣服にも適している。また,ボタンやファスナーが苦手な場合は,大き目のボタンやマグネットボタンへのつけ替えや,マジックテープに替えると操作が楽になる。

図8-13 マチをつけた修正例

図8-14 ファスナーをつけた修正例

② ズボン

　ズボンは老若男女が着用する服種で,高齢者や障がいのある人もズボンを好んではくことが多い。一般的な修正方法としては,ウエストや腰囲にゴムなどを使ってゆとりをもたせる,後股上を長くするなどがある。また,下肢に装具をつける人には,ズボンの裾にファスナーをつけ裾を広げる方法がある。図8-15は両マヒで着衣が自立している人を対

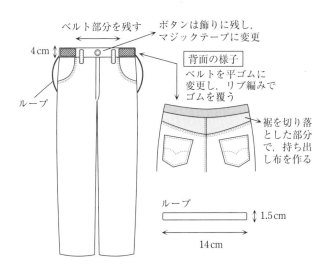
図8-15 既製ジーンズの修正例

象に，既製ジーンズを修正した一例である。裾の長さを調整する際に不要となった残布で後股上の持ち出し布を作成し，ベルトは平ゴムに替えて，はき上げやすくしている。ただし，正面から見たときのジーンズの外観を損なわないように，正面部分のベルトとボタンは飾りとして残し，実際にはマジックテープで留めている。また，ズボンをはき上げるときに指をかけるループを両脇につけている。具体的な修正の位置や寸法は，その人の残存機能や可動域に応じて個々に調整が必要である。

　これらの修正は，基本的な技術で対応できる簡単なものであるが，介護者の日常的な負担はかなり大きいため，介護者にそれを求めるのは厳しい状況である。リフォーム店やNPO団体等で，個人の要求に合わせた直しを行うところもあるが数はまだ少ない。サービスを利用したい人にとっては，地域の情報も重要である。

（3）　自助具の利用

　障がいのある人の更衣動作を助ける道具として，自助具（図8-16）がある。リーチャーは手が届かないときに使う道具で，衣服や靴を挟み，引き寄せたりはき上げたりする際に用いる。特に難しい更衣動作といわれる靴下やボタン留め作業には，ソックスエイドやボタンエイドが有効である。これらは福祉機器を扱う店舗で購入できるが，洗濯バサミや孫の手などの身近なものを活用している人も多い。

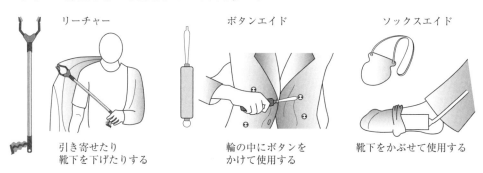

図8-16　自助具

2-3　障がいがある子どもたちの衣生活

　障がいのある子どもたちは，自分自身の身体の状態を受けとめ，ADLの向上をめざして日々訓練を続けている。体育の授業，給食の準備，掃除の時間のように，学校生活では更衣をする場面が多く，普通学校に通う子どもの場合，休み時間だけでは更衣が間に合わないことも多い。そのため，衣服の構造に合わせて身体の動かし方を工夫し，より一層訓練に励む。確かに，更衣動作の習得は，日常生活を送るうえで基本事項である。しかし，それと同時に，障がいとなっている衣服の構造についても理解を深め，自分が着脱しやすいように衣服自体を変えていく力も重要である。

　子どもたちは，やがて独り立ちしていく。健全な衣生活を送るうえで求められる能力は，自分らしさを表現する力と，自分の更衣動作や着心地を妨げない衣服を選ぶ力である。自分自身の障がいを正確に理解し，適切な衣服の購入または修正の要求を意思決定できる能力の育成は，肢体不自由児だけでなく，知的障がい，視覚障がい等すべての障がいをもつ

子どもたちに必要な衣生活教育といえる。

　衣生活での主体性は，健常者であれば成長に伴う生活経験の増幅とともに次第に身についていくものであるが，生活経験が制約される知的障がい，視覚障がい，肢体不自由の子どもについては，個々の生活環境によって個人差が大きくなることが懸念される。障がいのある子どもたちを意思決定できる生活者として育成するうえで，すべての人に与えられる学校教育において衣生活教育が果たす役割は大きい。

3. 衣服のユニバーサルデザイン

3−1　ユニバーサルデザインとバリアフリー

　本来，「ユニバーサル」という言葉には，"普遍的な""一般的な"や，"万人に共通の"という意味がある。よって，ユニバーサルデザインとは，できるだけ多くの人が使える製品，建物，環境のデザインを意味する。これは，1980年代にアメリカ合衆国のロナルド・メイス（Ronald L. Mace）によって創りだされた言葉で，人種，性別，年齢，能力など，人生の状態に関わらず，できるだけ多くの人にとって美しく使いやすいデザインを提供することをめざすものである。ロナルド・メイスは，国際的に認められた設計者・製品設計者・教育者で，1989年にノースカロライナ州立大学内に現在のユニバーサルデザインセンターの基盤となるセンターを創設し，1997年にユニバーサルデザインを具現化するため，以下の7つの原則を提唱した。

① みんなが公平に使えるもの。
② 使う人それぞれの好みや能力に合わせられるもの。
③ 使う人の経験や知識に関わらず簡単で直感的に使えるのもの。
④ 必要な情報がわかりやすく示されているもの。
⑤ 使い方を間違っても危険につながらないもの。
⑥ 疲れずに使えるもの。
⑦ 使う人の体型や能力に関わらず使いやすい寸法や空間が整えられているもの。

　この原則は，製品や建物環境を創造するデザイナーたちの指針となっている。

　一方，障壁（＝バリア barrier）を除去する（＝フリー free）デザイン，すなわち「バリアフリーデザイン」という言葉も日常的によく聞かれる。バリアフリーとは，障がいのある人や高齢者が，自立した日常生活・社会生活を送れるように，障壁を除去するという意味である。これは1950年代後半のアメリカ合衆国において，身体障がい者を阻む建築環境上のバリアを取り除く運動から始まったといわれている。1974年には，国連障がい者生活環境専門家会議が，「バリアフリーデザイン」という報告書をまとめ，それ以来バリアフリーという言葉は広く世界に知られるようになった。本来，バリアフリー（barrier free）は建築用語として使用され，段差の解消のような物理的障壁の除去を指していた。しかし，近年では社会的・制度的・心理的な障壁の除去という意味でも使われるようになり，次第に解釈が広がっている。バリアフリーとユニバーサルの違いは，前者が障がいのある人や高齢者を対象にしているのに対し，後者はすべての人を対象に使いやすいデザインの概念を示す点である。

社会を構成するすべての人が，年齢や能力，障がいなどを越えて，いつでも手軽に楽しく活用できる製品・生活空間・サービスの実現と普及を求めている。ユニバーサルデザインで解決できるものもあれば，解決できないものもある。しかし，ユニバーサルデザインの要素を加えることによって，多くのバリアを改善し，より広くたくさんの人が使えるものを提案することができる。高齢者，障がい者，子どもを含めたさまざまな年齢層，ニーズ，能力，必要性，感性に応じたデザインを生活のなかから考案することが，ノーマライゼーションをめざしたこれからの社会に求められる。

3-2　ユニバーサルファッション

「ユニバーサルファッション」は，「ユニバーサルデザイン」の概念に基づいた衣服であり，「年齢や性別，障がいの有無に関わらず，快適に生活できるファッション環境を実現する」ことをめざした造語である。"高齢者のための衣服"や"障がい者のための衣服"という狭義の枠組みを超えて，身体が不自由であっても，どのような体型であっても，高齢であっても，すべての人が等しくファッションの楽しさを享受できる権利があるという理念といえる。20世紀以降の既製服の普及は，私たちにサイズの合った好きなデザインの服を，いつでも安価に入手できる機会を与えてくれた。しかし，それは「ノーマル（標準的）」な体型，標準的な運動機能を備えていることを前提にデザインされているため，標準的な体型の価値を必要以上に高め，反対に個々の人間の身体の違いを軽視する風潮を生みだした。20世紀の終わりになると，ファッションデザイナーのなかには，個々の人間のありのままの姿や，時間とともに変容していく身体の美しさを認める人が現れ，衣服に身体を合わせていく現実に疑問をもつ人も増えた。21世紀のファッションは，個々がもつユニークさを包み込むようなインクルーシブなデザインへと変わることが期待される。

3-3　福祉からみた衣服の課題

おしゃれは，その人らしさを表現する一番身近な方法である。身なりを整えて外出し，社会生活を楽しむことは，心身ともに健康な生活を送るための有効な手段である。これは，生活行動に制約の多い高齢者や障がいがある人にとってはさらに重要で，外出や生活行動を広げることに自信がもてるような服装が望ましい。しかし，更衣動作は全身運動と指先の動きを必要とする複雑なものであるため，運動機能の低下した人や，知的な障がいのある人，視覚に障がいがある人には，着脱動作を自立して行うことは困難な場合が多い。更衣の自立は，介護の要・不要に大きく関わってくるため，その人の自尊心の在り方にも大きく影響する。できるだけ一人で着脱ができるように，リハビリでの訓練が行われるが，現状の衣服構造が障壁となる場合も多い。すでに述べてきたように，その人の着脱動作に合わせ衣服を修正することによって，着脱の自立を促進し，介助が必要な場合は介助者の負担を軽減することができる。しかし，現実は衣服の修正を個々の家庭で行うことは難しく，障がいに合わせたリフォームやオーダーを受ける技術を備えた店も少ない。

年齢を重ねシルエットが変形しても，手足にマヒがあり一人で着脱することが困難であっても，人はみな好きな色やデザインの衣服を着ておしゃれをしたいと思う。機能を優先させた特別なデザインの服ではなく，みんなと同じ既製服を安い価格で購入し，大切に

手入れをしながら衣生活を楽しむ権利は，すべての人に公平でなければならない。そのためには，機能の不足や低下を補うインクルーシブな発想での既製服製造と，個々の身体に合わせた修正を依頼できるシステム作りが必要である。

近年普及のめざましい通信販売やインターネット販売は，買い物が制限される人には有効な手段である。インターネット環境がさらに整備され，高齢者や障がいのある人が，自由に好きな衣服を選択し，購入できる環境が作られることを期待する。それと同時に，インターネットの時代を生きる障がいのある子どもたちには，自分に似合う服を選ぶ楽しみを教え，それぞれの障がいを正しく理解したうえで，自分に必要な機能をもった衣服を選択する能力を育てる教育が必要となる。

一方，身体に合わせた衣服の修正やオーダーを依頼できるサービスは，超高齢社会ではさらに需要が増すと思われる。衣服の修正は，更衣動作の訓練を助ける「衣服側からの支援」である。そのため，リハビリテーション医療と協同して，個々の運動機能に合わせた修正方法を考案し，日常動作の改善を確認していくことが理想といえる。衣服の修正を福祉サービスとして享受できるようなシステム作りが望まれる。

21世紀は，すべての人が自分らしく快適なファッションを楽しめる社会でありたい。

参考文献　＊　＊　＊　＊　＊

1) 酒井豊子編：「最新介護福祉全書10　家政学概論」，メヂカルフレンド社(2001)
2) 上田敏：「リハビリテーションの思想　人間復権の医療を求めて　第2版」，医学書院(2001)
3) Nancie R. Finnie 編著：「脳性まひ児の家庭療育　原著第3版」，医歯薬出版(2006)
4) 長町三生編著：「生活科学のための人間工学」，朝倉書店(1997)
5) 高橋美智ら：「系統看護学講座　別巻3　リハビリテーション看護」，医学書院(1998)
6) Nina Nevala et al: Appl Ergon, 34, p. 557-563(2003)
7) 雙田珠己ら：家政誌, 54, p. 739-747(2003)
8) 雙田珠己ら：家庭科教育誌, 48, p. 289-297(2006)
9) 田村照子編著：「衣環境の科学」，健帛社(2005)
10) 渡邊敬子ら：家政誌, 60, p. 473-480(2009)
11) 介護福祉士養成講座編集委員会編：「新・介護福祉士養成講座6　生活支援技術Ⅰ　第3版」，中央法規(2014)
12) 岩波君代，渡辺總子，大野淑子：「あなたは服に満足していますか－体が不自由な人から学ぶ服の大切な役割とは－」，福祉技術研究所(2005)
13) 生田宗博編：「ADL作業療法の戦略・戦術・技術　第2版」，三輪出版(2005)
14) ユニバーサルファッション協会：「ユニバーサルファッション宣言」，中央公論社(2002)

9章 衣生活と環境保全

　流行の移り変わりが激しい現代ファッションは，大量消費の典型といえる。まだ充分に実用に耐えうる性能をもちながら，何らかの理由から使用されなくなり，いずれ廃棄される衣服が多い。素早いサイクルで最新のトレンドを押さえた低価格の衣服を提供するファストファッションの台頭はそれに拍車をかけているようにみえる。しかし一方で，地球の人口増加や新興国の発展に伴って世界全体の消費が増え続けるなか，エネルギー・資源の節約や環境問題がより深刻な課題として迫ってきている。現代の先進国にみられる使い捨てに近い衣生活を今後も永遠に続けることは不可能である。これはファッションの本質にも関わり，ファッションが人類の幸福に貢献してきたことも無視できないが，この難問解決の妙案は未だ存在しない。

1. 環境保全の視点がなぜ必要か

　世界人口が増え続けるなか，あらゆる物やエネルギーに関して，それらの有限性と損なわれた環境を回復あるいは現状を維持していく視点が必要である。

1-1　急激に増加している世界人口と繊維の消費
(1)　世界人口と繊維

　国連が発表した世界人口の推移と予測を図9-1に示した。中間予測(medium fertility)で2062年に100億人，2100年には108億人に達すると見込まれている。アフリカの現在10億人の人口が，2100年には41億人へ急増する一方，現在1億2,700万人の日本は，2100年には8,400万人になると予測されている。
　人口増に伴って繊維生産量も増加しているが，その割合は人口を大きく凌ぎ，特に1990年代後半以降の伸び率は凄まじい。先進国以外の人々の生活水準が向上したことが

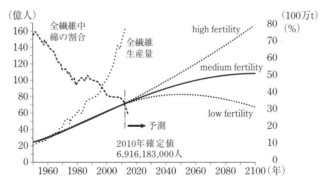

図9-1　世界人口の推移，予測と全繊維生産量およびそれに占める綿の割合

出典：世界人口は World Population Prospects: The 2012 Revision，繊維生産量(1951〜2012年，ただし麻類・タバコのフィルターに使われるアセテート トウ・ポリオレフィンは除く)は繊維ハンドブック 1999〜2014(日本化学繊維協会)より

背景にあるだろう[注]。なお，全繊維に占める綿の割合は1950年代に7割あったが年々低下し，2012年には3割を切った。天然繊維は耕作面積や生産性の理由から，繊維需要の急増には対応できていない。

[注] 衣服の低価格化が進んだ（日本の洋服の消費者物価指数は1998年→2012年の間に－15.5％低下した）ことが繊維の消費量を押し上げたのではと考えることもできるが，国内の繊維の最終消費量はこの間ほぼ変わっておらず，少なくとも日本においてはその相関は見いだせない。

（2） 繊維生産の現況

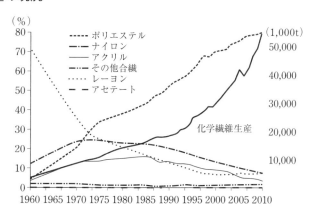

図9-2　世界の化学繊維全生産量と各繊維の割合
出典：繊維ハンドブック(2014)　pp.166-167より筆者作成

化学繊維の全生産量（図9-2）は右肩上がりで，原油価格の暴騰とリーマン・ショックが発生した2008年（前年比－5％）を除いては，1985年以降前年比＋5％程の増産が続いており，ここ10年ほどは前年比＋7％ほどと，さらに加速している。内訳は，20世紀半ばまではレーヨンが中心であったが，1970年代以降ポリエステルが首位に立って現在は80％を占めるに至っている。また，ナイロンは1975年頃，アクリルは1986年頃をピークに，その後は減産が続き，2012年にはレーヨンが化学繊維第2位の座に，およそ35年ぶりに返り咲いた。

一方，天然繊維に限ると（図9-3），綿の生産量自体は長期的にみて増加ないし近年は頭打ち傾向である。羊毛は1990年頃をピークとして減少し，今では1950年代の水準まで落ち込み，綿花の5％足らずである。絹は少ないながらも長期的には増加傾向である。麻類は，ジュートは麻紐や麻袋など主に産業用に使われるため年間300万t超の生産があるのに対し，亜麻はその1割ほどしかない。カシミヤ，モヘヤなど獣毛は少なく，カシミヤが年間1万5千t程度である。

ポリエステルのみが生産を大きく伸ばし続けている状況であるが，合成繊維の原材料価格は21世紀に入り，中東情勢や投機売買によって高騰した。特にアクリルの原料であるアクリロニトリルは，2008年に1999年の4倍近い高値となり，ポリエステルやナイロンの原料もアクリルほどではないが上がった。2009年以降は，やや高値で落ち着いているが合成繊維の生産には，そのような不安定要素もある。

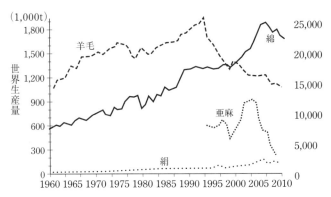

図9-3 世界の主要な天然繊維生産量(羊毛,亜麻,絹は左軸,綿は右軸)

出典:繊維ハンドブック(1999~2014)より筆者作成

(3) 一人当たりの繊維消費量

　一般的に国民1人当たりの繊維の消費量は,その国の平均所得と比例し,所得の高い国ほど1人当たりの繊維消費量も多いとされるが,世界規模のファストファッションや低価格のSPAの台頭などにより状況は変わったのだろうか。2010年の所得と繊維消費量(産業用も含む)の関係を図9-4に示した。現在も繊維消費量と所得には比例関係が存在するようである。米国や韓国,中国,トルコ,パキスタンなどは平均所得に比べて繊維の消費量が多く,逆にポーランドは少ない。環境的視点で考えれば,繊維消費量は少ないことが望ましく,四半世紀前まで共産主義国家であったポーランドと状況や歴史は違えども,その衣生活に参考にできるものがあるかもしれない。

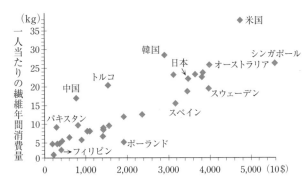

図9-4 国ごとの国民1人当たりの平均所得と繊維年間消費量の関係

出典:WHOのWorld Health Statistics 2012および繊維ハンドブック2014より筆者作成

2. 衣生活における環境対応

　衣服は人間によって資源とエネルギーを消費して作られたものである。試算によると,衣服の製造エネルギーは330~800 MJ/kgで,紙38 MJ/kg,スチール缶50 MJ/kg,ペットボトル80 MJ/kg,アルミ缶150 MJ/kgと比べてもかなり大きい。着用と洗濯の繰り返しから最終的に廃棄に至る衣生活はもちろんのこと,繊維製造,染色加工,縫製などの衣服作りや運送から販売の流通面を見直すことで,地球全体への負荷をより小さくする方向に

変えて行かねばならない。

2−1 衣生活の資源
(1) 衣服のマテリアル

表9-1 衣服を構成する主な素材

有機物	天然繊維	植物繊維	綿，麻	セルロース
		動物繊維	毛，絹，毛皮，羽毛	タンパク質
	化学繊維	再生繊維	レーヨン	セルロース
		合成繊維	ポリエステル ナイロン アクリル	PET ポリアミド ポリアクリロニトリル
	皮革	天然皮革	牛革，鹿革，羊皮等	タンパク質
		合成皮革 人工皮革		ポリ塩化ビニル ポリウレタン
	ボタン	天然樹脂	貝，木，角，カゼイン	
		合成樹脂	ポリエステル，ABS	
	色素	染料	合成染料，天然染料	
		有機顔料	合成顔料，天然顔料（レーキ）	
	加工剤		樹脂加工剤，糊剤，柔軟剤	
無機物	ファスナー		丹銅，洋白，アルミニウム	
	無機繊維		金属繊維，ラメ糸（蒸着部）	
	装飾品		宝石，スパンコール	
	加工剤		金属後処理，艶消し剤	

　衣服を構成する有機物は，焼却すると灰や二酸化炭素，水等になる。そして，いずれ植物に生まれ変わり，植物を羊が食べれば，羊毛にもなる。しかし，これらが石油に生まれ変わるには，一説には100万年以上という長い年月が必要である。つまり，天然繊維は比較的短い周期で循環する持続可能(sustainability)な資源であるが，石油を原料とする合成繊維は実質的に循環しない繊維である。ただし，天然繊維を使っている限り資源が枯渇しないということはない。天然繊維製造には，植物栽培・収穫，動物飼育等に動力源を要し，その後の紡績，製糸，精練，漂白等にエネルギー・資源を要する。製品寿命，取扱い性などを考えると合成繊維のほうが天然繊維よりも省資源，省エネルギーで済む場合もある。

　一方，染料や加工剤の使用量は繊維に比べれば少なく，染色時に使われる染料は繊維重量の0.05〜20％程度で，染色助剤や加工剤，洗剤等も同様である。しかし，これらのなかには，ごく微量でも環境や健康に影響を及ぼすものもある。それらは規制によって排除される方向にあるが，一方で新たな問題も次々に生まれ続けている。

　なお，製品の寿命が長ければ，物質循環の周期にも余裕が持てるが，ファッションを始めとする日本の現代生活はそれに反するものになっている。

(2) 綿

　綿植物は米国や中国，インド，パキスタンなどを中心に世界80か国以上で栽培されている。植物には害虫がつきやすく，また収穫時に枯れ葉剤などを用いて効率性を高めるために，作物のなかでも農薬の使われる量は多く，世界の農地に占める作付面積の割合は2.5％であるが，農薬は世界の全使用量の6.8％を使用しているとのデータがある。地球上の耕地面積には限界があるため，増産は難しいと思われがちであるが，遺伝子組み換え技術などを含めた品種改良や，農地を最大限に活用する精密農業により，アメリカ合衆国での単位面積当たりの収穫量は1970年代以降30年間にわたって増やし続け，1.7倍程度にまで増えている。つまり，他の国や地域でも同様の技術を導入することで，耕地面積を増やさずに増産する余地はある。なお綿花の価格は，天候不順などによる供給の不安定さもあるが，先物取引の投機売買による影響も受け，近年は値動きが激しい。

(3) 麻，その他の植物繊維

　衣料用に使われる麻は主に亜麻(リネン)と苧麻(ラミー)あるが，綿と比べ繊維の生産効率では劣る。江戸時代以前において，綿と同じ重量の麻を紡ぐには綿の3〜7倍程度の労力を要したという。現在でも，耕作地単位面積あたりの繊維生産量は綿の半分以下であるという。

　近年は竹やバナナ，月桃などこれまで繊維にされなかった植物の繊維化技術が開発されている。そのうち，主にパルプ原料として使われるケナフ(洋麻)は，成長の早い一年草であり，ジュートに近い繊維も採れる。20世紀末に流行して環境学習も兼ねて学校等での栽培活動もみられたが，近年は下火になっている。ケナフは繁殖力が強いため素人が栽培すると外来種となって従来の生態系を壊してしまう恐れがあること，パルプ化にコストがかかることなど，さまざまな理由が挙げられる。

(4) 羊毛，絹

　植物繊維を穀物や野菜にたとえると，動物繊維は肉に相当する。つまり，植物を飼料として動物を飼育し，そこから目的物を得ることになり，単位面積・エネルギー当たりの繊維生産量は綿よりも効率が悪く，特に羊毛は顕著である。しかし，このことが動物繊維と綿はどちらがエコロジーかという話に単純には結びつかない。例えば，生産性が低いために高価な素材となりがちな毛や絹は，最終製品として消費者の手に渡った後も安易に廃棄されにくいのではないだろうか。

　羊は飼育状態や品種等によって差があるが，およそ1〜5歳まで年に1回，2〜3kg(洗毛後)の毛が刈り取られるため，一頭の生涯に10〜15kg(紳士用スーツ10着分)の羊毛が得られる。なお，羊肉用(ラム，マトン)と羊毛用は羊の品種が異なる。オーストラリアでは1989年に羊飼育頭数がピークとなったが，現在はピークから半減した。羊毛価格の下落によって世界的に需要が高まるラム肉用途への生産移行が進み，1999年からの10年で羊毛輸出量は36％も減少した。ニュージーランドも同様である。

　絹は飼育した家蚕と天然の蚕蛾による野蚕に分けられるが，流通している絹製品の大半は家蚕によるものである。蚕を飼育することを養蚕といい，かつては日本でも盛んに行わ

れ，明治から昭和初期にかけては，生糸や絹製品が日本から海外への主要輸出品となり，外貨の獲得と経済発展に大いに貢献した。太平洋戦争後は日本の養蚕も衰退し，中国やインド，ウズベキスタン，ベトナムなどが主要な生産国(2009年，生産量順)である。蚕は元々桑の葉しか食べないが，最近は人工飼料も開発され，効率的になっている。日本は世界有数の絹の消費地だが，和装離れなどから，1990年代前半に180g/年だった日本人1人当たりの消費量は2010年には64g/年，繊維全消費量の0.3%足らずに減少している。

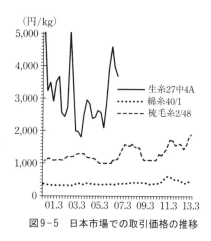

図9-5　日本市場での取引価格の推移

(5) カシミヤ

中国北方の内モンゴル自治区や，外蒙古，中央アジア諸国などでは多数のカシミヤ山羊が飼育されている。カシミヤは羊毛よりも繊維経が細く高級な繊維として，1980年頃からブームとなった。一頭から年間200gの毛しか得られないという希少な繊維であるが，ブームによって価格も1985年からの10年間で10倍以上に急騰し，カシミヤ産業は急拡大した。しかし，その過熱がカシミヤ山羊の過放牧に繋がり，草原の減少，砂漠化を招いた。山羊は羊とは違って，草の根から引き抜くように食べるため，羊の放牧よりも砂漠化を招きやすいという。因果関係は証明されていないが，近年わが国でも，しばしば耳にする黄砂の遠因の一つとも考えられる。

(6) 再生セルロース繊維

ビスコースレーヨンやキュプラなどの再生セルロース繊維は，パルプやコットンリンターなどの，そのままでは糸にできないセルロースを化学処理で液体にして紡糸したもので，セルロース資源の有効活用やカーボンニュートラルという観点からはよいように思えるが，正しい判断を下すにはそれらの繊維製造時に必要なエネルギーや排出物などを考慮する必要がある。実際，繊維製造に要する工程エネルギーはビスコース24.8kcal/g，キュプラ25.8kcal/gに対し，ポリエステルが8.1〜12.5kcal/gという試算がある。また，ビスコースレーヨンの製造時に使われる二硫化炭素(CS_2)に毒性があり，工場内での作業者の健康問題に加え，大気中など環境に排出される心配もある。

なお20世紀末になってテンセル(リヨセル)という新しい再生セルロース繊維が登場した。これは，セルロースを閉鎖系の有機溶剤で溶解することで，環境汚染性が低く，製造エネルギーも抑えられた環境対応の繊維である。レーヨンよりも強く，湿潤にも耐えるが，ピリングやフィブリル化が生じやすい欠点もある。

(7) 合成繊維

合成繊維は石油・石炭等を由来とする有機化合物から製造される。石油・石炭が再生不可能で，使用後の繊維を燃焼するとCO_2が発生するため，温室効果ガスの増加につなが

る。また，生分解性の乏しい素材が多く，環境中に廃棄された場合，長期にわたって，その原形をとどめることもある。繊維製造時の溶剤等の毒性，環境汚染性も問題となる。合成繊維工業はこれら課題を乗り越えて発展してきた。今ではポリエステルは原料のエチレングリコールを植物由来の方法で生産することが広がっている。ポリ乳酸繊維など生分解性に優れた合成繊維も登場している。また，微生物にポリエステルなどの繊維を作らせる微生物産生繊維の研究も行われている。

(8) 染色加工

染色加工は多量の水と熱エネルギーを使うが，染色システムを最適化することによりその削減が図れる。また廃液中には染料や助剤などさまざまな物質を含むため，その浄化も必要で，1960年代あたりまで多用された硫化染料は排水中に硫化水素が含まれ，悪臭対策も重要だった。さらに，染料製造工業では，昭和40年代に触媒の水銀が排水中に含まれる問題があったが克服し，現在は繊維と吸着・結合する割合(反応固着率)を高めた反応染料など環境対応染料の開発も進められている。

2-2 法律や自主規制による環境対応

日本では1974年に化学物質の審査及び製造等の規制に関する法律(化審法)が施行され，人の健康及び生態系に影響を及ぼす恐れがある化学物質による被害を防止するため，化学物質の継続管理や新規物質の審査及び規制等が行われている。米国でも同様の法律であるTSCA(Toxic Substances Control Act)が1977年に施行された。また，EUで2007年に施行されたREACH(Registration, Evaluation, Authorization and Restriction of Chemicals)は健康や環境の保護のため化学物質とその使用を管理するための規則である。ある化学物質を年間1t以上用いる場合，製造者や輸入者は，その物質の健康や環境への影響についての調査や試験を行い，欧州化学物質庁への申請・登録(期限：2018年6月1日)が義務付けられた。これらは，消費者にとっては安心でき環境にとっても望ましいことだが，安全性の証明などに必要な費用は相当なもので，それは製品の価格などに上積みされるため消費者の経済的負担増に繋がることになる。

繊維製品が健康に悪影響を及ぼすことを避けるための自主規制として，エコテックス規格100(OEKO-TEX Standard 100)がある。これは1992年にオーストリアと独・ホーエンシュタイン研究所が提携して策定したもので，現在は世界中で広く知られており，認証を受けた製品も出回っている。加工剤や染料などで健康を害する可能性があるもの，例えば発がん性やアレルギー誘発の恐れがある染料がリストに挙げられており，その基準は毎年再検討されている。認証の厳しい規格のため，試験のコストなどを考えると全ての最終製品が認証を受けることは非現実的だが，公表されている基準は安全な製品作りにおいて大いに参考になる。

日本でも業界の自主基準が新たに策定されるこ

規格100 新ロゴ

図9-6 エコテックス規格100の認証マーク
一般財団法人 ニッセンケン品質評価センター

ともある。例えば、発がん性の可能性がある染料として、ベンジジンを骨格とする染料（コンゴーレッドなど初期の直接染料が代表的）などは1972年秋以降国内では製造されない（ただし使用禁止ではない）が、2009年に染料が還元されると発がん性の恐れがある芳香族アミン（22種類）を生じる染料について日本繊維産業連盟が自主基準を作成した。それを受けて、2012年に経済産業省がアパレル業界団体等に適切な対処を求める通達を出した。なお、これらの染料はEU、中国、韓国では既に使用禁止となっている。

2-3 最終製品の環境問題
(1) 家庭洗濯

家庭排水は河川や湖沼等の水質汚染の原因となり得る。洗濯排水は、台所排水やし尿排水に比べると有機物汚れの総量は少ないが、洗剤の最大の排出源[注]といえる。川や海、土壌などの環境に放出された有機物は生分解され、界面活性剤であれば発泡しなくなるなど、まずは物質としての機能が消失し（一時生分解、または環境に対して悪影響を及ぼさなくなったという意味で環境受容性生分解という）、さらに分解が進むといずれは自然界に元々存在する物質と同じものになる（究極生分解）。

  注] 日本石鹸洗剤工業会の統計では2013年の洗剤出荷量全体の内、洗濯用が33%を占め最も多い。

生分解を引き起こす主役は微生物であり、人間が食物を代謝するのと同じように微生物が有機物を代謝して分解するため、その活動に伴って水中の酸素が消費される。溶存酸素が少なくなると、水生動物にとっては生きにくい環境となるため、生分解されやすい有機物であっても排出量は少ないほうがよい。生分解によって溶存酸素がどれほど消費されるかを表す指標としてBOD（生物化学的酸素需要量）などがある。BODの数値が大きいほど、生分解によって多くの溶存酸素が消費される物質であり、良くない。なお、下水道が整備された地域（2013年3月末の人口普及率76.3%）では下水処理場で浄化した後、川や海などに排出されているが、下水処理に要するエネルギーを減らすためにも排水中の汚れの量は少なくしておきたい。

① 洗　剤
● 界面活性剤

合成洗剤が普及して間もない1960年代、排出された界面活性剤によって河川や湖沼などの水が泡立つ問題が発生した。当時の合成界面活性剤は分岐型アルキルベンゼンスルホン酸塩（ABS）が主流であったが、生分解性の低さに問題があったのである。洗剤メーカーは対応を急ぎ、60年代後半に生分解性に優れた直鎖型ABS（LAS）に転換（「ソフト化」という）され、発泡問題も収まった。

では、せっけんと合成洗剤はどちらが環境によいのだろうか。せっけんは生分解性に優れるが、水中の多価金属イオンで作用を失いやすく、1回当たりの使用量を増やす必要がある。そのため、排水中に含まれるせっけんかすも含めた有機物量は多くなり、BODは合成界面活性剤のほうが低い。一方、合成界面活性剤の毒性を心配する人も存在するが、世界各国で普及している歯磨き剤にもドデシル硫酸ナトリウムなどが大抵含まれ、膨大な数の人々が毎日少量ながらも長年にわたり摂取しながら健康問題は生じていない。また、

エコテックス規格100でも規制されていない。つまり，合成洗剤の健康への悪影響は過度に恐れる必要はないだろう。

　合成界面活性剤は石油・石炭から製造できるが，椰子の実のパーム油などのバイオベースからの製造も広がっている。また，現在のせっけんの主成分もパーム油である。これらパーム油源となる椰子の実は東南アジアなど熱帯雨林周辺部で栽培されるが，過剰な栽培は森林破壊の原因ともなることを忘れてはいけない。

● リ　ン

　軟水率が高く洗濯環境には恵まれている日本でも，洗濯洗剤中に金属イオン封鎖剤を配合し，金属イオンによる悪影響を抑えている。かつて，トリポリリン酸ナトリウムが金属イオン封鎖能に優れ，その他分散作用や粉末洗剤の凝固を防ぐ作用などを併せ持つ優れたビルダーとして多用された。しかし，リンが植物プランクトンの栄養素となってしまう富栄養化とそれに伴う赤潮の発生が問題となり，1979年に琵琶湖のある滋賀県で有リン合成洗剤を規制する条例が成立した。今では業務用洗剤にリン配合のものがあるが，日本の家庭用洗剤は無リン化され，代わりのビルダーとしてゼオライトA（ケイ酸アルミニウムナトリウム）などが用いられる。

● 洗剤のコンパクト化

　日本では粉せっけんが普及して以降2010年まで，粉末洗剤が主流であった。1963年以降にせっけんを抜いて粉末洗剤の主役となった合成洗剤は，その間いく度となくコンパクト化が図られた。重量の削減だけではなく，それ以上に密度を高めて容積を減らすことで，流通におけるコスト・エネルギー等の削減の効果があった（図9-7）。

　2009年には洗濯用液体洗剤で，それまでの2.5倍程度に濃縮されたものが現れた。これを契機に液体洗剤の出荷量が粉末洗剤を抜いて主役の座に躍り出たが，流通における省エネルギーはより促進されることになった。

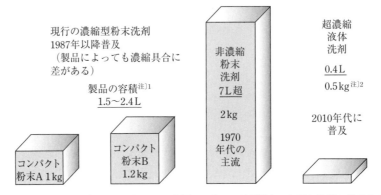

図9-7　50回の洗濯（タテ型30Lの水量，1.5kgの洗濯物）に必要な洗剤の重量と容積

注］1　1970年代から現行の複数製品を実測し，外箱容積を製品記載の30L，50回の洗濯回数で換算
　　2　重量には容器分も含む。超濃縮液体洗剤は2014年末時点では詰替型が販売されていない。

● 洗剤の詰め替え容器

　日本では主に液体製品で詰め替え製品が売られており普及率は高い。詰め替え製品は樹脂削減と輸送エネルギー削減の効果が得られる。最近は紙容器の粉末洗剤でも，樹脂袋入りの詰め替え製品が売られている。ただし，洗剤は使用期間が長いため，1人当たりが消費する樹脂量は食品・飲料などと比較すると少なく，詰め替え容器が環境保全に果たす役割は限定的である[注]。些細なことでも実践することが重要だが，それで満足してはいけない。なお，海外では詰め替えのスタイルは一般的ではない。

　　注] 花王によると，20世紀末に普及が進んだ詰め替え製品は，2000年代に入ると液体洗剤や柔軟剤，液体漂白剤の本数ベースで8～9割を占め，それにより年間2万8千トンの樹脂が削減された(2008年)という。一方で，食品容器，レジ袋などディスポーザブルにも多用されるポリエチレン・ポリプロピレン・スチレン系樹脂の国内年間生産量は775万トン(2008年)である。

② 洗濯の節電と節水

　家庭用の洗濯機では節電と節水も近年盛んに求められる。しかし洗濯機の過度な節水は効果的な洗浄に必要な浴比を確保できない恐れがある。一方の節電では，洗濯機の洗いから脱水工程は200～400W程度のモーターの駆動電力が大半を占め，実質の駆動時間も長くないため比較的少ない電力量しか必要とせず，これ以上の節電は容易ではない。なお，超濃縮液体洗剤は，界面活性剤の親水性を高めることで「すすぎ1回」を実現し，時短とそれに伴う節電，節水に繋がっている。

　洗濯乾燥機の乾燥機能や単独の電気乾燥機は，1～2kWで長時間稼働するため非常に多くの電力を消費する。熱源として，ヘアドライヤーと同じ原理のヒーター式は消費電力が大きく，エアコンと同じ原理のヒートポンプ式は比較的消費電力が小さい。そのため，ヒートポンプ式を採用して，乾燥温度や時間，構造などを最適化することで節電型の機種が売られているが，本体の価格は高くなる。

　なお，欧州は煮沸温度に近い高温洗濯が一般的で韓国でもみられる。欧州では省エネの観点から，より低温の60℃程度での洗浄も広がっている。また，米国やカナダでは一般的に洗濯物を屋外で干すことを嫌い，乾燥機によるタンブル乾燥が普及している。洗濯物を屋外に干すことは貧困層のすることと考えられており，街の景観や価値の悪化を防ぐためという。ヒートポンプ式の普及率は低く，ヒーター式が大半を占める上，年間に平均420回も使用されるため，カナダの1人あたりの電力消費量(2008年)は日本の倍を超える。近年，米国で洗濯物を屋外で干すことを妨げてはいけないとする州法が現れるなど，省エネの観点から見直す動きもあるが，人々の生活習慣や意識を変えることは非常に難しいだろう。

(2) 商業洗濯

　クリーニング業やリネンサプライなどの商業洗濯業者は，日本だけでも約4万軒ある。水系洗浄のランドリー等は家庭洗濯と同類だが，有機溶剤系洗浄のドライクリーニングは商業洗濯特有の洗浄方式で，有機溶剤の環境対応が重要である。

　フッ素系溶剤はオゾン層破壊と地球温暖化の恐れから規制がかかり，消えていくものが多い。かつて，CFC-113が広く使われていたが特定フロンに指定され1995年に製造中止

となった。代替フロンのHCFC-225も先進国では2020年に製造中止，HFC-365mfcは温室効果ガスであり削減が目指されている。塩素系の1,1,1-トリクロロエタンもオゾン層破壊のため，1995年に製造中止となった。

日本では2008年時点で石油系溶剤が88%，テトラクロロエチレンが10%である。石油系溶剤は低毒性だが，引火性があるため消防法が適用され，工業専用，工業，準工業地域のみ機械を設置でき，防災上の配慮も必要となる。2009年に大手クリーニング業者が住居地域など本来設置できない場所に，法令に反して設置していることが明るみになり，その後零細業者を含め多くの違反事例が発覚したが，そのままでは多くの施設が閉鎖・廃業の危機に瀕したため，国は例外として認めた。

テトラクロロエチレンは引火性がなく洗浄力の高い溶剤として海外では主流であるが，使用に際しては大気や土壌への放出が厳しく制限されている。洗浄力が優れ，かつ安全で環境への影響が少ない溶剤も研究開発が続いているが，未だ理想的なものは現れていない。零細業者が多いことが，溶剤変更を困難とする一因でもある。

3. 3R

持続可能な社会を実現するために，衣生活も従来の考え方や方式を変えていかなければならないが，現状はそれが進んでいるとは言いがたい。決定的な方策がないこと，人々が緊急な必要性に迫られていないことなどが理由として挙げられるだろう。ここではリデュース，リユース，リサイクルの3Rについて考えることにする。なお，2001年に循環型社会実現に向けての基本理念を示した循環型社会形成推進基本法が施行された。そこでは処理の優先順位として①リデュース（発生抑制），②リユース（再利用），③ケミカルリサイクルまたはマテリアルリサイクル，④サーマルリサイクル，⑤適正な廃棄処理 の順になっている。

3-1 着用しなくなった衣服の行く末

衣服は，変褪色や形態の損傷などが生じなくても，流行や好み，体型の変化等から着用しなくなる場合がある。それをすぐに廃棄する人もいれば，廃棄せずにクローゼットなどに保管しておく人もいる。着られることなく住居内に眠っている衣服を死蔵衣服といい，多くはいずれ廃棄される運命にある。衣服は燃えるゴミとして燃やせば熱やCO_2等を放出して灰になる。いかに燃やさずに別の製品に生まれ変わらせるか，あるいは製品のライフサイクルを長くできるかが重要な視点である。

2009年の推計では，国内衣料品供給量は111.2万t（うち輸入品の割合93.7%）に対し，排出された衣料品は94.2万tであった。このうち，サーマルリサイクルを除いたリサイクル率は11.3%，リユース率は13.4%である。

3-2 リデュース

リデュース（reduce）は廃棄される衣服を減らすということである。繊維製品には寿命があり，いずれは廃棄されるが，廃棄までの期間を長くできればリデュースにつながる。ま

た購入時に，本当に必要か，コーディネートしやすいデザインか，取扱いやすさ，着やすさなどを考え，むだな衣服の購入を減らせればよい。

3－3 リユース

衣服のデザインやサイズを作り替えるリフォーム(reform)やリペア(repair)，国内外で古着として別の人が着用するなどである。中古譲渡方法の国内推計(2009年)は，リサイクルショップが39％，知人への譲渡が29％，ネットオークションが13％，バザーが10％，フリーマーケットが8％となっている。

リフォームの事例として，染め直しの提案もされている。例えば，綿を黒く染める染料で衣服全体を染め直すとポリエステルが染まらず独特の外観となるが，WWFジャパンとの協同による京都の黒紋付染業者の取り組みなどが始まっている。

また，アフリカを中心とした貧しい国の人々に寄贈するという手段もある。ユニクロによれば，2014年3月末までに主に店頭で回収した衣類のうち38.7％をそのようなリユースに回したという。ただし，一般的に夏物衣料が中心であること，受入拒否国も多いこと，新興国が発展してきたことなどから需要は減少傾向である。

3－4 リサイクル

リサイクル(recycle)は廃棄衣服を衣服以外の違うものに作り替えたり，原料に戻して別のものに作り替えたりする手法である。

ケミカルリサイクルが製品を原料段階まで戻す最もレベルの高いリサイクルである。例えば，ポリエステルは高温，強アルカリ性条件下ではエステル結合が加水分解し，テレフタル酸とエチレングリコールに分かれる。それを回収し，再び重合すれば新しいポリエステルが作り直せることになる。京都市の小中学校の体操着リサイクルなどが始まっている。一方，循環型社会形成推進基本法では廃棄以外で最も下位の処理に位置づけられるサーマルリサイクルでは，直接燃焼によって発生した熱の利用が最も一般的であるが，ガスなど

表9-2 種々のリサイクル

	対象	名称	概要
マテリアルリサイクル	綿	ウエス	工業用ぞうきんのこと。高品質(吸収性能が優れる)で低価格のリサイクルウエスが生産されている
	羊毛	反毛	糸をほどき，フェルトや綿にする。自動車の防音材や衣服の詰め綿，芯地などに使われる
		再生羊毛	梳毛をほどき，毛糸などに再利用したもの
	合成繊維		合成繊維を高温でとかし，樹脂などに成形しなおす。重合度の低下によって強度や粘度が低下することや，リサイクル原料に不純物が含まれない100％のものが要求されることなどが難点
ケミカルリサイクル	ポリエステルナイロン等		化学的に分解して原料段階まで戻し，再び繊維を製造し直す。新品に近い高品質な繊維が作れるが，繊維分別とリサイクルコスト(価格)が課題
サーマルリサイクル	全繊維		繊維を燃やした熱をエネルギーとして利用する。最もレベルの低い方法だが，複雑な素材から構成される衣料は，この方法をとらざるを得ない

に燃料化する技術もある。綿をセルロース分解酵素でグルコースに分解してバイオエタノールを生産する技術もある。

ペットボトルはポリエステルと同じ高分子（PET）であり，ケミカルリサイクルやマテリアルリサイクルで繊維化する技術は確立しているが，それに要するエネルギーも大きいため，未だに多くの課題をかかえている。

4. 真に環境によい行動を選択するために

4-1 LCA

LCAはライフサイクルアセスメント（Life Cycle Assessment）の略称であり，製品の原材料の採取，調達から，製造，流通，消費者の使用，廃棄に至るまでの全過程における必要資源，環境負荷を定量的に整理，評価する手法である。例えば，原材料が環境負荷の少ないものでも，工場に輸送するのに大きなエネルギーを要しては本末転倒である。真に環境負荷の低い行動を選ぶためにLCAは効果的である。

その始まりは1969年，米国コカ・コーラ社の缶容器など使い捨て容器とガラス瓶など再利用可能容器はどちらの環境負荷が低いかという研究である。その場合，ガラス瓶容器は消費者の返却率が高く輸送距離が短ければ，環境負荷は使い捨て容器よりも低いというものである。LCAは日本でも1990年代に始まった。

LCAは，ISO-14040（2006）とISO-14044（2006）として国際標準化され，日本工業規格（JIS Q 14040）も制定されている。なお，LCAは環境面での評価であるが，経済面から評価したものがライフサイクルコスト（LCC）である。つまり，製品の製造段階の原料の採掘や輸送の費用から，使用時の電気代，廃棄時の輸送や処理の費用など，すべてを合計した金額である。

国内ではLCAによる評価の高い商品にエコマークやエコリーフが付けられ，グリーン購入法[注]で官公庁など公的機関においては，それらを購入するよう促している。衣服ではユニフォーム，白衣などにエコマークのついたものがある。

注〕 2001年施行。2014年に一部改正され，カーボンオフセット認証を受けたものも対象に含まれる。
カーボンオフセットとは，その製品が排出するCO_2量を植林や森林保護，クリーンエネルギー使用などによる吸収増，削減量によって相殺する考え方である。

図9-8　エコマーク

出典：公益財団法人　日本環境協会　リサイクル繊維などを使用した繊維製品につけられ，制服や作業着を中心に認証を受けている。ある基準をクリアしたものにつけられるもので，ISOのタイプIに分類される。

図9-9　エコリーフ

出典：一般社団法人　産業環境管理協会　定量的環境負荷データを開示し，その評価を読み手に委ねるものである。洗濯乾燥機などにつけられる可能性はあるが，現在のところ普及はみられない。ISOのタイプIIIに分類される。

4−2 製品のカーボンフットプリント

化石燃料由来の二酸化炭素の過剰排出が地球温暖化の原因になるとして，メタンなどのその他の温室効果ガスともに先進国の排出量制限を取り決めたものが気候変動に関する国際連合枠組条約の京都議定書，いわゆる京都議定書で1997年に採択された。日本や欧州，ロシアなどは温室効果ガスの削減義務を負っている。

カーボンフットプリントとは「炭素の足跡」のことで，「製品のCO_2の見える化」，すなわち製品の生産から販売，使用，廃棄に至るまでに排出された温室効果ガスを二酸化炭素量に換算して示したものである。経済産業省が2009年度から3年間，試行プロジェクトを実施し，その後は民間事業として（一社）産業環境管理協会に引き継がれている。欧州では製品やサービスの環境負荷を一定の算定基準で数値化した環境フットプリントが検討されており，将来の義務化が想定される。

4−3 エシカルファッション

エシカル（ethical）とは「倫理的な」などという意味で，例えば，素材の経歴，購入源，生産者に正当な対価が払われているか（フェアトレード）などが考えられる。

例えば，オーガニックコットンが挙げられる。これは無農薬・無化学肥料の有機栽培で，紡績や加工時の制約などの自主基準に則って生産されたことを第三者機関が認証したものである。オーガニックコットンと通常の綿を比較すると，加工の制約から繊維に多く残った不純物が品質に何らかの影響は与えるが，着用者が健康になるということはない。むしろ，綿花生産者の農薬等による健康被害を防ぐ，適正な対価が支払われ児童労働を防ぐ，といったことが重要である。なお前述の通り，綿花は精密農業をとれば生産性を高められるが，オーガニックコットンはそれとは相反し，すべての綿をオーガニックコットン的生産手法に換えれば，生産量は減少するだろう。つまり繊維消費も減らさねば，需給のバランスは成立しない。同様のものに，オーガニックウール（有機栽培の牧草地，クロム不使用など），オーガニックシルク，オーガニックリネンもある。

国際貿易センター（ITC）のプロジェクトに，エシカル・ファッションイニシアティブ（EFI）がある。これは貧しい国の人々に技術やデザインを指導し，貧困や過酷労働の撲滅を試みたものである。

日本人が海外に出て，現地の人々と手を取り合ってエシカルな生産を実現する動きもある。人件費が安いため今や世界の低価格衣料品の生産大国であるバングラデシュで，高品質のジュート鞄ブランドを立ち上げた例や，ペルーでアルパカの毛の刈り分けを指導し，その価値を高めた例などがある。

4−4 持続可能な衣生活を求めて

ファストファッションの出現によって消費者はトレンドのファッションを安価に入手できるようになった。しかし，その背景に賃金の低い国の労働者の過酷労働がある。2013年4月にバングラデシュの首都ダッカで起きた9階建ての縫製工場「RANA PLAZA」崩壊事故は死者1,129人，負傷者2,500人以上を出す大惨事だったが，これもコストと納期を優先するファストファッション産業によってもたらされた悲劇である。

持続可能，つまりサスティナブルな衣生活に向け，海外は日本よりも先行している感がある。2011年に米国で設立されたSAC (Sustainable Apparel Coalition)はアパレルや靴などの世界的大手企業が加盟する業界団体で，Higg Indexという持続可能性の指標を策定した。また，デンマークで2009年のCOP15の際に始まった「コペンハーゲン　ファッション　サミット」はサスティナブルとファッションの両立を目指す国際会議で，2012年以降は2年に1度開催されている。

　豊かさを求めることは自然なことである。国家が経済発展を目指し，熾烈な国際間競争を行うことも当然である。その代償として人類の消費エネルギーは増大し，地球に残る資源は減少するが，その変化の割合は急激に大きくなっている。果たして私たちの子孫は幸せな生活を送ることができるのだろうか。京都議定書で，日本は2008～2012年の第一約束期間における温室効果ガスの平均排出量を1990年比－6％減とすることになったが，結果（速報値）は＋1.4％増であった[注1]。それがなんと家庭の排出量だけに限ると2012年度は1990年比＋60％増である。東日本大震災後は火力発電が中心であるという背景があるが，震災前の2010年度でも＋35％増である[注2]。日常生活でのエネルギー使用の急増に警鐘を鳴らし，個々人が如何に少ないエネルギーで生活するか意識すべきではないだろうか。18世紀以前の庶民の衣生活は少ないエネルギー・資源で成立し，3Rも徹底されていた。現代世界は標準化が最も効率的だとして，長い年月をかけて熟成された民族服は衰退してしまったが，先人達が作り上げた衣生活の知恵と，現代の最新技術，自然科学の知識を融合すれば，地球環境に負荷をかけずとも，快適，豊かな衣生活が構築できる可能性はなかろうか。

注］1　仮に森林吸収量の目標が達成でき，京都メカニズムクレジットも加味すれば－8.2％減となり，京都議定書の目標を達成できる見込み（2015年後半以降確定）である。
　　2　企業は家庭よりも良い結果を出している。2012年度の産業，運輸，業務その他の3部門の合計は＋6.3％増であった。企業の環境に対する取組みは，社会的責任（CSR: corporate social responsibility）として，CSR報告書などで公表されている。

参考文献　＊　＊　＊　＊　＊
1)　廃棄物資源循環学会：循環とくらし 第2号「ファッションと循環～エコもおしゃれもしたいあなたに～」(2011)
2)　経済産業省：「資源循環ハンドブック2014 法制度とリサイクルの動向」(2014)
3)　日本繊維機械学会：「循環型社会と繊維～衣料品リサイクルの現在，過去，未来～」(2012)
4)　中小企業基盤整備機構：「繊維製品3R関連調査事業」報告書(2010)
5)　田中めぐみ：「グリーンファッション入門　サスティナブル社会を形成していくために」，繊研新聞社(2009)
6)　山口絵理子：「裸でも生きる―25歳女性起業家の号泣戦記」，講談社BIZ(2007)

付表

付表-1　衣料サイズ規格　―体型区分表示―

項　目	成　人　男　子	成　人　女　子
区分の方法	チェストとウエストの差による （ドロップ）	バストとヒップの差による
体型区分	J　体型－チェストとウエストの寸法差が20cmの人の体型 JY体型－チェストとウエストの寸法差が18cmの人の体型 Y　体型－チェストとウエストの寸法差が16cmの人の体型 YA体型－チェストとウエストの寸法差が14cmの人の体型 A　体型－チェストとウエストの寸法差が12cmの人の体型 AB体型－チェストとウエストの寸法差が10cmの人の体型 B　体型－チェストとウエストの寸法差が8cmの人の体型 BB体型－チェストとウエストの寸法差が6cmの人の体型 BE体型－チェストとウエストの寸法差が4cmの人の体型 E　体型－チェストとウエストの寸法差がない人の体型	A　体型－日本人の成人女子の身長を142cm，150cm，158cm，および166cmに区分し，さらにバストを74～92cmを3cm間隔で，92～104cmを4cm間隔で区分したとき，それぞれの身長とバストの組合せにおいて出現率が最も高くなるヒップのサイズで示される人の体型 Y　体型－A体型よりヒップが4cm小さい人の体型 AB体型－A体型よりヒップが4cm大きい人の体型。ただし，バストは124cmまでとする。 B　体型－A体型よりヒップが8cm大きい人の体型
サイズピッチと記号	身　長　→　5cmピッチ 155cm－2　160cm－3　165cm－4 170cm－5　175cm－6　180cm－7 185cm－8　190cm－9 チェスト→　2cmピッチ ウエスト→　2cmピッチ	★身　長　→　8cmピッチ 142cm－PP　150cm－P　158cm－R ★バスト　→　3cm・4cmピッチ 74cm－3　77cm－5　80cm－7 83cm－9　86cm－11　89cm－13 92cm－15　96cm－17
サイズの呼び方	呼び方　　92　　A　　5 　　　　　↑　　↑　　↑ 意味　チェスト　体型　身長 　　　　　↓　　↓　　↓ 　　　　（92cm）（A）（170cm） 　　　　　　　↓ 　　　　ドロップ12cmの体型	呼び方　　9　　A　　R 　　　　　↑　↑　↑ 意味　バスト　A体型　身長 　　　　　↓　↓　↓ 　　　（83cm）（ヒップ91cm）（158cm）

付表-2 衣料サイズ規格 —範囲表示の記号とカバー率—

項目	成人男子	成人女子
種類と記号	身長とチェストによる範囲表示およびカバー率 （身長145〜195cm × チェスト80〜112cm） TY 0.0%, LY 5.0%, LA 3.7%, LB 0.7% MY 5.8%, MA 26.9%, MB 14.5% SA 7.4%, SB 19.9% PB 1.7%　カバー率84.9% 身長とウエストによる範囲表示およびカバー率 （身長145〜195cm × ウエスト68〜104cm） TY, LY, LA, LB, MY, MA, MB, SA, SB, PB カバー率72.4%	身長とバストによる範囲表示およびカバー率 （身長138〜170cm × バスト72〜108cm） ST 2.4%, MT 5.2%, LT 2.8% S 9.8%, M 18.4%, L 11.8%, LL 4.3%, 3L 1.0% SP 7.9%, MP 13.6%, LP 12.7%, LLP 5.8% MPP 3.6%, LPP 3.6%　カバー率91.3% バストとヒップによる範囲表示およびカバー率 （バスト70〜110cm × ヒップ80〜110cm） 3L 1.2%, LL 6.9%, L 20.2%, M 29.5%, S 16.5%
表示記号	P, S, M, L, Tは身長の記号 Y, A, Bはチェストの記号 ★MAチェスト中心値は92cm	S, M, L, LL, 3Lはバストの記号 PP, P, R, Tは身長の記号。ただしRは省略可 ★Mバスト中心値は83cm
サイズピッチ	チェスト　8cmピッチ 身長　10cmピッチ	バスト　7cmピッチ （ただし，1サイズのカバー範囲は8cm） 身長　8cmピッチ

付表-3　繊維の性能表

			天　　　然	
			綿 （アブランド）	羊　毛 （メリノ）
1	引張強さ	標　準　時	2.6〜4.3	0.9〜1.5
2	(cN/dtex)	湿　潤　時	2.9〜5.7	0.7〜1.4
3	乾湿強力比　(%)		102〜110	76〜96
4	引掛強さ　(cN/dtex)			
5	結節強さ　(cN/dtex)			
6	伸び率(%)	標　準　時	3〜7	25〜35
7		湿　潤　時		25〜50
8	伸長弾性率(%)(3%伸長時)		74(2%), 45(5%)	99(2%), 63(20%)
9	初期引張抵抗度	(cN/dtex)	60〜82	10〜22
10	（見かけヤング率）	(Gpa)	9.310〜12.740	1.274〜2.940
11	比　　　　　重		1.54	1.32
12	水分率(%)	公　　　定	8.5	15
13		標準状態 (20℃, 65%RH)	7	16
14		その他の状態 (20℃, 20%RH) (20℃, 95%RH)	95%RH：24〜27	95%RH：22
15	熱の影響および燃焼の状態		235℃で分解，275〜456℃で燃焼，366℃で発火	130℃熱分解，205℃で焦る，300℃で炭化
16	耐　　候　　性 （屋外暴露の影響）		強さ低下し，黄変する傾向あり	強さ低下し，染色性やや低下する
17	酸　　の　　影　　響		熱希酸，冷濃酸で分解，希酸には影響なし	熱硫酸により分解，強酸，弱酸には加熱しても抵抗性あり
18	ア　ル　カ　リ　の　影　響		水酸化ナトリウムで膨潤（マーセル化）するが損傷しない	強アルカリにより分解，弱アルカリにより侵される。冷希アルカリ中でかきまぜることにより縮充
19	他の化学薬品の影響		次亜塩素酸塩，過酸化物により漂白，銅アンモニア液により膨潤または分解	過酸化物あるいは亜硫酸ガスにより漂白
20	溶　剤　の　影　響 一般溶剤：アルコール，エーテル，ベンゼン，アセトン，ガソリン，パークレン		一般に不溶	一般に不溶
21	染　　色　　性		反応，直接，バット，ナフトール，硫化バット，硫化染料で染まる。顔料でも染まる	酸性，1・1合金，1・2含金，クロム媒染
22	虫・カビの影響		虫には十分抵抗性あり，カビに侵される（漂白，アセチル化したもの良好）	虫に侵されるが，カビには抵抗性あり

繊		維	化 学 繊 維	
絹	麻(靱皮繊維) Bast fiber		レ ー ヨ ン	
			フィラメント	ポリノジック
	亜麻(Linen)	苧麻(Ramie)	普 通	ステープル
2.6～3.5	4.9～5.6	5.7	1.5～2.0	3.4～4.6
1.9～2.5	5.1～5.8	6.8	0.7～1.1	2.5～3.7
70	108	118	45～55	70～80
	7.1～7.9	8.2	2.6～3.6	1.1～1.9
2.6	4.0～4.2	4.4	1.2～1.8	1.3～2.2
15～25	1.5～2.3	1.8～2.2	18～24	7～14
27～33	2.0～2.3	2.2～2.4	24～35	8～15
54～55(8%)	84(1%)	84(1%), 48(2%)	60～80	60～85
44～48	132～234	163～358	57～75	62～97
6.370～11.760	19.600～35.280	24.500～53.900	8.330～11.270	9.310～14.700
1.33	1.5	1.5	1.50～1.52	
11.0	12	12	11.0	
9	7～10	7～10	12.0～14.0	
100%RH:36～39	100%RH:23	100%RH:31	20%RH:4.5～6.5 95%RH:25.0～30.0	
120℃で, 5hrで黄変 150℃で分解	130℃, 5hrで黄変 200℃で分解	130℃, 5hrで黄変 200℃で分解	軟化, 溶融しない。260～300℃で着色分解し始める 白っぽい軟かい灰が少し残る	
強さ低下著しく, 60日で55%, 140日で65%低下する	強さほとんど低下しない	強さほとんど低下しない	強さやや低下する	
熱硫酸により分解, 他の酸に対する抵抗性は羊毛より若干低い	硝酸で淡黄色となる。濃硫酸で膨潤する	熱酸液に侵される	熱希酸, 冷濃酸により強さ低下しさらに分解するが, 5%塩酸, 11%硫酸では強さほとんど低下しない	
セリシンは容易に溶解し, フィブロインの一部も侵される。羊毛より若干良好	膨潤するが損傷しない	膨潤するが損傷しない	強アルカリにより膨潤し, 強さ低下するが, 2%水酸化ナトリウム溶液では強さほとんど低下しない	強アルカリにより膨潤し, 強さ低下するが, 4.5%水酸化ナトリウム溶液では強さほとんど低下しない
過酸化物あるいは亜硫酸ガスにより漂白	酸化剤に対する抵抗性が弱い	酸化剤に対する抵抗性が弱い	強酸化剤に侵されるが, 次亜塩素酸塩, 過酸化物などによる漂白で損傷しない	
一般に不溶	一般に不溶	一般に不溶	一般溶剤には溶解しない 銅アンモニア溶液, 銅エチレンジアミン溶液に溶解する	
酸性, 酸性媒染, 金属錯塩, 反応, 塩基性染料	反応, 直接, バット, ナフトール, 硫化バット, 硫化染料	反応, 直接, バット, ナフトール, 硫化バット, 硫化染料	一般に用いられる染料:反応, 直接, バット, ナフトール, 硫化, 媒染, 塩基性, 顔料	
カビには抵抗性があるが, 虫には綿より弱い	虫には抵抗性あり, カビに侵される	虫には抵抗性あり, カビに侵される	虫には抵抗性あり, カビに侵される	

	化		学	
	キュプラ	アセテート	トリアセテート	プロミックス
	フィラメント	フィラメント	フィラメント	フィラメント
1	1.6～2.4	1.1～1.2	1.1～1.2	3.1～4.0
2	1.0～1.7	0.6～0.8	0.7～0.9	2.8～3.7
3	55～70	60～64	67～72	75～90
4	2.4～3.4	1.9～2.3	1.8～2.1	3.5～5.3
5	1.3～2.1	1.0～1.1	0.9～1.1	1.8～2.6
6	10～17	25～35	25～35	15～25
7	15～27	30～45	30～40	15～25
8	55～80	80～95	80～95	70～85
9	44～66	26～40	26～40	35～79
10	6.860～9.800	3.430～5.390	3.920～5.390	3.920～9.800
11	1.50	1.32	1.30	1.22
12	11.0	6.5	3.5	5.0
13	10.5～12.5	6.0～7.0	3.0～4.0	4.5～5.5
14	20%RH：4.0～4.5 95%RH：21.0～25.0	20%RH：1.2～2.4 95%RH：10.0～11.0	95%RH：8.8	20%RH：2.0～4.0 95%RH：8.0～9.0
15	レーヨンに同じ	軟化点：200～230℃ 溶融点：260℃，軟化，収縮しながら徐々に燃焼する．硬くて黒い塊を少し残すが手で押すと容易につぶれる	軟化点：250℃以上 溶融点：300℃，軟化，収縮しながら徐々に燃焼する．硬くて黒い塊を少し残すが手で押すと容易につぶれる	約270℃で分解 収縮しながら燃焼する．黒色のやや脆い灰を残す
16	レーヨンに同じ	強さほとんど低下しない		強さほとんど低下しない
17	レーヨンに同じ	濃塩酸，濃硫酸，濃硝酸により分解するが，3%塩酸，10%硫酸では強さはほとんど低下しない	濃強酸により分解するが，稀酸では強さほとんど低下しない	20%塩酸，20%硫酸，80%ぎ酸では強さほとんど低下しない
18	ポリノジックに同じ	強アルカリによりけん化され強さ低下するが，0.03%水酸化ナトリウム溶液では強さほとんど低下しない	強アルカリによりけん化され強さ低下するが，0.5～1%水酸化ナトリウム溶液では表面のみけん化され強さほとんど低下しない	20%水酸化ナトリウム溶液，20%炭酸ソーダ溶液では強さほとんど低下しない
19	レーヨンに同じ	強酸化剤に侵されるが，次亜塩素酸塩，過酸化物などの漂白で損傷しない		一般に良好な抵抗性あり
20	レーヨンに同じ	アルコール，エーテル，ベンゼン，パークレンなどには溶解しない．アセトン，氷酢酸，フェノールに溶解する	アルコール，エーテル，ベンゼンなどには溶解しないアセトンには膨潤し部分的に溶解する．メチレンクロライド，氷酢酸に溶解する	一般溶剤には溶解しない熱ジメチルホルムアミド，熱ジメチルスルホキシド，熱エチレンカーボネート，熱ロダン塩溶液，熱塩化亜鉛溶液に膨潤する
21	レーヨンと同様であるが，初期の染色速度大	一般に用いられる染料：分散，顕色性分散，酸性，塩基性	一般に用いられる染料：分散，顕色性分散，酸性	一般に用いられる染料：直接，酸性，分散，塩基性，カチオン，媒染，反応
22	レーヨンに同じ	虫には十分抵抗性あり，カビには抵抗性が強い		十分に抵抗性あり

繊	維		
ビニロン	ナイロン		ポリ塩化ビニル
	ナイロン66		
フィラメント	フィラメント		フィラメント
普　通	普　通		
2.6～3.5	4.4～5.7		2.4～3.3
1.9～2.8	4.0～5.3		2.4～3.3
70～80	90～95		100
4.0～5.3	7.5～10.1		3.4～4.4
1.9～2.6	4.0～5.3		1.6～2.4
17～22	25～38		20～25
17～25	28～45		20～25
70～90	98～100		80～90
53～79	26～46		26～44
6.860～9.310	2.940～5.100		4.410～5.390
1.26～1.30	1.14		1.39
5.0	4.5		0
3.5～4.5	3.5～5.0		0
20%RH：普通 1.2～1.8 95%RH：普通 10.0～12.0	20%RH：1.0～1.8 95%RH：8.0～9.0		20%RH：0 95%RH：0～0.3
軟化点：220～230℃ 溶融点：明りょうでない 軟化収縮しながら徐々に燃焼する 褐色又は黒色の不整形のもろい塊となる	軟化点：230～235℃ 溶融点：250～260℃ 溶融しながら徐々に燃焼する。冷えるとガラスのように硬い球になる。自然性なし		溶融点：200～210℃ 収縮開始温度：ステープル(耐熱) 105～110℃ (普通) 90～100℃, (強力) 60～70℃，フィラメント 60～70℃，軟化収縮しながらばい煙を上げ黒塊炭となる。自然性なし
強さほとんど低下しない	強さやや低下し，わずかに黄変する場合がある		強さほとんど低下しない
濃塩酸，濃硫酸，濃硝酸で膨潤あるいは分解するが 10%塩酸，30%硫酸では強さほとんど低下しない	濃塩酸，濃硫酸，濃硝酸で一部分解を伴って溶解するが，7%塩酸，20%硫酸，10%硝酸では強さほとんど低下しない		濃塩酸，濃硫酸では強さほとんど低下しない
50%水酸化ナトリウム溶液では強さほとんど低下しない	50%水酸化ナトリウム溶液，28%アンモニア溶液では強さほとんど低下しない		50%水酸化ナトリウム溶液，濃アンモニア溶液では強さほとんど低下しない
一般に良好な抵抗性あり	一般に良好な抵抗性あり		ほとんど変化しない(酸化還元剤に対しても良好な耐性あり)
一般溶剤には溶解しない 熱ピリジン，フェノール，クレゾール，濃ギ酸に膨潤，あるいは溶解する	一般溶剤には溶解しない フェノール類(フェノール，m-クレゾール等)，濃ギ酸に溶解，氷酢酸に膨潤，加熱により溶解する		アルコール，エーテル，ベンゼン，ガソリンには溶解しない。ベンゼン，アセトン，熱パークレンに膨潤する。テトラヒドロフラン，シクロヘキサノン，ジメチルホルムアミド，熱ジオキサンに溶解する
一般に用いられる染料：バット，硫化バット，金属錯塩，硫化，直接，顔料	一般に用いられる染料：酸性，金属錯塩，分散，反応，クロム 特殊タイプに用いられる染料：カチオン		一般に用いられる染料：分散，ナフトール，含金属(キャリヤー染色が主である)
完全に抵抗性あり	完全に抵抗性あり		完全に抵抗性あり

	化 学 繊		
	ポリエステル	アクリル	アクリル系
	フィラメント	フィラメント	ステープル
	普 通		
1	3.8 ~ 5.3	3.1 ~ 4.9	1.9 ~ 3.5
2	3.8 ~ 5.3	2.8 ~ 4.9	1.8 ~ 3.5
3	100	90 ~ 100	90 ~ 100
4	6.2 ~ 8.8	2.6 ~ 7.1	1.8 ~ 4.0
5	3.4 ~ 3.9	1.8 ~ 3.5	1.5 ~ 3.5
6	20 ~ 40	12 ~ 20	25 ~ 45
7	20 ~ 40	12 ~ 20	25 ~ 45
8	95 ~ 100	70 ~ 95	85 ~ 95
9	79 ~ 141	34 ~ 75	18 ~ 49
10	10.780 ~ 19.600	3.920 ~ 8.820	2.450 ~ 5.880
11	1.38	1.14 ~ 1.17	1.28
12	0.4	2.0	2.0
13	0.4 ~ 0.5	1.2 ~ 2.0	0.6 ~ 1.0
14	20%RH：0.1 ~ 0.3 95%RH：0.6 ~ 0.7	20%RH：0.3 ~ 0.5 95%RH：1.5 ~ 3.0	20%RH：0.1 ~ 0.3 95%RH：1.0 ~ 1.5
15	軟化点：238 ~ 240℃ 溶融点：255 ~ 260℃ 溶融しながら徐々に燃焼する。 溶けた球は冷えると黒褐色の塊となる。自然性なし	軟化点：190 ~ 240℃ 溶融点：明りょうでない。 収縮溶融しながら燃焼する。 黒い塊状で硬い	軟化点：150℃ 溶融点：明りょうでない。 溶融しながら分解する。黒い塊状で硬い。 自然性なし
16	強さほとんど低下しない	強さほとんど低下しない	強さほとんど低下しない
17	35%塩酸，75%硫酸，60%硝酸では強さほとんど低下しない	35%塩酸，65%硫酸，45%硝酸では強さほとんど低下しない	35%塩酸，70%硫酸，40%硝酸では強さほとんど低下しない
18	10%水酸化ナトリウム溶液，28%アンモニア溶液では強さほとんど低下しない	50%水酸化ナトリウム溶液，28%アンモニア溶液では強さほとんど低下しない	50%水酸化ナトリウム溶液，28%アンモニア溶液では強さほとんど低下しない
19	一般に良好な抵抗性あり	一般に良好な抵抗性あり	一般に良好な抵抗性あり
20	一般溶剤には溶解しない。 熱m-クレゾール，熱o-クロロフェノール，熱ニトロベンゼン，熱ジメチルホルムアミド，40℃フェノール・四塩化エタン混合液に溶解する	一般溶剤には溶解しない。 ジメチルホルムアミド，ジメチルスルホキサイド，熱飽和塩化亜鉛，熱65%チオシアン酸カリ溶液に溶解する	アセトンを除く一般溶剤には溶解しない。 アセトン，ジメチルホルムアミド，ジメチルスルホキサイド，シクロヘキサノンに溶解する
21	一般に用いられる染料：分散，顕色性分散 特殊タイプに用いられる染料：カチオン	一般に用いられる染料：カチオン，塩基性，分散 特殊タイプに用いられる染料：酸性，金属錯塩	一般に用いられる染料：カチオン，塩基性，分散
22	完全に抵抗性あり	完全に抵抗性あり	完全に抵抗性あり

維	
ポリプロピレン	ポリウレタン（スパンデックス）
フィラメント	フィラメント
普　通	
4.0〜6.6	0.5〜1.1
4.0〜6.6	0.5〜1.1
100	100
7.1〜10.6	1.1〜1.6
3.5〜4.9	0.4〜0.8
25〜60	450〜800
25〜60	450〜800
90〜100	95〜99（50％伸長時）
35〜106	
3,230〜9,800	
0.91	1.0〜1.3
0	1.0
0	0.4〜1.3
20％RH：0 95％RH：0〜0.1	
軟化点：140〜160℃ 溶融点：165〜173℃ 溶融しながら徐々に燃焼する （ほとんど灰は残らない）	溶融点：200〜230℃ 溶融しながら徐々に燃焼する。冷えると粘着性を有するゴム状の塊となる。自然性なし
強さほとんど低下しない	強さやや低下し，やや黄変する
濃塩酸，濃硫酸，濃硝酸では強さほとんど低下しない	強酸で強さほとんど低下しない
50％水酸化ナトリウム溶液，28％アンモニア溶液では強さほとんど低下しない	強アルカリで強さほとんど低下しない
ほとんど変化しない	塩素系漂白剤で強さ低下し黄変する。ドライクリーニング剤に対して抵抗性がある
アルコール，エーテル，アセトンには溶解しない。ベンゼンには高温時膨潤する。パークレン，四塩化エタン，四塩化炭素，シクロヘキサノン，モノクロルベンゼン，テトラリン，キシレン，トルエンには高温時徐々に溶解する	一般溶剤にはほとんど変化しない。温ジメチルホルムアミドに膨潤ないしは溶解する
一般に顔料による原液染および分散染料（ポリプロピレン用）による染色も可能 特殊タイプに用いられる染料：酸性	含金属，酸性，分散，クロム染料等で染色可能
完全に抵抗性あり	抵抗性あり

注］試験方法：JIS L 1013（化学繊維フィラメント糸試験方法），JIS L 1015（化学繊維ステープル試験方法）化学繊維に関して：日本化学繊維協会
　　　　出典：繊維学会編：「繊維便覧」付録繊維の性能表，丸善（2004）

索　引

あ

RGB	109
藍	110
ISO	107
アイロン	149
あか(垢)	127, 150
茜	110
アクリル系	85
アクリロニトリル	82
麻	200
麻繊維	75
アジテータ	143
アスベスト	124
汗堅牢度	108
アセテート	82
圧覚	58
圧縮	64
圧迫	67
圧縮特性	98
圧力センサー	47
後加工	116
アパレル CAD	41
アパレル産業	159
アパレル素材産業	160
アパレル輸出入額	154
アポクリン腺	12, 127
亜麻	75
編物	69
アメリカ硬度	134
アラミド繊維	124
アルカリ減量加工	117
アントシアン	110

い

EDTA	135
異形断面繊維	79, 121
いせ込み	43
一部介助	182
衣服圧	47
衣服間隙	24
衣服内気候	18
衣服の修正	190
衣服の重量	48
衣服の製造エネルギー	198
衣服の適合性	34
衣服パターン	40
衣服の拘束	47
色	60, 105
色泣き	108
陰イオン界面活性剤	136
インクジェット捺染	103
インターネット調査法	170
インターネット通販	161
インテリジェントファイバー	126

う

ウェアラブルコンピューター	126
ウエットクリーニング	132
wash & wear 性	85
渦巻式	143
裏地	53
運動機能性	45
運動機能的快適性	3

え

HLB	139
AES	138
AATCC	107
AS	137
AMA	167
AOS	138
ADL	175
ABS	137
AVA	10
腋窩温	5
エクリン腺	12, 127
エコテックス規格100	202, 204
エコマーク	208
エコリーフ	208
SEK マーク	117
SPA	161
SPA 型マーチャンダイジング	168
S 撚り	88
LAS	137
LVMH	167
塩化ナトリウム	128
塩基性染料	112
塩素系	147
煙突効果	27
円背	176
エンブロイダリーレース	93

お

追い込み	43
オイルコーティング	119
黄変	78, 98
オーガニックコットン	209
オパール加工	119
織物	69
オルソコルテックス	76
温度受容器	14
温度受容神経終末	15
温熱性発汗	12
温熱中性帯	13
温熱的快適性	3
温熱負荷	32
温冷覚感受性	15

か

カーボンフットプリント	209
外国人旅行者	156
海島綿	74
貝紫	111
界面活性	140
界面活性剤	135, 140, 203
界面活性剤水溶液	140
界面吸着	141
価値提供システム	163
化学的刺激	67
化学糊	148
撹拌式	143
重ね着	24
カシミヤ	201
仮説検証型	172
片マヒ	187
片撚り糸	88
カチオン染料	112
価値の交換	163
価値の選択	164
価値の提供	164
価値の伝達	164
活動汗腺数	15, 16
家庭洗濯	132
可動域	182
カバードヤーン	85
カビ	149
紙おむつ	185

可溶化作用	142	
ガラス繊維	85	
ガラス転移	149	
ガラス転移点	97	
下臨界温	13	
カレンダー仕上げ	115	
感覚	57	
環境要因	29	
含気率	97	
還元漂白剤	147	
観察法	171	
乾式洗濯	132	
感情	62	
感性	62	
乾性放熱	13	
関節	34	
汗腺	61	
汗腺密度	16	
含窒素化合物	128	
官能評価	48, 63	
慣用色名	108	
顔料	106	
寒冷血管拡張反応	14	

き

生糸	78, 104
企画立案機能	162
着心地	68
生地産業	159
基礎代謝	7
絹	77
絹繊維	74
絹鳴り	58
機能性色素	114
忌避効果	150
基本身体寸法	39
擬麻加工	118
逆ミセル	133
ギャザー	44
客観評価法	66
客観評価	63
QOL	175
吸汗速乾	121
吸湿性	22, 25, 96
吸湿発熱	125
吸収率	23
吸水性	96
吸水速乾	84
吸水速乾作用	54

吸水速乾性	25
キュプラ	82
競泳用水着	54
共重合体	83
凝縮	26
強制対流	20
業態	160
筋	34
金属イオン封鎖剤	204
金属酸化物	129
金属せっけん	134
金属繊維	87
筋電図	53
筋ポンプ作用	51

く

クールビズ	27, 173
くせとり	42
クベルカムンクの式	145
くもの糸	125
クリーニング	205, 206
クリンプ	76
グレーディング	42
クロム染料	113

け

ケアラベル	145
形態	59
形態安定加工	118
系統色名	108
結晶領域	73
血中乳酸濃度	29
ケミカルレース	93
ケラチン	76, 150
原型	41
捲縮加工	97

こ

コアスパンヤーン	85
口腔温	5
恒重式番手法	88
拘縮	191
硬水	134
合成繊維	72
合成洗剤	136
合成染料	101, 112
合成皮革	122
酵素	139
構造色	125

巧緻運動	186
恒長式番手法	88
行動性体温調節	32
剛軟性	99
交撚糸	89
小売販売機能	162
高齢化率	175
呼吸器放熱	13
黒鉛繊維	86
国際競争力	160
国際障害分類	186
極細繊維	121
個人対応型	45
固体粒子汚れ	129
固体粒子汚れの除去	142
コチニール	110
骨格	34
5適	168
子ども服	41
ゴム編	92
コルセット	45, 46
コンシールファスナー	191
混繊糸	89
コンフォートストレッチ	53
compression garments; CGs	28
混紡糸	89

さ

サーマルマネキン	20
サーモマイグレーション	114
サイズシステム	39
再生繊維	72, 80
彩度	60
再付着防止剤	139
酸化漂白剤	147
三原組織	90
3次元計測	35
3次元着装シミュレーション	42
酸性染料	113
酸素系	147
産熱(代謝)	7
サンフォライズ仕上げ	115

し

仕上げ	115
CMC	139
CMYK	109
CO_2	201, 206
CIELAB 色度図	109

紫外線遮へい加工・・・・・・118	初期ヤング率・・・・・・95	ずれ・・・・・・53
視覚・・・・・・58	褥瘡・・・・・・183	スレン染料・・・・・・113
色素・・・・・・105	触点・・・・・・62	
色相・・・・・・60	触覚・・・・・・58, 61	**せ**
色票・・・・・・109	触覚器・・・・・・61	
自己実現の欲求・・・・・・2	触覚的快適性・・・・・・3	生活文化産業・・・・・・156
仕事量・・・・・・54	ショッピングセンター・・・・・・161	静止空気・・・・・・22
紫根・・・・・・111	シリアス染料・・・・・・113	成熟市場・・・・・・152
四肢マヒ・・・・・・187	自律神経系・・・・・・14	生体電気現象・・・・・・19
市場細分化・・・・・・152	シルエット・・・・・・59	成長過程・・・・・・38
自助具・・・・・・182, 192	シルケット加工・・・・・・116	成長市場・・・・・・152
JIS L 0217・・・・・・145	シロセット加工・・・・・・116	成長と体型・・・・・・38
自然環境・・・・・・32	塵埃・・・・・・128	静電気・・・・・・67
自然乾燥・・・・・・149	シングルコード編・・・・・・92	生分解・・・・・・202, 203
自然対流・・・・・・24	シングルデンビー編・・・・・・92	生分解性・・・・・・137
持続可能・・・・・・199	シングルバンダイク編・・・・・・92	整容装飾上の機能・・・・・・68
肢体不自由・・・・・・186	人工汚染布・・・・・・144	生理・物理的欲求・・・・・・2
失禁パンツ・・・・・・184	人工乾燥・・・・・・149	精練・・・・・・78, 104
湿式人工汚染布・・・・・・144	人工皮革・・・・・・122	ゼオライト・・・・・・139
湿式洗濯・・・・・・132	芯鞘繊維・・・・・・118, 121	世界人口・・・・・・196
湿性放熱・・・・・・13	紳士服・・・・・・41	世界の市場・・・・・・155
質問紙調査法・・・・・・169	人種と体型・・・・・・39	世界保健機関・・・・・・186
指定外繊維・・・・・・82	親水基・・・・・・136	石油系溶剤・・・・・・133
指定用語・・・・・・151	親水性繊維・・・・・・131	絶乾質量・・・・・・94
脂肪酸塩・・・・・・136	浸染・・・・・・102	積極的快・・・・・・1
しみ抜き・・・・・・148	身体活動強度・・・・・・8	せっけん・・・・・・136
しみ抜き剤・・・・・・148	身体活動レベル・・・・・・7	接触角・・・・・・117, 141
社会環境・・・・・・32	人体計測・・・・・・35	接触皮膚炎・・・・・・133
社会帰属の欲求・・・・・・2	人体計測の基準線・・・・・・36	Z撚り・・・・・・88
社会的快適性・・・・・・1	人体計測の基本姿勢・・・・・・36	セラミック繊維・・・・・・86
斜文織・・・・・・90	身体拘束・・・・・・45	セリシン・・・・・・78
重縮合・・・・・・83	身体的能力・・・・・・186	セルロース・・・・・・75
収着熱・・・・・・96	振動抑制効果・・・・・・51	繊維・・・・・・69
柔軟剤・・・・・・148	心拍数・・・・・・50	繊維間隙・・・・・・130
獣毛繊維・・・・・・72	靭皮繊維・・・・・・72	繊維強化プラスチック・・・・・・123
主観的消耗感・・・・・・29	親油基・・・・・・136	繊維高分子・・・・・・73
朱子織・・・・・・90		繊維消費・・・・・・198
樹脂加工・・・・・・118	**す**	繊維生産・・・・・・197
授乳用ブラジャー・・・・・・50		繊維素材産業・・・・・・159
障がい者・・・・・・186	水分透過指数・・・・・・20	繊維の名称・・・・・・151
昇華性・・・・・・150	水溶性汚れ・・・・・・129	繊維表面・・・・・・130
昇華捺染・・・・・・103	スーパー繊維・・・・・・79, 123	全介助・・・・・・182
商業洗濯・・・・・・132	蘇芳・・・・・・111	洗剤・・・・・・203
消極的快・・・・・・1	すきま市場・・・・・・153	洗剤のコンパクト化・・・・・・204
上昇気流・・・・・・27	ステープルファイバー・・・・・・79, 87	洗浄補助剤・・・・・・135, 139
蒸発・・・・・・10	ストレッチ性・・・・・・52	洗浄力試験・・・・・・144
蒸発熱抵抗値・・・・・・20	ストレッチ素材・・・・・・85	染色・・・・・・101
消費者調査・・・・・・169	スパン糸・・・・・・87	染色堅牢度・・・・・・106
消費者調査設計・・・・・・172	滑り・・・・・・53	洗濯堅牢度・・・・・・107
	スポーツウエア・・・・・・54	洗濯機・・・・・・205

剪断・・・・・・・・・・・・・・・・・・・・・・・64
剪断変形・・・・・・・・・・・・・・・・・・98
戦略的海外展開・・・・・・・・・・・156
染料消費量・・・・・・・・・・・・・・・114

そ

疎水基・・・・・・・・・・・・・・・・・・・136
疎水性繊維・・・・・・・・・・・・・・・131
組成表示・・・・・・・・・・・・・・・・・151
ソックスエイド・・・・・・・・・・・192

た

ターゴトメーター・・・・・・・・・144
ダーツ・・・・・・・・・・・・・・・・・・・・42
体温・・・・・・・・・・・・・・・・・・・・・・・5
体温調節機構・・・・・・・・・・・・・・13
体格調査・・・・・・・・・・・・・・・・・・35
体型区分表示・・・・・・・・・・・・・・39
体型の時代変化・・・・・・・・・・・・37
体型の性差・・・・・・・・・・・・・・・・37
耐光堅牢度・・・・・・・・・・・・・・・107
耐光性・・・・・・・・・・・・・・・・・・・・98
耐候性・・・・・・・・・・・・・・・・・・・・98
対向流熱交換・・・・・・・・・・・・・・11
代謝・・・・・・・・・・・・・・・・・・・・・・・7
体性神経系・・・・・・・・・・・・・・・・14
帯電防止加工・・・・・・・・・・・・・119
タイトスカート・・・・・・・・・・・・41
対流・・・・・・・・・・・・・・・・・・・・・・・9
タック・・・・・・・・・・・・・・・・・・・・44
脱健着患・・・・・・・・・・・・・・・・・187
縦型洗濯乾燥機・・・・・・・・・・・143
建染染料・・・・・・・・・・・・・・・・・113
たてメリヤス・・・・・・・・・・・・・・91
ダル・・・・・・・・・・・・・・・・・・・・・105
炭酸ガス・・・・・・・・・・・・・・・・・・27
単糸・・・・・・・・・・・・・・・・・・・・・・88
単数表示・・・・・・・・・・・・・・・・・・39
弾性・・・・・・・・・・・・・・・・・・・・・・95
弾性回復率・・・・・・・・・・・・・・・・95
炭素繊維・・・・・・・・・・・・・・86, 123
単独重合体・・・・・・・・・・・・・・・・83
タンニン・・・・・・・・・・・・・・・・・111
たんぱく質・・・・・・・・・・・・・・・129
単量体・・・・・・・・・・・・・・・・・・・・73

ち

地球温暖化・・・・・・・・・・・・・・・・・5
着衣の構成要因・・・・・・・・・・・・24

着衣の熱抵抗・・・・・・・・・・・・・・20
着衣の保温性・・・・・・・・・・・・・・19
着装・・・・・・・・・・・・・・・・・・・・・180
着用感・・・・・・・・・・・・・・・・・・・・48
虫害・・・・・・・・・・・・・・・・・・・・・149
中空繊維・・・・・・・・・・・・・・・・・・80
注文服・・・・・・・・・・・・・・・・・・・・45
超高分子量ポリエチレン・・・123
超極細繊維・・・・・・・・・・・・54, 80
超ミクロレーター繊維・・・・・122
直鎖状・・・・・・・・・・・・・・・・・・・137
直接染料・・・・・・・・・・・・113, 203
直腸温・・・・・・・・・・・・・・・・・・・・・5

つ

ツーウェイストレッチ・・・・・・53
通気性・・・・・・・・・・・・・・・・・・・・22
通気度・・・・・・・・・・・・・・・・・・・131
痛点・・・・・・・・・・・・・・・・・・・・・・62

て

低価格化・・・・・・・・・・・・・・・・・153
抵抗軽減・・・・・・・・・・・・・・・・・・54
低体温・・・・・・・・・・・・・・・・・・・・16
テトラクロロエチレン・・・・・133
デニム・・・・・・・・・・106, 113, 119
デプスインタビュー・・・・・・・172
添加物・・・・・・・・・・・・・・・・・・・135
電気二重層・・・・・・・・・・・・・・・142
テンセル(リヨセル)・・・82, 201
てん足・・・・・・・・・・・・・・・・・・・・46
伝導・・・・・・・・・・・・・・・・・・・・・・・9
天然汚染布・・・・・・・・・・・・・・・144
天然染料・・・・・・・・・・・・・・・・・109
天然糊・・・・・・・・・・・・・・・・・・・148

と

ドイツ硬度・・・・・・・・・・・・・・・134
透湿防水・・・・・・・・・・・・・・・・・122
透湿防水性・・・・・・・・・・・・・・・・26
動静脈吻合・・・・・・・・・・・・・・・・10
胴部原型・・・・・・・・・・・・・・・・・・41
トーションレース・・・・・・・・・・93
ドライクリーニング・・・132, 206
ドラム式・・・・・・・・・・・・・・・・・143
トリアセテート・・・・・・・・・・・・82
取扱い絵表示・・・・・・・・・・・・・145
トリグリセリド・・・・・・・・・・・128
ドレープ・・・・・・・・・・43, 59, 99

ドレープ係数・・・・・・・・・・・・・・99
ドロップ・・・・・・・・・・・・・・・・・・39

な

内分泌系・・・・・・・・・・・・・・・・・・14
ナイロン・・・・・・・・・・・・・・79, 84
ナイロン6・・・・・・・・・・・・・・・・84
ナイロン66・・・・・・・・・・・・・・・83
捺染・・・・・・・・・・・・・・・・・・・・・102
ナノファイバー・・・・・・・・・・・121
軟水・・・・・・・・・・・・・・・・・・・・・134
軟水率・・・・・・・・・・・・・・・・・・・204
難燃・・・・・・・・・・・・・・・・・・・・・117
難燃性・・・・・・・・・・・・・・・・・・・・98

に

2軸引っ張り試験・・・・・・・・・・47
20代女性人口・・・・・・・・・・・・154
日光堅牢度・・・・・・・・・・・・・・・・98
日本工業規格・・・・・・・・・・・・・107
乳化作用・・・・・・・・・・・・・・・・・141
乳酸・・・・・・・・・・・・・・・・・・・・・・28
尿ケア・・・・・・・・・・・・・・・・・・・184

ぬ

濡れ・・・・・・・・・・・・・・・・・・・・・141
濡れ率・・・・・・・・・・・・・・・・・・・・10

ね

熱・水分・空気の移動特性・・・71
熱水分移動性能・・・・・・・・・・・・17
熱伝導率・・・・・・・・・・・・・・・・・・22
年間増加量・・・・・・・・・・・・・・・・38

の

脳波・・・・・・・・・・・・・・・・・・・・・・50
ノード・・・・・・・・・・・・・・・・・・・・44
伸ばし・・・・・・・・・・・・・・・・・・・・43
糊づけ・・・・・・・・・・・・・・・・・・・148
糊抜き・・・・・・・・・・・・・・・・・・・104

は

パール編・・・・・・・・・・・・・・・・・・92
煤煙・・・・・・・・・・・・・・・・・・・・・128
媒体・・・・・・・・・・・・・・・・・・・・・132
白内障・・・・・・・・・・・・・・・・・・・178
パターン作成・・・・・・・・・・・・・・41
破断伸度・・・・・・・・・・・・・・・・・・94
発汗・・・・・・・・・・・・・・・・・・・・・・11

はっ水……117	フィブロイン……78	防虫加工……150
はっ水性……97	フィラメント……79, 87	防虫剤……150
パッド……184	フィラメント糸……87	保温性……97
花形市場……152	風合い……62, 63	保健衛生上の機能……68
パフォーマンスストレッチ……53	富栄養化……204	保健衛生的快適性……1
パラコルテックス……76	フェルト化(縮充)……76, 118, 115	保護膜……148
バリアフリー……193	不感気流……18	補整用下着……46
パルセータ……143	不感蒸散……11	ボタンエイド……192
パワーストレッチ……53	複合せっけん……136	ホメオスタシス……13
範囲表示……39	複合繊維……80, 120	ポリアクリロニトリル……83
PAN系炭素繊維……86	福祉機器……182	ポリウレタン……83, 85
半合成繊維……72	婦人服……41	ポリウレタン弾性糸……53
ハンティング反応……14	付着機構……129	ポリエステル……84
反応染料……114, 202	物理的刺激……66	ポリエチレン……85
	不飽和脂肪酸……131	ポリ乳酸繊維……202
ひ	ブライト……105	ポリノジック……81
非イオン界面活性剤……138	ブランドコンセプト……166	ポリプロピレン……85
ヒートセット……84	ブランド戦略……165	
皮下脂肪……34	ブランドマーチャンダイジング……168	**ま**
皮下組織……34	ブランドロイヤルティ……166	マーキング……42
光……105	プリーツ……44	マーケティング……163
引き裂き強さ……95	プリーツ加工……44	マーチャンダイザー……167
皮脂……127	ふるえ……13	マーチャンダイジング……167
非晶領域……73	フレアー……43	マイクロファイバー……121
ビスコースレーヨン……81	フレアースカート……41	曲げ……64
微生物……129	プレステージブランド……166	摩擦……67
微生物産生繊維……202	フロック加工……119	摩擦係数……25
ひだ……44	プロミックス……82	摩擦堅牢度……108
ピッチ系炭素繊維……86	分散作用……141	摩擦抵抗……53
引っ張り……64	分散染料……114	マチ……190
引っ張り強伸度曲線……94	分子間相互作用……130	摩耗強さ……95
引っ張り強度……94		マルチン式人体計測法……36
非定常状態……19	**へ**	
ビニロン……123	平均皮膚温……6	**み**
皮膚……34, 61	平面製図法……40	ミクロフィブリル……75
皮膚温……6	紅花……110	ミセル……133
皮膚血流量……10	変褪色……98, 106	
皮膚呼吸……27	ベンチレーション作用……31	**む**
漂白……104, 147		無機繊維……72
平編……92	**ほ**	無効発汗……12
平織……90	防汚加工……131	
ピリング……84	紡糸……79	**め**
	放射……9	明度……60
ふ	放射(遠赤外)……23	METs……8
ファストファッション……162	放射性物質……129	綿……73, 74, 200
ファッション小売業……159	放射率……23	面接調査法……171
ファンデルワールス力……130	紡績……87	
ふいご作用……31	紡績糸……87	**も**
フィブリル……75		毛細血管……11

諸撚り糸……………………88
問題発見型…………………172

ゆ

遊離脂肪酸…………………127
油脂結合……………………130
油性汚れ……………………129
油性汚れの除去……………142
ゆとり………………………52
ユニバーサルデザイン……193
輸入浸透率…………………155

よ

陽イオン界面活性剤………138
幼虫…………………………149
羊毛……………………74, 75, 200
よこメリヤス………………91
汚れ……………………127, 129
四つの皮膚論………………157

予備能力……………………176

ら

ライフサイクルアセスメント……208
ラウンダオメーター………144
ラグジュアリーブランド……154, 166
ラッセルレース……………93
ラメ糸………………………89
ラメラ………………………74
ランダムデジットダイヤリング
　（RDD）法………………170
ランドリー…………………132

り

リーチャー…………………192
力学的性質…………………69
立体化………………………40
立体裁断法…………………40
リテールマーチャンダイジング
　………………………………168
リバーレース………………93
硫化染料………………114, 202
両性イオン界面活性剤……138
両マヒ………………………187
リヨセル……………………82
臨界ミセル濃度……………141
リンター……………………82

る

ルイス係数…………………21
ルーメン……………………74

れ

冷点密度……………………15
レーヨン…………………81, 201

ろ

ローリングアップ…………142

索　引　225

新版

衣生活の科学　テキスタイルから流通マーケットへ

2015年3月30日	初版発行
2017年3月30日	第二版発行
2020年3月30日	第二版二刷発行

編著者ⓒ　間瀬　清美
　　　　　薩本　弥生

発行者　森田　富子
発行所　株式会社　アイ・ケイコーポレーション
　　　　〒124-0025　東京都葛飾区西新小岩4-37-16
　　　　Tel 03-5654-3722（営業）
　　　　Fax 03-5654-3720

表紙デザイン　㈱エナグ　渡辺晶子
組版　㈲ぷりんてぃあ第二／印刷所　新灯印刷㈱

ISBN 978-4-87492-329-0 C3077